CRITIQUE

PORTRAITS ET CARACTÈRES

CONTEMPORAINS

DÉPOSÉ AUX TERMES DE LA LOI

BRUXELLES. — TYP. DE Vᵉ J. VAN BUGGENHOUDT
Rue de Schaerbeek, 12

JULES JANIN

CRITIQUE

PORTRAITS

ET

CARACTÈRES CONTEMPORAINS

PARIS

COLLECTION HETZEL

LIBRAIRIE DE L. HACHETTE ET C⁹ᵉ
RUE PIERRE-SARRAZIN, N° 14

CRITIQUE

HISTOIRE DE LA LITTÉRATURE FRANÇAISE

SOUS LA RESTAURATION

PAR M. ALF. NETTEMENT

I

Les règnes littéraires proprement dits. — La Restauration n'a point eu de littérature à elle. — Les écrivains de cette époque. — D'où procédaient les vieux. — Où tendaient les jeunes. — Ce que Charles X fit pour les lettres. — L'enseignement de la Sorbonne.

Un grand reproche que l'on doit adresser tout d'abord au livre de M. Alfred Nettement, c'est le choix même, non pas du sujet de son livre, mais des limites dans lesquelles il a la prétention de se maintenir. Que l'on disc : *Histoire de la Littérature du siècle d'Auguste*, *Histoire de la Littérature au* XVIe *siècle*, *Histoire littéraire du règne de Louis le Grand,* je comprends parfaitement l'ensemble et le détail d'une pareille entreprise, et qu'un historien va se trouver à l'aise dans ce vaste espace d'années et de chefs-d'œuvre. Un écrivain, quel qu'il soit, serait bien ambitieux s'il ne se contentait pas du pontificat de Léon X ou du gouvernement de Périclès, époques brillantes du génie et du talent en toutes choses. Ajoutez l'éloignement et le lointain qui commandent à la chronologie elle-même, et qui rendent si faciles le portrait, le parallèle, l'analogie, et les divers éléments dont se compose un livre d'histoire, et surtout un livre d'histoire littéraire. Et, si, par quelque honneur inespéré (le plus grand honneur que puisse atteindre un souverain), cet âge d'or des poésies, des beaux-arts et des grands artistes, peintres, architectes, sculpteurs, poëtes, musiciens, philosophes, historiens, se développe à l'ombre unique d'un trône éclatant de toutes les gloires pacifiques, il arrive alors qu'en effet l'historien de ces époques choisies peut écrire un très-beau livre dans lequel le commencement, le milieu et la fin se tiennent de telle façon, qu'il serait impossible de les séparer, tout comme il serait impossible de séparer Louis XIV de Molière et de Racine, François Iᵉʳ de Clément Marot, Shakspeare de la reine Élisabeth, Horace de l'empereur Auguste, Suétone et Tacite des tyrans dont ils racontent les crimes abominables !

Ici, tout au rebours, l'*Histoire de la Littérature française sous la Restauration,* rien que par son titre, devait tenir nécessairement du paradoxe et du tour de force ; un paradoxe brillant, où tout l'esprit d'un homme de grand mérite et de grande valeur allait trouver son emploi, mais enfin un paradoxe dangereux même pour cette Restauration que M. Alfred Nettement voulait glorifier. Où donc, en effet, l'historien le plus prévenu en faveur de ces deux rois Louis XVIII et Charles X rencontrera-t-il une *littérature* exclusivement royaliste dans la France de 1815 à 1830 ? — quinze années coupées par deux règnes, le premier règne qui se termine par la mort du monarque, emporté à Saint-Denis (heureuse exception dans la royauté moderne!), le second règne qui se termine à la façon du drame antique, par un coup de foudre et par un exil éternel...

Et le songe a fini par un coup de tonnerre!

M. Nettement, lui-même, avec les plus grands mérites du style, de l'intelligence et de l'émotion intime qui fait vivre un historien, M. Nettement, lui-même, ne peut pas appeler la *littérature française sous le règne de Louis XVIII* la réunion forcée et fortuite des anciens disciples de Voltaire qui suffisaient à la littérature de l'Empire, et des jeunes esprits, en petit nombre, dont toute l'ambition s'était bornée à continuer *la Henriade*, *Tancrède* et *le Triomphe de Trajan*. Est-ce que, par hasard, le roi Louis XVIII eût reconnu volontiers pour un poëte de son règne l'auteur de *Germanicus*, le traducteur d'*Ossian*? D'un autre côté, l'auteur de la Charte pouvait-il se parer des premiers écrits de M. Villemain, jeune homme élevé à l'élégante école de M. de Fontanes? pouvait-il se vanter de M. Jouffroy, et même de M. de Bonald?

Non, non, vous ne pouvez pas dire : *Histoire littéraire* de cette première moitié de la Restauration. Non, le roi Louis XVIII n'a pas de poëtes qui lui appartiennent ; il n'a pas eu — la chose serait facile à démontrer — M. de Chateaubriand lui-même. Et, véritablement, M. de Chateaubriand, le maître absolu de ces quinze années de la Restauration, vient-il, en effet, de la Restauration? est-il un enfant du règne ou de l'Empire? est-il un ami? est-il un ennemi? Il est le fils de la Révolution ; il est un enfant révolté de l'Empire! Il faudrait qu'un roi de France eût régné aussi longtemps que M. de Chateaubriand lui-même, pour que ce roi-là osât dire : « M. de Chateaubriand est à moi. » Hélas! le roi Louis XVIII uni au roi Charles X ne suffiraient pas à contenir *le Génie du Christianisme* et *les Martyrs*. *Le Génie du Christianisme* n'appartient ni au roi, ni au pape, ni à l'empereur : il appartient à la France, à l'Europe, au monde entier.

Des deux princes qui ont régné sur nous de 1815 à 1830, Sa Majesté le roi Charles X (1) est encore celui des deux qui pourrait se vanter, avec les plus justes motifs, d'avoir régné sur une littérature. A son avénement au trône, il a congédié la censure ! Il avait toutes les bontés et toutes les clémences qui calment, qui apaisent et qui reposent. Il n'était pas, certes, un grand génie ni même un bel esprit ; mais il avait l'accent français avec un profond sentiment de la toute-puissance de l'esprit chez le peuple de Voltaire et de Diderot. Il était chrétien, et meilleur chrétien que le roi son frère, avec une foi sincère, une conviction profonde, et, partant, il était cher aux nouveaux porteurs de la parole divine, à M. l'évêque d'Hermopolis, à M. l'abbé de Lamennais, au digne interprète des Pères de l'Eglise grecque et latine, M. l'abbé Guillon. Ainsi, bientôt après les sept années pacifiques du roi Louis XVIII, quand les vieux poëtes avaient eu le temps de disparaître et les jeunes poëtes le temps de grandir, Sa Majesté le roi Charles X, sans les avoir trop appelés, sans les avoir trop dédaignés, vit venir à lui des intelligences d'élite et des esprits charmants. C'est même ici que M. Alfred Nettement entre en plein dans le sujet de son livre ; à peine est-il débarrassé du roi Louis XVIII, on voit qu'il se sent bien plus à l'aise, et son discours prend une libre allure ; on respire, dans ces pages consacrées au dernier roi de cette dernière race, je ne sais quel intime contentement. Plus de gêne, plus de contrainte ; on voit apparaître, en moins grand nombre, ces esprits à

---

(1) A la pétition qui lui fut adressée, au nom de Corneille et de Racine, contre les novateurs, le roi Charles X répondit royalement « qu'il n'avait que sa voix, comme le premier venu, au parterre. » Il eut avec M. Victor Hugo une entrevue à l'occasion de *Marion Delorme*; le poëte a raconté, en vers magnifiques, *cette audience* aux Tuileries quinze jours avant la révolution de 1830 ! Lorsque mourut Talma, emportant la tragédie avec lui dans la tombe — heureusement, Mlle Rachel l'en a retirée ! — le roi Charles X fut tenté de déposer la croix d'honneur sur le cercueil du tragédien. « Mais, dit-il, M. Talma a laissé l'archevêque se morfondre à sa porte, et je suis, avant tout, le roi très-chrétien. » Je crois l'anecdote inédite et je la donne bien volontiers à M. Alfred Nettement.   J. J.

part dont le monde vulgaire sait à peine le nom et dont il n'aime pas à entendre parler ! Cabanis, Volney, Destutt de Tracy, Garat, Maine de Biran, des noms sonores, des livres vides ! A chaque époque, on en rencontre, de ces génies dont tout le monde parle, et qui ne sont lus de personne ! Ils tiennent autour des trônes et des littératures une certaine place qui remplit le vide ; autant de décorations d'apparat, de feux d'artifice et de *trompe-l'œil*. Un critique jaloux de toute vérité, ennemi de l'artifice, qui ne compte pas les renommées, qui les pèse, se méfierait plus que ne l'a fait M. Nettement de ces sceptres en carton-pierre et de ces couronnes en papier doré. Heureusement que la gloire littéraire de la Restauration ne dépend pas de ces philosophes illisibles. En revanche, après Garat et Destutt de Tracy, les trois Mentors de la jeunesse nouvelle, les trois voix puissantes de la Sorbonne inspirée, arrivent et se montrent, dans tout l'éclat de la parole et dans toute la verve de leur enseignement. Au fond de cet enseignement de trois libres penseurs, il y avait toutes les libertés honorables, et c'est pourquoi l'histoire en tiendra compte au roi Charles X ; elles peuvent vous compter, sire, ces trois chaires où nous avons entendu les paroles les plus éloquentes qui aient frappé, éclairé et dominé notre heureuse et libérale jeunesse. Quelle merveille, cés trois chaires hautes comme une tribune : la chaire de M. Cousin, de M. Guizot, de M. Villemain, ces généreux instituteurs d'une génération qui, bientôt, les voit à l'œuvre politique et qui peut juger si le libéral cachait le despote, et à quel point leur conduite est concordante avec leur domination ! Pareil éclat n'avait jamais entouré la Sorbonne depuis les jours de Robert Sorbon et de Henri le Grand ! Ainsi commença véritablement la littérature active et nouvelle de notre temps ; qu'elle se soit fait jour au théâtre, à la tribune, dans le livre ou dans le journal, la littérature active sort tout entière de ce triple enseignement.

II

Le seul poëte royaliste de la Restauration. — Où il aboutit. — Libéralité de M. Nettement envers ses princes. — Les gloires pour faire nombre. — Revendication des vraies gloires.

Cependant, à la porte du roi, quand le roi était à Saint-Cloud, un jeune homme veillait et montait la garde, une carabine à la main. Il allait tout pensif, oubliant le mot d'ordre sur ce seuil respecté et se récitant à lui-même et tout bas dans son cœur mille harmonies divines! Ce jeune homme, encore sans nom, était un des gardes du roi de France; il avait dans sa giberne quelque chose de plus merveilleux que le bâton des maréchaux... il avait les *Méditations poétiques!* Dormez, sire; jamais, depuis Agamemnon, le roi des rois, gardé par Homère, un roi, quel qu'il soit, ne fut gardé comme vous l'êtes en ce moment.

Lamartine! Il est le dieu par qui tout recommence; il est l'honneur, il sera la gloire impérissable de cette minute heureuse de 1820 dans la reconnaissance et dans le respect des nations! Il était toute une poésie, il était *la poésie*, il était le charme de l'enchantement. En voilà un, enfin, qui, par son âge, par son œuvre et par les leçons de sa maison, appartient véritablement à la Restauration... Oui, mais il ne lui appartient qu'une heure, et Dieu sait où il devait aller, le poëte royaliste! Ah! Restauration malheureuse, qui ne garderas même pas cette perle de ta couronne! Ah! paradoxe de M. Nettement, qui s'obstine — en présence des *Girondins* et de la dictature de 1848 — à faire de M. de Lamartine un poëte de *la Restauration!* « Mon ami, disait Henri IV à M. de Sully, ta religion est bien malade : voilà les médecins qui l'abandonnent! » O royauté à l'agonie! et voilà son poëte qui l'abandonne! M. de Lamartine appartient à la Restauration comme appartient à son village natal un enfant qui voyage depuis cinquante années hors de son pays, citoyen du monde, et se souvenant à peine dans quelle bourgade il a vu le jour. M. de Lamartine a grandi de compagnie avec lord Byron, et tout de suite il a pris sa place dans la grande famille indiquée aux poëtes à venir par madame de Staël. Quand la monarchie est tombée, M. de Lamartine publiait son second livre, et ce livre, imprimé à l'heure dernière de la Restauration, paraissait dans les premières journées de la révolution de Juillet. Encore une fois, la tâche et la peine étaient justement à vouloir remplir et *bourrer*, pour ainsi dire, de toutes sortes d'éléments qui ne lui appartiennent que pour une heure, un instant... le temps de naître ou le temps de mourir, cette limite étroite de la Restauration.

C'est là le défaut qui se trouve à chaque page, à chaque ligne du livre de M. Alfred Nettement. Royaliste quand même, il éprouve un si grand besoin de décorer sa monarchie et d'ajouter un ornement imprévu à la royauté de ses deux princes légitimes, qu'il arracherait volontiers leur couronne aux royautés environnantes. *Découvrir saint Pierre pour recouvrir saint Paul*, dit le proverbe. Volontiers il ôterait à l'Empire et volontiers il ôte au roi de Juillet les gloires qui leur reviennent. Il donne au roi Louis XVIII le bon Ducis; il lui donne aussi madame de Staël (et, certes, c'était lui faire un magnifique présent!); il lui donne, ou peu s'en faut, Gœthe et Walter Scott! On aime sa maîtresse, on la pare de mille élégances venues de toutes les parties du monde! Il n'y a rien de trop beau pour elle! Ainsi pour la Restauration, au compte de M. Alfred Nettement, il n'y a rien de trop grand, de trop glorieux! C'est pourquoi, des gens d'un certain talent, il fait si facilement, ça lui coûte si peu! autant de grands artistes :

Vous prêtez volontiers vos qualités aux autres!

A son compte, il suffit d'avoir écrit ou composé quelque chose, de l'an 1815 à l'an 1830, pour avoir fait, nécessairement, un chef-d'œuvre ; et justement parce qu'ils tiennent à son époque favorite, M. Alfred Nettement, si vigilant en toutes les choses d'art et de goût, et qui connaît la valeur de quiconque aujourd'hui s'est manifesté dans les lettres, va prodiguer plus de louanges qu'il ne leur en revient certainement à M. de Rességuier, à M. Guiraud, à M. de Beauchesne, à M. Soumet ! Il les salue, il les invoque, il les appelle à l'aide de son paradoxe ; il en fait des gloires destinées à rehausser la majesté royale... Oui, mais demandez à M. Nettement lui-même, demandez-lui, là, tout de suite, *hic et nunc*, ce qu'ils ont fait, ces esprits de son adoption, pour avoir conquis tant de renommée et mérité tant de gloire : il hésite, il l'a oublié, il n'en sait plus rien. Il salue aussi madame Tastu comme une muse, et madame Desbordes-Valmore, et madame Dufresnoy : elles font nombre. Il s'accommode aussi de M. Andrieux, qui florissait sous le Consulat ; de M. Picard, qui ricanait sous la République. Il n'y a pas jusqu'à M. Benjamin Constant dont notre historien ne s'amuse à parer son livre !

La belle affaire aussi et la bonne conquête, lorsque M. Alfred Nettement aura placé Armand Carrel parmi les gloires de la Restauration ! Comme si la Restauration n'avait pas voulu faire fusiller Armand Carrel !

Ici encore est la pierre d'achoppement de cette *Histoire de la Littérature sous la Restauration*. La plupart des noms que va citer l'historien, les noms les plus glorieux, les plus éclatants, Béranger, par exemple, et M. de Chateaubriand lui-même... autant d'adversaires de cette royauté, qui jette en prison le chansonnier, qui chasse, comme on ne chasserait pas un valet, M. de Chateaubriand *de l'hôtel des affaires étrangères* ! Quand vous dites : *le siècle de Louis XIV*, vous dites autant de poëtes dévoués à Sa Majesté, vivant de sa vie, amoureux de sa gloire, et participant même à ses amours ; quand vous dites : *un écrivain de la Restauration*, prenez garde, vous avez dix chances contre une de proclamer un ennemi. Vous parliez tantôt d'Armand Carrel, et maintenant voici qu'il vous faut parler des chefs et des maîtres de l'histoire : M. Guizot, M. Mignet, M. Thiers, M. Augustin Thierry, M. Monteil, l'ingénieux auteur de l'*Histoire des Français des divers états*, et cet infatigable, cet élégant, ce maître historien du XVIIIe siècle et de la Révolution française, le sage et vénérable royaliste, M. de Lacretelle! Ils appartiennent, dites-vous, à la Restauration? Convenez cependant que ces grands esprits lui pourraient appartenir de plus près ; enfin, je vous prie, qu'a-t-elle gagné à contenir ces grands sceptiques ? et n'est-ce pas une espèce d'ironie, aussitôt qu'un écrivain est nommé, que tout de suite on puisse répondre : « Oui, il vivait sous le roi Charles X, et il a écrit l'*Histoire de la Révolution française ;* — il a été garde du corps du roi, il a écrit l'*Histoire des Girondins*, l'apothéose des Girondins ; — il appartenait à la Restauration, il a écrit les *Paroles d'un Croyant ;* — il vivait sous la Restauration, il a chanté le *Dieu des bonnes gens ;* il vivait sous la Restauration, il a écrit ses *Mémoires d'outre-tombe*, où il a montré *que tout était vanité* dans ce qu'il entourait de ses adorations ; — il vivait sous la Restauration, il a été poursuivi, condamné, emprisonné ! » A vrai dire, ces hommes si divers et ces choses si opposées, lorsque, réduits à leur plus simple expression, vous les faites entrer dans le cadre étroit de cette monarchie, indifférente à tout ce qui n'est pas elle-même, se heurtent, se confondent, se brisent, se réduisent à néant !

III

La nouvelle école littéraire. — Elle arriva quand la Restauration s'en allait. — C'est sous le règne de Louis-Philippe qu'elle grandit et fleurit. — Une fin et un commencement ne font pas un tout. — Rappel à la vérité historique.

Nous attendions M. Alfred Nettement au plus intéressant chapitre de la littérature moderne, à l'histoire même de toute cette école nouvelle dont M. Victor Hugo est le chef et le représentant, au mouvement poétique que donnaient à l'esprit français les jeunes gens du cénacle : Alfred de Vigny, Sainte-Beuve et toute l'école du *Globe*, ces poëtes, ces prosateurs, ce monde unanime à la révolte, ces chercheurs d'idées, de langage et d'aventures ; ces passions, ces batailles, ces extases, ces délires, ces élégies, ces œuvres qui ont fait vivre et espérer le monde entier : *les Orientales, les Feuilles d'automne, les Consultations du docteur noir, les États de Blois, le Vase étrusque, Volupté, les Soirées de Neuilly, les Mémoires du Diable, le Mouchoir bleu, Indiana, Valentine, Notre-Dame de Paris* resplendissante du sauvage éclat du vieux âge ; ce théâtre où l'esprit de M. Scribe, sa grâce et son bon mot, son aimable fantaisie et sa piquante observation se montrent en mille gaietés douces et charmantes, et ce théâtre nouveau qui s'élève sur les ruines de l'ancienne tragédie, à savoir *Hernani, Marion Delorme, Marie Tudor, Roméo et Juliette, Othello, Chatterton,* et Balzac tout entier, ce grand Balzac qui les a fait revivre et parler, ces belles dames de la Restauration, et qui les a mieux vues et mieux comprises que Louis XVIII lui-même ne les a vues. Ici, en effet, M. Alfred Nettement allait nous dire à quel règne appartenaient ces œuvres vaillantes, et quelle part en revenait à la Restauration. Allons, de bonne foi, M. Victor Hugo n'appartient-il pas plus au roi Louis-Philippe qu'au roi Charles X? Balzac et George Sand se sont-ils manifestés en 1820 ou en 1830 seulement? Enfin, pensez-vous que ces poëmes, ces drames, ces romans, l'amour de l'Europe et son vrai charme, ces caprices, ces fantaisies, ces élégances appartiennent à la Restauration aussi bien que *Luxe et Indigence, M. Botte, la Vieille de Suresnes, les Barons de Felsheim, la Première Affaire* et *la Famille Glinet*?

Voilà l'objection! Il me semble que c'est une objection sans réplique, et qu'il n'y a rien à répondre en effet! C'est que (faut-il le dire?) il y a une grande injustice à composer une *Histoire de la Littérature française sous la Restauration* avec des hommes et des œuvres qui ont appartenu à l'Empire et à la première révolution; il y a une injustice non moins grande à écrire une *Histoire de la Littérature française sous la Restauration* avec des œuvres, avec des hommes, avec des passions, des instincts et des volontés qui ont appartenu à la révolution de Juillet. Comment donc M. Alfred Nettement n'a-t-il pas vu tout d'abord que, nécessairement, il laisserait en chemin tous les héros de son livre? Les uns sont trop vieux au premier chapitre; au dernier chapitre, les autres seront trop jeunes; celui-ci avait dit son dernier mot au commencement de cette histoire; celui-là, à la fin de cette histoire, sera encore plein de force, de vie et d'avenir. Et puis quelle tâche impossible (à moins d'être l'abbé Goujet) de raconter en deux parties séparées comment celui-ci commence et comment celui-là finit! Quelle tâche de rechercher (eux vivant) le vrai mérite et la juste valeur de tous les hommes qui ont encore aujourd'hui l'énergie et le talent de l'écrivain! Enfin, quel catalogue à écrire, la liste officielle de tous ceux qui, pendant dix-huit ans (le règne du roi Louis-Philippe), ont dominé, par leur volonté ou par les grâces éloquentes de leur esprit, cette nation vouée à toutes les puissances de la parole écrite et parlée! Un plus habile même que M. Nettement succomberait à cette tâche, et véritablement tous les hommes dont il est parlé dans cette histoire, ils ne peuvent pas se reconnaître les sujets du roi Louis XVIII et du roi Charles X, à moins qu'on ne leur compte à la fois les premières années de leur printemps et les derniers jours de leur âge mûr, à moins d'une extrême violence faite à leurs travaux, à leur ambition, à leurs rêves, à leurs regrets, à leur espoir! Vous nous promettez une histoire des hommes qui vivaient et des hommes qui écrivaient sous la Restauration; or, ceux qui régnaient en ce temps-là sont morts, et ceux qui commençaient à écrire, ils vivent, ils sont debout, ils sont à l'œuvre encore et nul ne les a remplacés!

Mortua quin etiam jungebat corpora vivis!

Au contraire, si M. Alfred Nettement, oubliant un instant ses rancunes contre une époque admirable que nul ne peut ni changer ni effacer, n'avait pas résolu de parquer la Restauration dans ces étroites limites; s'il n'avait pas laissé de l'autre côté de la gloire et de ses respects le roi de la révolution de Juillet; s'il eût consenti à reconnaître en cette exubérance de toutes les forces de la pensée et de toutes les œuvres de l'imagination, non pas l'influence personnelle du roi Louis-Philippe (il n'aimait guère les écrivains), mais la fortune, la liberté, le génie et le bonheur de son règne, il eût écrit tout simplement l'*Histoire de la Littérature française sous la dernière monarchie*, et il arrivait ainsi, dans une période admirable de trente années pacifiques, à une grande histoire animée et complète. Ainsi comprise, l'histoire de la littérature moderne offre au lecteur une œuvre qui commence, une œuvre qui finit. Elle commence à la première heure des libertés nouvelles, elle s'arrête aux premiers bruits de la république envahissante. Alors, dans un magnifique tableau, comme en peut tracer l'éloquent historien de la Restauration lettrée, on eût vu se développer chacun à sa place, à son heure, en bon ordre (*lucidus ordo*) : les poëtes, les philosophes, les historiens, les auteurs dramatiques, les romanciers qui ont été la constante préoccupation de ce siècle des tempêtes et des orages! Quel homme, en effet, plus que M. Alfred Nettement était destiné à composer un si grand livre! Il a la patience, il a la sagesse; il a la prudence, il a le courage; il a toutes les grandes qualités de l'écrivain. Sa plume habile, un peu froide, mais correcte, active et claire, était digne de raconter tant et tant de travaux de l'esprit français, dont nous avons joui quelque peu à la façon de l'animal glouton qui dévore le gland tombé du chêne, sans regarder l'arbre glorieux qui portait cette glandée!

DE LA LITTÉRATURE FACILE

RÉPONSE A M. NISARD

I

Le paladin Nisard. — Les Chérubins du style. — *Faire* et *pouvoir*. — Qu'est-ce que la littérature facile? — Les maîtres du genre. — Le colosse de Rhodes littéraire. — Parenthèse à propos de Gil Blas. — M. Nisard à la recherche de la littérature difficile. — *Vade retrò!*

Permettez-moi, mon cher monsieur Nisard, de répondre comme il convient à votre éloquente et chaleureuse philippique contre la *littérature facile*. Vous m'en avez fait le représentant, à mes risques et périls; c'est un honneur que j'accepte avec toutes ses conséquences. Me voilà donc tout prêt à jouter avec vous, le rude jouteur; me voici, moi, vêtu à la légère, contre vous, armé de pied en cap; me voici, pauvre vélite de l'armée littéraire, contre vous, qui êtes placé dans la réserve; moi, déjà tout hâlé par le soleil de la presse, tout froissé dans la mêlée, haletant et blessé, et tout saignant, contre vous, homme fort, homme de sang-froid, qui vous hasardez rarement à combattre, qui vous contentez de faire une brutale sortie de temps à autre, et qui rentrez ensuite prudemment dans vos murs. Mais, quoi qu'il en soit, le gant est jeté de part et d'autre; je ramasse votre gantelet de fer; venez ramasser le frêle gant jaune-serin que j'emprunte, tout exprès pour vous le jeter, à la plus jolie femme de France; me voici tout prêt à frapper votre rondache de cette lance courtoise dont vous vous êtes moqué avec tant de grâce et d'esprit.

Mon Dieu! quand j'y pense, vous avez eu grande raison de venir réveiller en sursaut la littérature endormie. Comme vous, je sentais depuis longtemps que l'engourdissement était général. Vous avez bien choisi votre moment, monsieur Nisard, pour faire votre sortie dans le camp ennemi. Tout dormait; les conteurs dormaient à côté de leurs feux éteints et sous leurs romans; les auteurs dramatiques se reposaient de leurs crimes de tous genres, et leur bonne dague dormait à leur côté. La sentinelle dormait; moi aussi, je dormais, moi, la sentinelle avancée de toute cette armée légère: nous dormions tous, non pas dans les délices de Capoue, mais dans l'oisiveté du camp. Et, en effet, que peut-elle faire encore, l'armée littéraire? Elle a tout dévasté sur son passage; elle a recueilli dans son chemin tout ce qu'elle a rencontré; le conte, le drame, l'histoire, le roman, le moyen âge, le XVIIe siècle, la Régence, la Terreur, l'Empire, la Restauration, les grands hommes, les grands crimes, les petits vices, tout y a passé! L'armée littéraire a suivi l'exemple de toute grande armée; après avoir pillé le palais, elle a pillé la chaumière, elle a mangé jusqu'au chaume du toit, elle a fait place nette; elle dormait, n'ayant plus rien à conquérir, plus rien à dévorer sur son chemin.

Tout à coup, vous êtes venu dans le camp, vous avez sonné de la trompette, vous avez tiré votre longue épée, vous avez frappé à droite et à gauche, vous nous avez dit à tous : « Ah! lâches que vous êtes, vous vous êtes amusés à faire des romans, vos femmes ont perdu leur temps à faire des contes, vous vous êtes faits les grands juges des vaudevilles de votre temps! Ah! lâches que vous êtes, à présent que vous avez dit tout ce que vous aviez à dire, vous dormez! N'aviez-vous donc rien de mieux à faire que des histoires à dormir debout? » Et puis vous voilà reprenant votre épée à deux mains et frappant comme don Quichotte sans crier gare! Par pitié cependant, écoutez-nous!

Nous l'avouons. Oui, nous avons fait de la littérature facile; oui, nous avons jeté au vent les précieux trésors de l'âme, la pensée qui est l'âme du style, le style qui est le coloris de la pensée; oui, nous avons raconté à qui voulait l'entendre le premier battement de notre cœur; oui, nous avons gaspillé toute notre jeunesse poétique au hasard : en voici! en voilà! qui en veut encore? Oui, comme Chérubin, nous avons embrassé au hasard toutes les femmes, Suzette, Fanchon, madame la comtesse, la vieille Marceline elle-même, à défaut de Suzon. Or, nous savons très-bien qu'en littérature comme dans la vie réelle, le rôle de Chérubin est le plus difficile de tous à soutenir longtemps; Figaro, dans l'œuvre de Beaumarchais, respire, agit et parle pendant trois longs drames; le joli page ne paraît que dans quelques scènes, et puis Beaumarchais le tue comme on tue un enfant précoce qui s'est fait homme dix années avant les autres. Ainsi avons-nous fait, nous, l'avant-garde de la littérature facile. Nous avons été précoce, il faut l'avouer. Nous avons senti, pensé et surtout écrit de bonne heure. J.-J. Rousseau avait deux fois notre âge avant d'écrire sa première page de prose. Oui, nous avons mené la vie des Chérubins du style; mais, à présent, est-ce à dire qu'on se doive débarrasser de nous, comme Beaumarchais s'est débarrassé de son page, en le faisant tuer derrière une haie? Est-ce à dire que nous devions céder la place et nous retirer, vieillard de vingt-huit à trente ans, sous les arcades discrètes et silencieuses de quelque académie nouvelle qu'on fondera tout exprès pour nous servir d'Invalides et d'hôpital?

Voilà, monsieur Nisard, où est toute la question.

Car nous, la littérature facile, nous n'avons pas à répondre à cette autre question : « Pourquoi faites-vous de la littérature facile ? » Vous savez très-bien qu'en littérature, comme en bien d'autres choses, on ne fait que ce qu'on peut ! Heureux encore ceux qui ne font que ce qu'ils peuvent faire ! Heureux Voltaire quand il fait un conte et non pas une comédie ! C'était là, j'espère, un homme de littérature facile ! Comme il va, comme il va toujours ! comme il jette sur son chemin tout ce qui l'embarrasse : vers, prose, lettres, épigrammes, tragédies, histoires, poëme épique, poëme burlesque, contes ; oui, des contes ! romans ; oui, des romans ! prospectus ; oui, des prospectus ! il en a fait, et J.-J. Rousseau aussi en a fait, et d'Alembert aussi en a fait un, le prospectus tant admiré de l'Encyclopédie ; ce même d'Alembert qui avait tiré, un jour, cent écus de son libraire, et à qui sa femme disait en soupirant : « Quoi ! monsieur d'Alembert, vous avez eu le courage de prendre les cent écus de ce pauvre homme ! » Vous avez donc tort de dire du mal des prospectus.

Bien certainement, monsieur Nisard, vous n'avez pas entendu nous demander, à nous, littérature facile, pourquoi nous faisions de la littérature facile. La question eût été indiscrète. C'était demander au XVIIe siècle pourquoi il plaçait le sonnet au niveau du poëme épique ; c'était demander à Montesquieu pourquoi il a fait ses *Lettres persanes*, et *le Temple de Gnide* ; à J.-J. Rousseau pourquoi il a rimé des épîtres ; c'était rejeter tout d'un coup dans le même néant tant de charmants écrivains, les chefs de la littérature facile, dont la France s'honore à bon titre, Gresset, Bachaumont, Chapelle, Marmontel, Marivaux surtout, ce chef d'école, et tant d'autres. Madame de Sévigné n'a-t-elle pas écrit de la littérature facile ? Et Molière lui-même ne disait-il pas qu'il n'avait pas le temps d'écrire en vers aussi bien que Racine ? Molière ne faisait-il pas de la littérature facile ? Croyez-vous ensuite que le temps fasse quelque chose à l'affaire ? Et puis quel sens donnez-vous à ce mot, tout nouveau pour nous et pour vous aussi peut-être, *la littérature facile?* Entendez-vous, par ce mot *littérature facile*, cette littérature d'un seul jet où vous ne sentez nul effort, où tout se tient, tout se lie, tout s'enchaîne; où la transition arrive facile et souple comme la pensée ; où l'expression est naturelle, simple, abondante? En ce cas, quoi de plus *facile* qu'une fable de la Fontaine? Il mettait trois mois à l'écrire. Ou bien, si vous entendez par littérature facile l'improvisation ardente, passionnée, échevelée, des époques où la liberté de la presse règne en souveraine, comment avez-vous pu faire un crime aux victimes littéraires de ces époques sans modèles dans les annales littéraires du passé, de leur dévouement sans bornes et de leur abnégation complète à ce que vous appelez la littérature facile, à ce qui est, en effet, le besoin le plus réel, la nécessité la plus absolue de notre temps?

Non, non, je le sais, telle n'a pas été votre pensée. Non, jamais vous n'avez voulu faire un crime à Voltaire de sa verve inépuisable, à Diderot de sa prodigieuse fécondité. Pauvre Diderot! il improvisait jusqu'à des sermons pour l'Église catholique! Encore moins ferez-vous un crime à notre époque de cette activité dévorante qui fait que, tous les jours, il faut que la France trouve à son lever autant d'idées toutes broyées que de pain tout cuit à digérer ; non, vous n'avez pas voulu mettre en cause le passé littéraire, que vous respectez, que vous aimez, que vous savez par cœur, que vous défendez avec tant d'intelligence et de respect ; encore moins avez-vous eu dessein de crier haro sur la presse périodique, dont vous êtes l'enfant, dont vous êtes la création et la créature, par qui vous êtes tout ce que vous êtes, par qui vous serez tout ce que vous serez un jour. La presse périodique, notre gloire, notre fortune, notre force, notre bien-aimée nourrice, *alma nutrix*, comme vous diriez ; il faut donc, avant d'entrer dans notre défense, que nous définissions bien avec vous ce que vous entendez par ce mot *littérature facile*, et à quels hommes s'adresse votre colère. Je vais entrer franchement dans la question.

2.

Avouez-le, homme difficile, dans cette double excommunication que vous avez fulminée, un pied sur la *Revue de Paris*, l'autre pied sur *le National*, vous, le colosse de Rhodes littéraire, qui avez fait passer entre vos jambes la littérature facile, vous avez voulu dire tout simplement ceci : Il nous est importun, c'est-à-dire il est importun à la France, à tout le monde, de voir la littérature actuelle aux mains d'une douzaine d'hommes plus ou moins ; ces hommes sont toujours les mêmes ; ces hommes se suivent les uns les autres, sans être les mêmes ni les uns ni les autres ; ces hommes font toute la littérature de leur époque, ce sont eux seuls qui produisent ; il n'y a d'imprimeurs en France que pour eux, il n'y a de libraires que pour eux, il n'y a d'acheteurs que pour eux ; ils ont une facilité désolante ; ils produisent, ils produisent, ils produisent toujours. Et, là-dessus, vous les avez signalés, ces hommes, sans dire leurs noms : Charles Nodier, Victor Hugo, Alexandre Dumas, Sainte-Beuve, Frédéric Soulié, Eugène Sue, Balzac, Alfred de Vigny, le bibliophile Jacob ; tous enfin, tous ceux qui ont été applaudis au théâtre, à la lecture ; tous ceux qui ont amusé quelque peu leur époque ; tous les hommes qui, depuis dix ans, portent les ardeurs du jour ; des hommes tous jeunes encore, des hommes dont chacun a son public, qui, avant-hier encore, se croyaient un avenir, et à qui vous venez de fermer tout avenir, vous, l'ennemi de la littérature facile. Si bien que le deuil est grand dans notre armée ; et, depuis ce jour, chacun s'examine et s'interroge, chacun se demande : « Est-ce bien moi ? est-ce bien vous ? est-ce bien lui ? » On repasse lentement les idées qu'on croyait encore avoir ; on se demande avec inquiétude : « Où sommes-nous ? où allons-nous ? » En vérité, seigneur Nisard, l'archevêque de Grenade lui-même, après avoir renvoyé Gil Blas, en lui souhaitant un peu plus de goût à l'avenir, n'a pas été plus embarrassé, rentré dans son cabinet, que nous ne le sommes tous après avoir lu votre manifeste contre la littérature facile. « Peut-être que Gil Blas a raison ! » se sera dit l'archevêque de Grenade.

Et que deviendrions-nous, nous autres, si vous alliez avoir raison, mon cher monsieur Nisard?

A ce propos, — car ceci n'est pas un plaidoyer pour répondre à un autre plaidoyer, c'est encore moins une attaque pour répondre à une autre attaque, — ne pensez-vous pas comme moi que cette réponse de Gil Blas, tant admirée, n'est, en effet, qu'une brutalité inutile? Que monseigneur l'archevêque de Grenade fasse ou non de bonnes homélies, qu'importe à M. Gil Blas? Pourquoi donc venir troubler méchamment la quiétude du digne archevêque? pourquoi chagriner si mal à propos ce bon maître qui lui veut tant de bien? Voyez le malheur! Cet effronté Gil Blas, ce picaros, qui n'a pas dit un mot de vérité dans sa vie, n'a-t-il pas bien choisi son moment pour être vrai? Pour avoir été vrai mal à propos, il a jeté la désolation dans l'âme de son bienfaiteur, qui ne se confiait à lui avec tant d'abandon que pour en être flatté. Mais laissons là Gil Blas, laissons là monseigneur et ses homélies; revenons à nous autres, faiseurs d'homélies d'un autre genre, que tu n'as pas ménagés, Nisard, que tu n'avais aucune raison de ménager.

Ainsi donc, et de gaieté de cœur, tu viens de te séparer d'un seul coup de la littérature facile, c'est-à-dire de la littérature vivante; ainsi tu viens de dire étourdiment adieu au petit nombre d'intelligences actives qui soient encore en travail! Ainsi tu vas être forcé de chercher une chose qui doit être bien fatigante à trouver et bien ennuyeuse quand on l'a trouvée, la littérature difficile! Mais où est-elle, cette littérature à part, qui a pour toi tant de charmes? où la fait-on? qui la fabrique? et, quand elle est fabriquée, qu'en fait-on? Ah! tu veux de la littérature difficile! ah! tu veux passer sur le ventre à tous ceux qui écrivent, pour trouver quelque chose qui ne soit pas Nodier, Victor Hugo, Dumas, de Vigny et les autres! Ah! tu veux, ingrat que nous regardions comme notre confrère, faire scission avec nous, et nous renier comme l'apôtre, en disant : « Je ne connais pas ces hommes! » Eh bien, va-t'en! fuis nos rangs! quitte-nous, nous, la littérature facile! va-t'en faire du sanscrit au Collége de France ; va-t'en étudier les hiéroglyphes sous le dernier des Champollion ; cours à cette exposition de pots cassés que M. Raoul Rochette, le conservateur des médailles, appelle ses *leçons d'archéologie;* fais de l'hébreu, fais du grec, fais de la science ; travaille aux choses difficiles et inutiles, travaille, misérable, pour que personne ne t'en sache gré, pour que ta vie se consume dans d'arides travaux qui, peut-être, feront de toi un grand homme, mais qui, certes, ne t'apprendront rien ou peu de chose, pour que tu sentes toi-même, au plus fort de ton travail, que toutes ces sciences inutiles ne profitent à rien, ni à ton esprit ni à ton cœur ! N'importe, malheureux, travaille, pour que ton nom soit renfermé dans les sombres murs du Collége de France, ou brille d'un éclat nuageux dans les ténèbres de l'École normale ; travaille pour que la femme qui passe, la jeune fille qui te voit passer, l'ardent jeune homme qui sort du collége, n'aient pour toi ni sympathie, ni regard, ni sourire ; travaille pour vivre toute ta vie, non pas du pain que tu gagneras, mais du pain que te donnera l'Institut ou le ministre de l'intérieur! Ah ! tu veux de la littérature difficile ! ah ! ton lot ne te satisfait pas ! ah ! tu trouves que c'est être trop heureux que de vivre comme tu vis, comme nous vivons tous ; être libre, indépendant, joyeux ; faire toutes ses malices sans être méchant, s'abandonner à l'heure présente, à la joie présente, à la tristesse présente ; obéir à tous les mouvements de son cœur, à toutes les passions de son cœur ; être vrai, être redouté, être aimé à outrance, bien plus, être détesté à outrance ; avoir sous sa main son journal qui vous prend votre pensée toute chaude, votre gaieté toute vierge et votre douleur humide encore. Avoir sous sa main son livre qui grandit, qui grandit à vue d'œil ; dire à la foule tout ce qu'on veut, tout ce qu'on sent, tout ce qu'on sait, le dire à tout le monde ; voir le monde qui fait des avances, et retirer la main ; savoir qu'il s'occupe de vous et ne pas s'occuper de lui ; être au-dessus de la foule, plus libre et plus heureux que le roi notre sire ; faire, en un mot, de la littérature facile ! Voilà ce que tu refuses ! Eh bien, va-t'en ! va-t'en faire des notes pour les *Variorum* de feu M. Lemaire ; va-t'en écrire des traductions à vingt-cinq francs la feuille pour M. Panckoucke, va-t'en, va-t'en, paria ! tu n'es plus des nôtres, tu n'es plus notre frère, tu n'es plus le facile bohémien qui improvisait, mollement couché au soleil, sous l'ombre du hêtre ; tu es un savant, un annotateur, un homme à palmes vertes, en un mot tout ce qu'on n'est plus ; malheureux et infortuné ! tu commenceras comme finit Charles Nodier ; tu seras de l'Institut, et encore de l'Académie des inscriptions, à côté de M. Raoul !

II

Bilan de la littérature facile. — Le roman : *Notre-Dame de Paris, Stello, la Peau de chagrin, la Vigie de Koat-Ven, les deux Cadavres*, etc. — Les contes et les conteurs : Léon Gozlan, Michel Raymond, Mérimée, Balzac, etc. — Anathème de M. Nisard contre les femmes de lettres. — George Sand oubliée. — Le drame moderne.

J'ai tort, Nisard ; je m'emporte : raisonnons. Mon premier feu jeté, — car c'est là une des habitudes de la littérature facile de dire tout d'abord ce qu'elle a sur le cœur, sauf à déduire ses raisonnements ensuite, — vous verrez, j'espère, que, si la littérature facile manque de génie, elle ne manque pas de logique, ce grand apanage de la littérature difficile, qui a si peu besoin d'esprit.

Ainsi votre *factum* se divise en deux points : il attaque les ouvrages d'abord, les auteurs ensuite. La première chose qui vous tombe sous la main, c'est le roman. Vous trouvez le roman une chose insipide ; je le pense comme vous : on en fait, dites-vous, de misérables depuis tantôt deux ans, j'en conviens ; mais est-ce une raison pour ne pas reconnaître que nous devons de beaux livres aux romanciers modernes ? Quel beau livre, *Notre-Dame de Paris !*

quel grand style! *Notre-Dame de Paris* est un roman de l'an passé. Quel joli petit livre, *Stello*, coquet, plaintif, ardent, moqueur, littéraire! *Stello* est un roman de l'an passé. Quel roman intéressant et dramatique, à tout prendre, *la Peau de chagrin!* C'est un chef-d'œuvre de l'année passée. Quel récit complet, intéressant, spirituel, moqueur, récit de longue haleine s'il en fut, *la Vigie de Koat-Ven* d'Eugène Sue! Encore un livre de cette année, un livre d'hier. N'avez-vous pas trouvé aussi que M. Frédéric Soulié avait fait un beau et noble roman cette année, **les deux Cadavres?** Dame! ce sont là de bonnes preuves, ce sont là des livres. Il faut bien les payer par une foule d'imitations graveleuses ou insipides; ce n'est même pas les payer trop cher. Je vous assure qu'en ceci vous avez fait une injuste confusion. Vous confondez les livres originaux avec les imitateurs. Ce sont ceux qui imitent, ceux qui copient, qui font de la littérature facile comme vous l'entendez. Pourquoi donc voulez-vous que le chef de file soit **responsable de** ceux qui marchent après lui, et pourquoi voulez-vous punir *Notre-Dame de Paris*, par exemple, des plates et sottes imitations qu'elle a produites? Au contraire, il me semble que c'est un grand éloge pour un livre, de voir toute cette myriade d'imitations et de copies qui se dressent tout à coup pour lui faire cortége, et qui s'éteignent comme s'éteint l'enthousiasme de la foule, après avoir poussé son cri!

Après le roman, vous attaquez le conte. Vous avez eu raison encore. C'est une grande misère, le conte. Je ne trouve pas que vous ayez encore assez dit combien c'était une chose d'un **immense** ennui, quand il ennuie! Oui, mais il en est du conte comme du roman : parce que la tourbe des conteurs est immense, parce qu'elle élève des montagnes de volumes, et nous fatigue de ses inventions mesquines, est-ce là un motif juste et sage de les proscrire en masse à l'exemple du bon lieutenant Godard? Vous parlez de M. Bouilly, mon cher Nisard; mais ne trouvez-vous pas que vous êtes trop cruel, ou bien ne trouvez-vous pas que vous êtes maladroit de rappeler un des plus grands services de la littérature facile que vous attaquez, en prononçant le nom des hommes dont cette littérature nous a débarrassés à jamais? Non, heureusement, il n'y a rien de commun entre M. Bouilly et les conteurs de nos jours. Que pensez-vous donc des contes de Léon Gozlan, ce jeune homme qui ne doit pas être encore usé, même pour vous? Et des contes de Michel Raymond, cet ouvrier que j'ai connu quand il était encore à son atelier? Et que vous semble des contes de Mérimée, cette charmante et élégante manière de faire de la comédie et du sarcasme? Et comment trouvez-vous surtout les bons contes de Balzac? Ceux-là sont vifs, animés, bien commencés, bien intrigués. Trouvez-vous, même en remontant plus haut que M. Bouilly, un conte plus intéressant que la première partie de l'*Histoire des Treize?* Prenez garde à ce que vous faites, mon cher Nisard ! Il faut qu'il y ait des gens malencontreux qui aient déjà donné le même conseil que vous à M. de Balzac. Depuis quelque temps, M. de Balzac a renoncé à la *littérature facile :* il ne fait plus de contes, il ne fait plus que des romans ! et quels romans ! des romans d'économie politique ! Il met en romans les chapitres de la Bruyère et de Mercier ; il fait de la littérature difficile en un mot. Le public ne le reconnaît plus, il lui crie en vain d'un ton dolent : « Monsieur de Balzac, faites-nous donc un de ces beaux contes que vous faisiez si bien, s'il vous plaît ! »

Vous êtes donc injuste pour le conte comme vous l'étiez pour le roman. Le conte n'est pas tombé si bas, qu'il n'ait produit d'excellentes pages. Je crois même, sauf meilleur avis, que roman et conte ont gagné quelque chose à être faits de nos jours. Cherchez au loin ! Que trouvez-vous en fait de romans, en fait de contes? Les romans de l'abbé Prévost, n'est-ce pas? et les contes *moraux* de Marmontel ; car les contes de Voltaire sont de véritables et admirables satires. Mais ne pensez-vous pas que c'est être aussi bien dur que de vouloir prouver à ce que vous appelez la *littérature facile* qu'elle ne sait même pas faire les choses les plus faciles, pas même écrire un roman, pas même inventer un conte?

Quant à ce qui regarde les femmes, sur lesquelles votre colère tombe dru comme la grêle, il me semble que vous les maltraitez bien fort, ces pauvres femmes. Depuis le dernier anathême de Lebrun, le poëte, celui qu'on appelait Lebrun-Pindare, tout exprès sans doute pour vous mettre de mauvaise humeur, je ne crois pas que les femmes aient été aussi maltraitées qu'elles l'ont été dans votre philippique. Comment donc! les femmes elles-mêmes font de la littérature facile? Et, là-dessus, vous entrez en colère. Mais quelle littérature voulez-vous qu'elles fassent, sinon la littérature facile et la plus facile de toutes? Ne savez-vous pas qu'en ces sortes de choses un peu de galanterie est nécessaire? M'en voulez-vous beaucoup pour avoir loué les *Heures du soir* quelque part? Croyez-vous que les femmes littéraires d'autrefois aient été d'une littérature plus difficile? Avez-vous été dupe, par hasard, de madame Deshoulières, de madame de Tencin, de mademoiselle de la Fayette, et autres renommées féminines? Pourquoi donc voulez-vous que notre siècle soit moins indulgent pour le beau sexe (je dis *beau sexe* pour vous faire enrager quelque peu), et pourquoi lui défendez-vous de fabriquer, à notre exemple, son roman ou son drame? En ceci encore vous avez tort; d'autant plus tort que, dans ce rapide anathême contre les femmes, vous avez oublié de dire que, cette année même, avant-hier, tout à l'heure venait de se révéler et d'éclater tout à coup une femme dont les deux premiers romans sont des chefs-d'œuvre. O déclamateur à la lente mâchoire, comment avez-vous pu oublier si vite ces deux sœurs jumelles, *Indiana* et *Valentine*? Et même, on peut en parler entre hommes, comment n'avez-vous pas rendu justice au style de *Lélia? Lélia,* cette horrible création, mais riche d'un si magnifique style! Je sais bien que vous pourrez vous tirer de cette difficulté en me soutenant que l'auteur d'*Indiana,* de *Valentine,* de *Lélia,* n'est ni un homme ni une femme : *discrimen obscurum,* comme dit

Horace, et j'avoue que, cette fois, je serais bien près d'être de votre avis.

Voici donc que vous êtes déjà convaincu de trois grandes injustices dans votre grand manifeste contre la littérature facile :

1º Votre mot nouveau, *la littérature facile*, n'est pas assez défini ; c'est un mot vague, un mot injuste en ce qu'il enveloppe dans le même blâme tous les auteurs contemporains ; c'est un mot incomplet en ce qu'il ne regarde que les intérêts matériels de la littérature du jour ; c'est un mot vide, si vous l'employez pour définir la littérature courante, celle qui nous occupe tous, la seule qui attire l'attention publique, la seule que demandent les libraires, la seule qui se soit fait jour, même à travers une révolution.

2º Votre attaque est injuste ; car, au lieu de se contenter d'immoler les copies, elle immole les originaux ; au lieu de frapper les copistes, elle frappe les modèles. Votre colère ne fait abstraction de personne ; tout le monde y passe, l'homme de talent et son copiste qui n'en a pas ; le livre admiré par le public, et le livre que le public a sifflé. Vous êtes plus cruel que Sganarelle ; Sganarelle convenait qu'il y avait fagots et fagots, vous ne voulez pas convenir, vous, qu'il y a livres et livres, romanciers et romanciers, conteurs et conteurs !

3º Votre partialité contre les femmes est évidente. Vous avez oublié de mentionner comme correctif à vos reproches la femme qui écrit le mieux de nos jours, femme ou homme, parmi les hommes comme parmi les femmes. Mais je suis bien niais de défendre les femmes contre vous, Nisard ; elles sauront bien se défendre elles-mêmes ; seulement, croyez mon conseil, vous qui êtes un grand voyageur, vous le peintre des Pyrénées, qui en savez tous les orages, qui en avez gravi les sommets les plus escarpés, ne vous hasardez pas de sitôt sur le mont Rhodope.

Les trois points de la question étant parfaitement éclaircis, il me resterait à défendre le drame contre vos passions. Mais, comme c'est là mon pain, mon devoir et mon bonheur de tous les jours, attaquer le drame qui se fait aujourd'hui, me prosterner devant Shakspeare et ramper humblement jusqu'aux pieds de Molière pour baiser la divine poussière de son soulier, je n'irai pas réfuter contre vous ce que j'ai dit si souvent et tout seul. Donc, je dis comme vous : le drame moderne est mauvais. C'est, la plupart du temps, un horrible cauchemar, un sanglant mensonge qui n'est même pas raconté en français; voilà ce que je dis toute l'année; mais plus que vous je suis juste. Il est juste, en effet, à propos de drame, de reconnaître tout ce qu'ont fait quelques hommes que vous auriez pu louer en passant, ne fût-ce que comme un à-propos de bonne compagnie : M. Scribe, par exemple, qui a tué la haute comédie, mais qui, grâce à tant de riens charmants, est l'homme qui a le plus amusé notre époque. Et même, avant M. Scribe, il fallait louer Alexandre Dumas d'avoir fait *Henri III*, *Christine*, *Antony*, *la Tour de Nesle*, *Richard Darlington;* il fallait prévoir, car vous n'êtes pas un de ces critiques novices qui ne savent rien prévoir et qui servent en voulant nuire, il fallait prévoir les deux derniers actes d'*Angèle;* certes, ce ne sont pas là des compositions qui se doivent oublier. Ces drames, tels qu'ils sont, sont encore à part dans la jeune école. J'aimerais mieux avoir fait le plus mauvais drame de la littérature facile, que la tragédie la plus admirée de la littérature difficile de l'Empire. Vous reprochez aux poëtes dramatiques le sang qu'ils répandent; aimez-vous mieux le poison que Crébillon prodigue? Vous parlez de l'audace du drame moderne; eh bien, si cette audace, poussée à bout, doit produire enfin un chef-d'œuvre, aurez-vous la force de vous en plaindre? Le drame en est aux vagissements, dites-vous? C'est peut-être parce qu'il enfante! Laissez-le donc enfanter librement, et n'allez pas mordre le sein de sa nourrice, c'est un lait qui pourrait vous porter malheur!

III

Quel est le vrai coupable. — Le moyen d'être lu. — La Manon Lescaut littéraire. — Nécessité de la production rapide. — Une supposition heureusement impossible. — Évocation de la littérature défunte.

Vraiment, vraiment, plus j'avance dans ma réplique, plus je trouve que vous êtes injuste et cruel. Vous voyez que je vous suis pas à pas, que je ne passe pas un de vos arguments sous silence, que j'ai une réponse à toutes vos questions, à toutes vos plaintes. Que si, après avoir jugé vos jugements sur les trois genres, le roman, le conte, le drame, je vous ai prouvé que vous étiez au moins ingrat de ne pas vous souvenir des bonnes choses que vous aviez déjà, au moins impatient de désespérer sitôt de littérateurs qui n'ont pas trente ans, qu'arriverait-il si j'en appelais de vos jugements sur les personnes? C'est pour le coup que votre mauvaise humeur vous emporte trop loin. C'est en vain que vous avez soin de ne pas nommer vos victimes, toutes vos victimes se sont nommées sur les marges de ce manifeste ambitieux. Que doivent-ils penser tous ces hommes qui commencent et dont les commencements sont entourés d'honneurs et de respects en voyant que vous désespérez de leur avenir? Victor Hugo tout le premier. Il a fait de belles odes, vous en convenez; il est un grand écrivain et un grand poëte, il a soulevé chez nous mille questions d'art et de poésie, vous l'avouez, et, parce qu'il lui a plu de porter la poésie sur la scène, parce qu'il a voulu traîner sur le théâtre les idées terribles qui l'obsédaient dans ses romans, voici que vous creusez la fosse du poëte, voici que vous lui répétez la seule phrase latine qu'aient jamais sue par cœur les littérateurs de l'Empire : *Sit tibi terra levis !* Victor Hugo enterré dans ses drames ! Mais la chose est impossible ! Ce serait le jeune Macchabée enseveli sous son éléphant ! Victor Hugo est plus fort que Macchabée, il se dégagera de l'animal qui l'étouffe, il comprendra que le théâtre a des limites, pendant que sa passion, à lui, Victor Hugo, n'a pas de limites. Victor Hugo mort et enterré sous *Marie Tudor!* enterré par vous...! mais vous n'y pensez pas, monsieur Nisard ! mais vous n'avez pas pu dire cela sans terreur ! Et que deviendrions-nous, nous autres, si M. Hugo était déjà épuisé par la littérature facile ? S'il était épuisé, nous serions morts, nous autres ; les vers seraient déjà à nos cadavres. Non, non, il n'est pas mort, le grand poëte ; il y en a même qui prétendent que sa croissance n'est pas entière encore. Creusez donc sa tombe si vous voulez, notre sinistre fossoyeur, mais faites-la vaste et profonde, plus profonde que celle d'Yorick. Puis, quand elle sera faite, laissez-la ouverte : si elle ne sert pas à Victor Hugo, elle servira à une douzaine de ses satellites en littérature facile ; vous viendrez ensuite, vous prendrez la pelle, et vous rejetterez la terre des deux côtés sur tous ces morts que vous aurez tués avant le temps. Un *De profundis*, s'il vous plaît !

Ainsi sont traités par vous tous ceux qui écrivent : vous ne donnez de trêve à personne, vous ne faites de quartier à personne. A vous entendre, l'un écrit trop peu, et il se perd ; un autre *fabrique* beaucoup trop, et il se perd. Il n'y a pas jusqu'à cet honnête et consciencieux bibliophile Jacob que vous n'accusiez, bien à tort, de *noyer sa précieuse érudition dans un lavage de petits détails*. Pauvre et savant bibliophile ! qui lui eût dit qu'on lui ferait un crime d'une chose qui lui a tant coûté, l'eût bien étonné, sur ma parole ! Mais ne voyez-vous pas, éclectique impitoyable, à ce propos, une autre cause de vos injustices ? Vous accusez les maîtres de la littérature facile, vous leur reprochez tous leurs écarts, et vous ne songez pas à accuser le public. Pourquoi laisser le public en paix, pendant que vous agitez le monde littéraire ? Le public est en ceci le vrai coupable ; c'est le public, tout autant que les auteurs, qui fait ses romans, ses contes et ses drames. C'est le public qui a jeté sur les vers de Dorat la poussière des papillons, et qui a trempé dans l'arc-en-ciel la plume de ce marquis exécuté. C'est le public qui a forcé Molière, le père du *Misanthrope*, de reconnaître Scapin pour un de ses bâtards, et de l'envelopper dans un sac *ridicule*. C'est le public qui a farci nos romans de tant d'adultères que vous ne comprenez pas et qui vous font justement horreur, à vous, l'heureux et nouveau marié d'une chaste jeune fille d'Angleterre. C'est enfin le public qui a voulu que le bon, l'excellent bibliophile, mêlât sa science à l'action d'un roman futile ; si le bibliophile n'eût pas fait son roman, adieu sa science ! on n'eût pas voulu pour rien de sa science. Le bonhomme, qui y voit clair, a compris cela mieux que vous. Il a suivi le vieux précepte, il a imbibé de miel les bords du vase, il a caché le serpent sous les fleurs, il a été grivois, malicieux et fou, et peu farouche, afin d'avoir le droit d'être savant en public. Il ne faut donc pas lui en vouloir, à cet honnête homme de bibliophile : il a fait de son mieux, il a fait tout ce qu'il pouvait, tout ce qu'il devait faire. M. Alexis Monteil, un autre savant, avait suivi le même chemin que le bibliophile Jacob, et s'en était bien trouvé. Voilà cependant où en sont réduits tous les hommes de la littérature difficile qui veulent être lus quelque peu ! C'est bien la peine d'être savant pour être forcé de laisser sa science sur le seuil de la renommée ! Enfin, que d'exemples je pourrais vous citer, Nisard, qui vous feraient rentrer en vous-même ! Je n'en veux qu'un. Vous avez lu l'*Histoire de Charles-Édouard* : c'est un livre consciencieux, bien fait, plein d'intérêt, un livre qui tient éminemment à la littérature difficile ; eh bien, un littérateur *facile* a fait un roman de l'histoire de Charles-Édouard, et le public a couru au roman, qui est insupportable, tout autant qu'il avait couru à l'histoire, qui est excellente ! Ne parlez donc pas de votre littérature difficile à des gens du métier comme moi !

Faisons mieux ; faites mieux, Nisard : reconnaissez avec moi qu'il n'y a point de littérature facile, point de littérature difficile ;

il y a de la bonne, il y a de la mauvaise littérature, et voilà tout. Il y a, il est vrai, une littérature pour tous les jours : une littérature improvisée qui arrive à tous facile et rieuse, sans prétention, peu doctorale, peu systématique, aimable et bonne fille qui ne veut que vous plaire, qui, pour vous plaire, jettera quelquefois son bonnet au vent; elle s'abandonne au premier venu qui lui fera volontiers le sacrifice de sa robe nuptiale, mais jamais elle ne trahira sa langue maternelle. Je compare cette littérature courante, cette improvisation de toutes les heures, à l'héroïne d'un roman de l'abbé Prévost, à Manon Lescaut. Vive la Manon Lescaut littéraire! Elle allait entrer au couvent pour y mener une vie sérieuse; à la porte du couvent, elle rencontre un beau jeune homme : adieu la vie sérieuse! Vive Dieu! Manon, vous vous jetez dans de beaux désordres; et que dira votre grand-père? Mais mademoiselle Manon ne pense pas à son grand-père, elle pense aux beaux jeunes seigneurs qui la trouvent belle; elle pense aux folles joies de la nuit, aux mystères du jour, à ce hasard bienveillant qui est son dieu; elle pense à être heureuse, libre, riche, aimée! Honni soit qui jettera la première pierre à l'aimable Manon! Malédiction sur le vieillard transi qui la dénonce au préfet de police pour une charmante trahison de plus qu'elle aura faite! Et voilà justement ce que vous avez fait, Nisard! Vous vous êtes conduit en amant transi avec la bonne et folâtre Manon; vous l'avez dénoncée à l'indignation publique, ce terrible préfet de police; vous l'avez condamnée à la déportation, la fille de joie littéraire! Fi! Nisard, cela est honteux, cela est d'un pédant doublé d'un sot d'être si cruel! Revenez donc sur votre premier arrêt, monseigneur! laissez-vous fléchir! écoutez-nous! ne chassez pas la littérature facile. Que fera Paris sans elle? La littérature facile est la littérature des oisifs, qui aiment à lire sans fatigue; des difficiles, qui aiment à lire sans juger; des parvenus, qui aiment à lire sans efforts; des femmes, qui aiment à lire sans se fatiguer à retenir des faits et des dates; cette littérature-là est vraiment la littérature facile; c'est surtout d'elle qu'on pourrait dire ce que dit Cicéron des belles-lettres : elle va à la ville, elle nous suit à la campagne, elle nous distrait à la maison, elle nous occupe au dehors, elle est le délassement du jeune âge et la distraction, sinon la consolation, de la vieillesse. Eh! pourquoi, je vous prie, en vouloir si fort à cette littérature de tout le monde, à la portée de tous? pourquoi donc sacrifier l'aimable et facile grisette à l'ennuyeuse pruderie des grandes dames? Elle est complaisante, celle-là; elle veut ce que vous voulez, elle dit ce que vous dites; vous l'appelez, elle vient; vous la rejetez, elle s'en va; vous l'interrogez, elle répond; cruel Nisard, vous êtes le premier, j'imagine, qui se soit jamais emporté contre cette facile littérature. Laissez-la vivre de sa vie, laissez-la mourir de sa belle mort et laissez-la renaître demain; après-demain, vous passerez, et elle ne sera plus; le cabinet de lecture l'attend, le salon la demande; du salon, elle ira à la mansarde; de la mansarde, à la loge du portier; elle est le lien de la grande dame et de la grisette, elle unit le petit monde au grand monde. La littérature facile! mon Dieu! mais elle a été le rêve des plus grands génies, mais tout leur effort a tendu à cela : devenir populaires. Il n'y a pas de grand homme qui ne lui ait sacrifié quelque chose. Aspasie appelait cela très-élégamment *sacrifier aux grâces*. Vous auriez été moins sévère pour la littérature facile, mon cher Nisard, si vous vous étiez rappelé Anacréon dans la Grèce au bon temps, Horace au siècle d'Auguste, Arioste en Italie, Addison en Angleterre, Voltaire partout, et une foule d'autres écrivains faciles... que vous connaissez aussi bien que moi.

Mais, pour être simple et souple, abondante et sans façon, à la portée de tous, cette littérature de tous les jours, cette littérature facile, comme vous dites, n'est pas tellement facile, qu'elle soit tout d'abord à la portée du premier écrivain venu. Il me semble, au contraire, que ce sera un des éloges que la postérité fera à notre époque, d'avoir trouvé tout d'un coup tant de jeunes, ardents et infatigables écrivains pour suffire à toutes les exigences du moment. Vous attaquez la littérature facile! mais songez donc à tout ce qu'elle occupe, à tout ce qu'elle produit! Depuis le grand journal qui traite des grands intérêts de la politique, qui défend, qui attaque, qui détruit ou qui fonde, jusqu'au petit journal, malin, frondeur, sceptique, cruel, sans frein, qui tire au caprice une flèche, un trait qui brûle, une épigramme vivante, comme l'autre est un conseil vivant; depuis la Revue savante, philosophique, qui voyage au loin, jusqu'à la Revue de la ville, qui s'occupe de nos mœurs, de nos poëtes, de nos écrivains, de nos chefs-d'œuvre du jour; depuis le pamphlet sanglant et cruel, qui, sous prétexte de parler de modes et de chiffons, se livre à des personnalités plus que royales, jusqu'au journal des petits enfants, qui se fait petit avec eux, et parle leur langage, et s'occupe de leurs petits chagrins, de leurs joies naïves ; du gros dictionnaire où tout s'entasse, au petit livre qui résume en quelques chapitres toutes les sciences; de l'Encyclopédie au prospectus, du livre de luxe au *Magasin* à deux sous; en un mot, tout ce que la grande France dépense d'idées, de style, d'instruction, d'intérêt, d'oisiveté, de passion, d'émotions de tout genre, tout cela est de la littérature facile. Or, tout cela, convenez-en, use, à toute heure et chaque jour, plus de style, plus d'idées, plus de talent, qu'on n'en a jamais usé dans les beaux temps de la littérature difficile, quand on ne savait lire qu'à Paris dans toute la France, qu'à la cour dans tout Paris!

Que vous seriez bien surpris si, tout à coup, elle s'écroulait à votre premier souffle, cette littérature, notre besoin de tous les jours ! J'ai grande envie que nous en fassions l'essai. Eh bien, j'y consens ; revenons à cette grande fosse que vous creusiez tout à l'heure ; faites-la vaste et profonde; nous allons, comme les femmes grecques, danser en rond, et nous jeter, les uns après les autres, dans l'abîme.

C'en est fait, nous voilà morts ! Nous y sommes tous, grands et petits, tous morts, tous ensevelis dans nos romans, dans nos contes, dans nos feuilletons, froid et triste linceul ! Vous allez me trouver bien vaniteux, Nisard ! mais, je vous prie, dans ce profond silence de la littérature facile, quelles voix se feront entendre? Dès demain, il faudra servir à la France sa portion de chaque jour; dès demain, en se réveillant, la France demandera à son lever ses journaux, grands et petits, les petits journaux avant les grands; elle demandera ses romans, ses contes, ses livres, ses prospectus, ses revues et ses drames; il faudra donc, pour suffire à cet immense besoin sans cesse assouvi et renaissant toujours, nous dans la tombe, tirer de leur sépulcre, de leur académie, veux-je dire, les anciens faiseurs de littérature difficile. Vous voyez d'ici le désordre : ils reviendront à petits pas, comme les ombres de *Robert le Diable*, tous les faiseurs émérites de la littérature impossible? Hélas! c'en est fait, Dumas est absent du théâtre, l'auteur de *Pertinax* y remonte, et, dès demain, on reprend sa dernière tragédie, jouée une fois par mademoiselle Duchesnois; Victor Hugo s'est fait capitaine, il porte une épée : aussitôt, nous demandons nos odes et nos cantiques au bonhomme Campenon; Scribe est dans ses terres, revient M. Alexandre Duval pour faire la comédie; l'Opéra passe de M. Mélesville à M. Étienne, ce grand homme d'État qui a fait *le Rossignol;* la *Revue de Paris* s'éclipse, son enveloppe feuille-morte pâlit, et la voilà remplacée par *le Mercure galant;* la charade, le logogriphe, la pièce de vers, l'épître, l'allusion, la fable politique, les notices, les petites biographies, la comédie en cinq actes, la tragédie en cinq actes, le poëme descriptif, le poëme épique en prose, les colins d'opéra-comique, tout le gros esprit, toutes les grâces stupides, tout l'Empire, tout l'Institut, tous ces grands messieurs à travers lesquels nous avons passé avec tant de peine et qui vous attendent, et qui vous prendront au passage..., au même instant, tout cela revient, danse et tourne, chante et souffle, déclame et glousse sur la tombe de la littérature que vous venez d'enterrer à jamais, monsieur Nisard!

Oui-da, à la place de nos romans, de nos contes, de nos drames (je vous aime encore assez pour vous crier : « Prenez garde, Nisard! rangez-vous! »), voici les histoires de M. Bouilly, les contes de

M. Ducray-Duminil, les mélodrames de M. Caigniez, et les romans de M. Pigault-Lebrun ; juste ciel !

Ah ! vraiment, avant de venir exhaler votre fureur contre la littérature en masse, vous auriez dû y penser à deux fois. Vous avez agi, dans votre mauvaise humeur, comme s'il y avait derrière nous une littérature toute prête à nous remplacer, si la littérature moderne était enlevée. Jusqu'à présent, en effet, un siècle littéraire est venu après un autre siècle. Corneille est tout près de Racine, Racine n'est pas loin de Voltaire ; une génération littéraire touche à une autre génération littéraire ; mais la littérature moderne, la littérature *facile*, elle ne tient à rien, elle n'a rien derrière elle, personne ne l'a précédée dans la carrière ; elle est venue seule et par elle-même, elle s'est faite tout ce qu'elle est. Victor Hugo n'a personne derrière lui, Alexandre Dumas personne. Sainte-Beuve aussi, il est seul !... *Prolem sine matre creatam !* Au lieu d'avoir été les continuateurs des poëtes et des prosateurs, leurs devanciers, les poëtes et les prosateurs de nos jours ont deviné l'art, ils l'ont fait ce qu'il est, ils en ont posé les règles, personne ne leur a rien enseigné ; ils ont tout deviné, le présent et l'avenir, quelques-uns même le passé. Bien plus, ils ont été forcés de coudoyer brutalement, pour parvenir, tout ce qui faisait de l'art avant eux ; si bien que, si vous les ôtez du monde, le monde, qui s'est hâté d'oublier leurs devanciers, ne saura plus à quelle littérature se vouer ; ôtez la jeune école littéraire de la France, croyez-vous que vous trouverez, derrière cette jeune école même, des restes de prosateurs, même des restes de poëtes ? Vous trouverez un abîme, l'empereur ! et derrière l'empereur, 89, autre abîme qui sépare notre génération littéraire du XVIIIe siècle, ce grand, puissant, spirituel et philosophique moment de la pensée humaine, si violemment et à jamais interrompu pour la France, et que l'Allemagne seule a pu continuer.

IV

Justice distributive de M. Nisard. — Les combattants et les déserteurs. — Erreur du champion de la littérature difficile. — Raison de son manifeste. — Les gens qu'il tue. — La province vengée. — Les choux de Biron. — Le cimetière Panckoucke.

Donc, malgré vous, il faut vous soumettre à cette littérature qui s'est faite toute seule; bien mieux : il faut lui savoir gré de ses efforts, et reconnaître que, si elle a quelque chose de trop hâté, c'est la faute du temps, et non pas la faute des jeunes écrivains. Nous aussi, nous avons supporté les grandes conscriptions. Quand la vieille garde a manqué, l'Empire a mis sur le dos des conscrits l'uniforme de sa garde; il en a été ainsi pour nous; à défaut de vieux combattants, notre époque de bataille a été singulièrement avancée par la disette des hommes, et, maintenant que nous sommes déjà de la vieille garde littéraire, il y aurait injustice à ne pas reconnaître notre vingt-huitième année, florissante et verte sous le bonnet à poil des vieux grognards. Voilà pourtant ce que vous avez fait, monsieur Nisard. Vous êtes venu prendre, dans la mêlée, ceux qui se battaient encore ; et ceux qui étaient restés en chemin, vous les avez épargnés. Quoi donc ! vous attaquez ceux qui écrivent, vous jetez vos foudres sur la littérature agissante, et vous ne parlez pas des littérateurs qui ont cédé la place aux plus intelligents, aux plus infatigables ? Voyez cependant ce que vous faites : vous immolez sans pitié ceux qui produisent, et vous laissez en paix ceux qui se sont arrêtés ! Par exemple, celui-ci, qui était un habile faiseur de jolies comédies, et qui s'est laissé faire sous-préfet à Saint-Denis; celui-ci, qui était un satirique écrivain de comédie politique, et qui s'est coupé en deux, si bien qu'une partie de ce spirituel Dufougerais est administrateur des haras, pendant que l'autre partie administre le ministère de l'intérieur ; cet autre était double aussi, il faisait de la satire politique, il avait une rime pour tous les noms, un nom pour toutes les rimes ; il a déposé sa virulente satire on ne peut dire à quel seuil, et il est allé chacun de son côté, on ne sait où. Il y en avait un qui était historien et grand historien, fougueux et entêté jeune homme, il s'est fait ministre, et il a laissé ses œuvres inachevées pour achever l'Arc de l'Étoile, cette œuvre à mille corps, sans une seule tête, plus horrible que le monstre d'Horace. Que vous dirai-je ? Les noms de ceux qui se sont arrêtés en chemin sont innombrables. Une moitié de l'ancien *Globe*, par exemple, a jeté aux orties le bonnet doctoral et la robe du professeur pour prendre l'habit brodé et le pantalon blanc galonné d'or du conseil d'État ; d'autres se sont arrêtés par ennui ; celui-ci s'est enfoncé dans un bureau, et vous demanderiez vingt fois Clara Gazul, que vous ne sauriez où la trouver, la piquante comédienne espagnole ; celui-là, fantasque jeune homme, jette au public un beau livre tout parfumé de moyen âge, *les Mauvais Garçons*, et, à peine son livre imprimé, il laisse son livre à ses destinées et il va pendant trois ans en Orient, en Grèce, partout, remuer des pierres et chercher des fièvres. Ainsi a fait M. de Lamartine : il s'est retiré du monde poétique ; il est allé à la chambre des députés en passant par l'Égypte, où il a laissé sa fille, inappréciable trésor, anneau sans prix de l'homme le plus heureux du monde, que la mer de sable ne lui rendra jamais. J'en ai oublié beaucoup qui se sont arrêtés après avoir marché ; sans compter ceux qui ont changé de chemin tout à coup, et que la politique a choisis comme les plus forts : Armand Carrel, votre maître actuel, qui était évidemment destiné à écrire l'histoire, le meilleur élève de Tacite, et qui est devenu un journaliste ! Saint-Marc Girardin, cet ingénieux, ce grand écrivain si rempli de bon sens et de verve, homme docte et homme d'esprit. Il a longtemps balancé pour savoir s'il ne serait pas des nôtres. Sans doute il aura eu peur de tout ce qu'il fallait produire! Alors il a pris deux chaires en Sorbonne : la chaire de M. Guizot, cet autre historien qui a changé de route, lui aussi, et la chaire d'un homme qui est mort et qui s'était arrêté depuis longtemps. Voilà, ou je me trompe fort, un tableau très-exact des pertes irréparables qu'a faites déjà la littérature contemporaine. Elle a perdu, ou à peu près, M. de Chateaubriand, poëte dont la gloire est déjà à moitié enveloppée de cette ombre formidable à laquelle rien n'échappe de nos jours.

D'où je conclus, car il est temps de conclure, qu'il y a injustice à reprocher aujourd'hui à ceux qui travaillent de travailler trop d'abord, et de travailler seuls ensuite. S'ils travaillent seuls, à qui la faute? La faute en est à ceux qui n'écrivent plus, à ceux qui n'écrivent pas encore. On ne dira pas que les rangs sont serrés, que tout accès est fermé; au contraire, les rangs sont ouverts, les portes sont ouvertes; entre qui veut! Quant à l'autre reproche, produire trop, vous avez beau dire que les libraires ne veulent plus acheter de livres : offrez un livre, même un livre de littérature difficile à un libraire, vous verrez si le libraire vous refusera. Vous avez beau dire que la prose est à vil prix : demandez à Gosselin, demandez au directeur de la *Revue de Paris* à quel prix est la prose; et, d'ailleurs, je voudrais bien voir quelle figure vous feriez si, pour votre chaleureux manifeste contre la littérature facile, le caissier de la *Revue* venait vous dire à la fin du mois : « Vous savez, monsieur, que, vu l'abondance de la bonne prose, nous vous retenons vingt-cinq pour cent? » L'argument serait *ad hominem*, j'imagine; à moins que vous ne prétendiez que, parce que vous ne travaillez qu'à vos heures, parce que vous allez à la campagne respirer l'air du printemps, parce que les Pyrénées vous abritent de leur ombre poétique contre les chaleurs de l'été, parce que vous allez vous adosser, en hiver, contre les arènes de Nîmes ou d'Arles, toujours éclairées d'un soleil tempéré; parce que vous êtes un habile heureux, un prévoyant de ce bas monde, qui commandez à vos passions, qui ne jetez rien au hasard, qui êtes sage et qui avez pu l'être, vous ne prétendiez être mieux traité que nous, dont la porte est ouverte nuit et jour, qui sommes à notre tâche à toute heure, en toute saison ; nous, malheureux, qui avons demandé à notre plume, à notre tête, à notre cœur, à notre sang, tout ce qu'il faut pour satisfaire à une jeunesse ardente, impétueuse, emportée, remplie de passions grandes et petites, mais honnête, indépendante, incapable de servir une cause injuste et qui aimerait mille fois mieux faire un mauvais livre, qu'une mauvaise action. Certainement, ce n'est pas ainsi que vous raisonnez, monsieur Nisard !

Mais c'est ce que je dis à tous ; car, voyez l'avantage de la littérature que vous méprisez, ingrat ! depuis huit jours, on parle de vous et beaucoup ! Qu'est-il ? et que veut-il ? et pourquoi tant d'humeur ? Que demande-t-il ? Moi, je dis à tous ce que je sais ; que vous êtes le plus loyal et le plus aimable des hommes, un peu triste, mais bon et humain ; morose, mais point envieux ; homme d'étude et homme de style, mais d'un esprit chagrin, ce qui ôte à votre style un peu des grâces de la jeunesse, pour lui donner la teinte plus sombre de l'âge mûr. Voilà ce que je dis et voilà ce que je pense ; et je pense aussi, mais je ne le dis pas, que, cette fois, il faut que l'hiver du Midi vous ait cruellement manqué pour vous avoir fait immoler tout d'un coup et sans exception toute votre époque littéraire. Comment n'avez-vous pas vu, en effet, qu'outre l'injustice, il y avait maladresse à venir ainsi tomber sur la littérature de 1828 à 1833, après la *Revue d'Édimbourg*, après la *Revue de Genève*, après la *Gazette d'Augsbourg !* Qui le croirait ! vous, le nouveau Nisard, vous, le Nisard du *National*, vous, l'échappé du *Journal des Débats*, qui n'est pas assez libéral pour un héros tel que vous, vous voilà l'allié de M. de Metternich. Or, voici pourquoi encore je vous ai répondu si longuement : c'est qu'en répondant à vous, je répondais en même temps aux étrangers qui n'écrivent pas si bien que vous, heureux si dans cette réponse, que j'aurais faite moins longue si j'avais pu, je suis parvenu à vous convaincre sans vous blesser, à nous défendre sans vous attaquer, enfin à persuader à tous ceux qui nous lisent et qui vous ont lu qu'en ces sortes de disputes, comme en toutes les autres, on fait mieux ses affaires par soi-même que par des tiers.

Quant à ce qui m'est personnel et à la mort subite que vous me prédisez, permettez que je n'accepte pas votre augure. Je suis une espèce de vieillard encore vert, et, pour peu que mon bonnet de nuit contienne d'idées, comme vous dites, il reste plus d'idées à mon bonnet chaque matin que de cheveux arrachés à ma tête. Je sens, malgré vous, que sous cette cendre il y a du feu, et de la vigueur sous cet épuisement. Il est vrai que j'écris beaucoup; mais la folle du logis n'est pas tellement fatiguée, qu'elle ne revienne le soir au colombier à mon premier appel; et puis je ne suis pas comme vous, je ne méprise pas la province. La province est la cour de cassation des jugements de Paris. La province juge avec son esprit et avec son instinct, pendant que Paris juge avec son esprit tout seul; la province a douze heures par jour à donner à chaque gloire nouvelle, onze heures et demie de plus que Paris. Grand merci donc ! puisque vous me laissez la province, mon lot est noble et beau, et convenez que j'ai bien à faire et terriblement à écrire encore avant d'avoir fait passer un seul mot sous les yeux des trente-neuf millions de Français qui composent ce jury souverain que vous méprisez si fort, la province. Il y a longtemps qu'on l'a dit, et on le dira malgré vous longtemps encore, la province a des sourires qui sont bien tendres, et ses regards sont de doux regards. Laissez-moi donc rechercher ses sourires et ses regards. Vous n'en voulez pas, tant mieux pour moi! c'est une chance de plus pour que je les obtienne. Voilà toute mon ambition, seigneur de la difficulté, vivre pour la province; ainsi, laissez-moi vivre inconnu chez vous, connu chez eux. Ne vous mettez pas devant mon soleil de province; je vous le prêterai pour la santé de votre corps, laissez-le-moi pour le salut de mon esprit. Vous voyez que je ne suis pas si malheureux que vous dites, puisque j'ai l'esprit de mon état et de mon âge. Vous voyez que vous avez tort de me plaindre, puisque je préfère le présent à l'avenir, la province à Paris, la liberté à vos grandeurs de passage et le bonheur à la gloire. Cessez donc, farouche Mac-Briar, d'avancer l'aiguille de l'horloge littéraire qui doit sonner pour moi l'heure de la littérature difficile. Je ne crois pas que l'instant soit venu. J'attendrai. Et, quand je n'aurai plus une idée à moi, quand je sentirai qu'il n'y a plus de coloris à mon style, plus rien d'imprévu à ma pensée ; qnand je n'aurai plus rien dans le cœur ni dans l'esprit, quand j'aurai oublié mes belles études des langues que j'ai refaites, et que je refais chaque jour, vous le savez, avec un soin dont vous ne me tenez pas assez compte, alors il sera temps, selon votre conseil, de faire de la littérature difficile ou d'aller planter *mes choux à Biron*. Mais, à présent, il n'est pas temps encore. Ma terre de Biron est bien pauvre, elle n'est que belle. Mon voisin le Rhône m'en enlève chaque année une parcelle ; il faut que je la répare, il faut que je relève le toit où vécut ma mère et que m'a laissé mon père ; il faut que je ramasse ici assez de livres, et de sagesse, et d'amour, et de bonheur pour les porter là-bas. Bien plus, il me faudrait un chemin de fer pour me porter là-bas, moi, ma sagesse et mes livres ! Or, voyez comme je suis incorrigible ! quand bien même je serais enfoncé jusqu'au front dans la littérature difficile, je n'emporterais pas le Tacite de M. Panckoucke, et pas une des traductions que vous pourriez faire, ami Nisard !

Mais, de bonne foi, à propos du Tacite énervé de M. Panckoucke (au moins si vous aviez parlé du Tacite énergique de Burnouf!), à propos de la *Bibliothèque* de Panckoucke, un livre *pieux*, comme vous dites, ne voyez-vous pas que vous faites de la bien petite littérature ? Un livre pieux ! Mais c'est la plus indigeste compilation qui se puisse produire ! Comme ces malheureuses traductions ont gâté votre cause ! Vous faites deux articles ; dans le premier, vous nous dites : *A bas la littérature facile !* Dans le second, vous criez : *Vivent les traductions!* Dans le premier, vous nous reprochez *de ne pas lire les modèles;* dans le second, vous nous dites : Lisez, non pas *les histoires* de Tacite, mais les histoires de M. Panckoucke ; lisez, non pas Horace, mais l'Horace d'une douzaine de prosateurs qui se sont attelés à cet homme charmant, à ce satirique indulgent et moqueur, qui rirait fort, sans doute, s'il pouvait voir l'habit d'arlequin dont on l'habille. O Nisard! Nisard! faire des traductions sur des traductions, s'atteler douze pour faire une traduction d'Horace, vendre des traductions ou vanter des traductions, est-ce donc là ce que vous appelez de la littérature difficile?

Encore une fois, ne m'en voulez pas ; aimez-moi comme toujours ; ne m'envoyez pas de sitôt au Prytanée, je n'aime pas le brouet noir, et nous sommes trop loin de l'Eurotas; encore une fois, abandonnez-moi à ma littérature facile ; rassurez-vous sur mon avenir, vous savez que je suis à l'abri, s'il en fut ; d'une part, j'ai renoncé pour toujours à la grande littérature, et, d'autre part, je me suis creusé un grand trou au *Journal des Débats*, position difficile à emporter, facile à défendre. Là, je suis comme le roseau qui dit aux passants, quelque vent qui souffle : *Le roi Midas a des oreilles d'âne!* Vous pouvez passer auprès du fragile roseau tant qu'il vous plaira, et sans danger pour vous, Nisard!

DE L'ESPRIT EN FRANCE

A PROPOS DES *LETTRES PARISIENNES*

DE MADAME ÉMILE DE GIRARDIN

I

L'esprit de chaque matin.—Voltaire et sa suite.— Diderot.— Piron. — Le café Procope. — Mercier. — Les chiffonniers littéraires. — Le *Courrier de Paris*. — Problème à résoudre.

Rassurez-vous, je veux parler tout simplement de l'esprit que font chaque matin — ou tous les trois jours — ou tous les huit jours (selon la fortune ou la dépense de chacun), les bonnes gens qui vivent de leur esprit. On n'a jamais publié, que je sache, l'histoire complète des bulles de savon, l'histoire universelle des cerfs-volants, la monographie générale de la lanterne magique, et l'on a eu grand tort. Ces beaux livres, écrits avec soin, nous auraient conduits tout droit au *Traité de l'Esprit de chaque matin*, un livre de philosophie qui pourrait remplacer tous les autres, à commencer par le *Banquet des sept sages*, à finir par la dernière préface dont Pascal n'a pas été le héros.

Avouez-le, rien qu'à cette idée-là de voir réunis, dans une suite de chapitres infinis, les quolibets et les bons mots, les vérités et les paradoxes, les naïvetés méchantes, et les cruautés inoffensives, les calomnies et les médisances de nos beaux esprits à la journée, vous voilà tombés dans un étonnement stupide. Quelle est, dans ce conte de Perrault, la jeune fille condamnée par les méchantes fées à faire un plat avec des yeux de fourmis et des langues de colibris? Quelle est la noble princesse renfermée dans son cachot par une toile d'araignée? Elle avait beau arracher la toile d'araignée, la pauvre enfant : la toile d'araignée reparaissait toujours !

Telle serait pourtant la position du malheureux qui voudrait écrire l'histoire de cette sorte d'esprit dont se composent les journaux de chaque matin, les *revues* de chaque semaine, les romans de chaque mois, les sciences de chaque trimestre. Recueillir, amasser, classer, conserver quelque peu de ce phosphore brillant qui s'attache aujourd'hui à toutes choses, autant vaudrait dire à l'odeur échappée du flacon : « Rentrez dans votre prison de cristal ! »

— Vous avez, madame, un beau mouchoir d'une fine batiste ; une merveilleuse dentelle entoure la plus riche broderie. Je ne sais de quelle odeur suave est imprégné ce précieux tissu, moins blanc que votre main. Mais, je vous prie, par quel procédé recueillir le parfum fugitif qui s'exhale de ce mouchoir? — J'espère que cette dernière comparaison est élégante, qu'elle ne déplaira à personne ; car, enfin, j'aurais pu tout aussi bien parler de quelque affreuse cotonnade bleue et rouge sur laquelle une grossière villageoise jette, le dimanche, un filet d'eau de Cologne, achetée à l'empirique ambulant.

Je crois que c'est depuis Voltaire seulement que cette digne nation française, pour prouver, ce qui est démontré depuis longtemps (dans les éloges qu'elle se donne), qu'elle est la nation la plus spirituelle de l'univers, s'est mise à dépenser son esprit au jour le jour, heure par heure, en détail — à l'once, comme du tabac d'Espagne ou du tabac de régie. Voltaire a commencé cette révolution dans les produits de l'imagination et de la pensée. Il voulait être partout à la fois et en même temps ; il voulait faire pleurer et faire rire de la même grimace ; il voulait que, chaque matin, le monde parisien se demandât : « Que dit le maître? » A cet usage, il divisait son esprit, il le semait çà et là en mille parcelles ; il inventait des contes, il écrivait des lettres, il composait l'épigramme et la satire ; il poussait quelquefois la précaution jusqu'à être bonhomme, la cruauté jusqu'à être naïf. Quel infatigable ! A se couper ainsi en petits morceaux, il a laissé de quoi composer soixante volumes !

— Et voilà certes ce qui prouve que cet homme avait bien de l'esprit, en effet, c'est qu'on a pu ramasser tous ces fragments, les coudre ensemble, les coller sur la même page, dans le même livre, et que, nonobstant toutes ces préparations, cela est resté du bel et bon esprit. A peine si l'on voit les jointures et les taches du pain à cacheter !

Plus prodigues que lui ont été les hommes de sa suite. Ils se sont dépensés, non pas en écrivant, mais en causant. Vous croyez avoir les œuvres de Diderot recueillies par Naigeon? Vous n'avez rien de Diderot. Ce qu'il écrivait, c'était la lie de son éloquence ; ce qu'il disait, c'était la fleur de son génie. Il avait chaque journée une heure ou deux d'inspiration irrésistible, et alors la pythonisse sur son trépied ne pouvait pas lui être comparée. C'était là sa seule dépense. A-t-il fait assez de bruit d'une robe de chambre toute neuve qu'il s'était achetée pour faire honneur à une paire de pantoufles que sa maîtresse lui avait brodée ! Eh bien, je suis sûr que, le jour même où il déplorait ces cinquante écus si mal dépensés, il avait jeté à la tête du premier venu, dans quelque recoin du café Procope, pour cent écus de bel et bon esprit, rien qu'à le payer au prix de M. Marmontel ou de M. de la Harpe dans le *Mercure*. — Un autre dépensier de la même espèce, un original qui s'est ruiné en gilets de dessous, un Rothschild (Rothschild de l'esprit) qui a dépensé tous ses millions en gros sous, c'était Piron. — Ces deux-là et deux ou trois autres avec eux, enfants chéris de la chanson, du cabaret, de la bonne chère, ils ont suivi l'exemple que Voltaire, leur maître, leur avait donné, de jeter à pleines mains la grâce, l'ironie, le poëme, le conte, la chanson, sans se douter, les innocents! que Voltaire ne perdait pas l'esprit qu'il avait l'air de jeter à tous les vents et à toutes les coteries. Ainsi faisait le doge de Venise. Lorsqu'il se mariait chaque année à la mer Adriatique, le doge jetait à la mer son riche anneau tout couvert de pierres brillantes ; l'anneau tombait dans un filet placé à l'avant du *Bucentaure*, et il était repêché le même soir.

Cependant l'histoire de tous les temps, et surtout l'histoire de l'Espagne, est là pour témoigner qu'il n'y a si grand trésor qui ne s'épuise ; le Pérou tout entier y a passé, à être prodigué ainsi. A plus forte raison quand il ne s'agit pas du Pérou, quand il ne s'agit que de cette féconde et brillante écume du bon mot, du paradoxe, de la plaisanterie mêlée de joie ou d'amertume. Ces sortes de trésors durent encore moins que les diamants ou les perles ; d'autant plus que le prodigue jette d'abord son moindre diamant pour finir par les plus beaux, tout au rebours des grands dépensiers d'esprit et de bonne humeur. Ils commencent par jeter leur perle la plus brillante, pour finir par quelque pavé de rebut ramassé sur quelque chemin communal. — Ainsi ont fait, depuis les beaux jours du café Procope, tant de beaux esprits qui n'étaient pas de beaux esprits. Qui de vous, par exemple, voudrait courir après les saillies de Mercier? Qui voudrait se baisser pour ramasser au coin de la borne, où il versait sa hotte chaque soir, le trop-plein de ce bouffon qui avait déclaré une guerre à mort au rossignol? Et pourtant c'est celui-là qui a tout à fait habitué la nation française à ce laisser aller de tous les jours. Ouvrez les livres de statistique (la statistique, cette abominable science qui réduit le genre humain à une machine dont les produits sont tenus en partie double), le compte est fait. La ville de Paris produit à la fin de chaque jour : bons mots, tant ; — vieux chiffons, tant ; — vitres cassées, tant ; — renommées réduites en lambeaux, tant ; — gloires nouvelles, dorées au procédé Ruolz, tant ; — talents déchiquetés et déchirés à belles dents, tant. — Mêlez, broyez, écrasez, concassez le tout ensemble, vous aurez une pâte grossière (et cependant le levain n'y manque pas) avec laquelle vous composerez ce mets indigeste qu'on appelle l'histoire. — A moins pourtant que quelque petite main habile à tout pétrir, à force d'ingrédients légers, œufs battus, fleur d'oranger, sucre râpé, cannelle, poivre, girofle, et même un peu de sel dans l'occasion, ne fasse, de cette abominable brioche, un joli petit gâteau feuilleté. Mettez tout cela sous la dent, et vous m'en direz de bonnes nouvelles! Connaissez-vous rien de plus croquant et de plus exquis en fait de tarte à la crème et de petit four?

Où j'en veux arriver par tous ces tours et détours, cela vous inquiète? Pour quelle raison je m'afflige de tout l'esprit dépensé et perdu chaque matin, vous me le demandez? Eh! ne voyez-vous pas que, moi aussi, je me suis levé de bonne heure? Le soleil était radieux, la verdure était brillante; l'oranger avait encore quelques fleurs à sa couronne... L'idée m'a pris de jeter un peu d'esprit par la fenêtre, sauf à courir après, comme faisait le cardinal de Retz quand il jetait son bonnet du cinquième étage dans la cour de sa maison. — Ce qui est plus triste, c'est de descendre en toute hâte, de chercher son bonnet partout, et de voir les passants vous répondre d'un air hébété : « Quel bonnet? » Ils n'ont pas vu de bonnet. Le malheureux bonnet sera resté attaché à quelque gouttière de la maison.

Je dis donc — car enfin il faut conclure — que, puisque vous avez institué un corps de sept à huit cents chiffonniers qui ramassent par jour, dans les immondices de la ville, une somme de 1,500 francs, lesquels n'eussent jamais profité à personne, je ne vois pas pourquoi la littérature contemporaine n'aurait pas, elle aussi, messieurs ses chiffonniers qui ramasseraient (mais il faudrait que cette besogne-là se fît chaque soir) les cent mille milliers de petites parcelles inaperçues de son génie, divisé à ce point, que le docteur Hahnemann n'est qu'un rustre avec sa division à l'infini. Çà donc, prenez votre loupe, prenez votre crochet, prenez votre hotte, et cherchez bien! N'est-ce donc pas l'usage d'acheter es cendres des orfévres, et de jeter au creuset ces cendres qui contiennent de l'or?

Car si, en fin de compte, il faut que tout se perde de l'esprit dépensé chaque matin, si l'on peut dire de ces montagnes d'épigrammes, de poëmes, de contes, de drames, de mélodrames, de vaudevilles : *Autant en emporte le vent!* si vous ne voulez même pas qu'une seule ligne soit sauvée de cet abîme — un seul mot de ce néant — pas une page — pas un vers — rien, il arrivera que chacun se fera à soi-même sa petite hotte pour ramasser son propre esprit. On marchera son petit crochet à la main. Pour ne rien perdre, on écrira le soir, sur un calepin, tous les bons mots qu'on aura dits ou qu'on aura voulu dire dans la journée ; la seule générosité du royaume des lettres (on ne dit plus de la république des lettres) disparaîtra pour ne plus revenir. Ainsi on mangera, de sa propre noix, même l'enveloppe amère ; de son melon, même l'écorce. D'une misère, vous tomberez dans une autre misère. Vous marchiez dans le vide, vous serez accablé sous le faix. Ossa sur Pélion, Pélion sur Ossa. Malheur cependant à qui gardait dans sa maison la manne du désert, la manne n'était plus bonne à rien. Pour qu'elle fût de qualité et de bon goût, il fallait la ramasser soi-même chaque matin !

Par exemple, vous vous rappelez ce beau jour du mois de septembre 1836, quand fut inventée, par une personne d'un vif coup d'œil, d'un esprit fin, railleur, décousu (la meilleure sorte d'esprit qui se puisse mettre en œuvre), cette grande chose qu'on appelait le *Courrier de Paris?* Certes, de toutes les façons de jeter son esprit dans la rue, celle-là était la plus animée et la plus piquante. Cela valait mieux cent fois que de se traîner, comme nous faisons, nous autres malheureux, à la suite du théâtre et de s'amuser aux dépens de ce vieil art dramatique, qui est perclus de tous ses membres. Le *Courrier de Paris* embrassait Paris et le monde ; il avait pour domaine tout ce qu'il y a de plus vaste et de plus imposant — la mode ; — tout ce qu'il y a de plus éphémère et de plus futile — la politique! — Le salon et la place publique, la coulisse et le boudoir, la boutique et le magasin, la médisance et même un peu de calomnie, mais la, un grain de calomnie, moins que rien ; — tels étaient les avantages de cette façon d'être vif, animé, railleur, et de mordre à belles dents. — Seulement, pour que le mordu n'eût pas à s'inquiéter, pendant quarante jours, de la morsure, il fallait avoir les dents nettes et blanches : or, notre *Courrier* les avait les plus blanches du monde ; il fallait griffer avec grâce : or, sa petite griffe était vive et bien acérée. — Il vous griffait, tout en faisant patte de velours ! Vous vous promeniez bien tranquille, bien heureux, bien content, et vous receviez une grande balafre. Qui m'a griffé? est-ce un homme? — Si c'est un homme, il a la main trop dure. — Est-ce une femme? — Si c'est une femme, elle a la griffe trop vive. — Ce n'est pas un homme, ce n'est pas une femme qui vous a griffé ; non, c'est le chat ! Mais, en fin de compte, vous en étiez quitte pour une balafre bientôt guérie, et vous vous consoliez en rencontrant sur votre chemin tant d'autres balafrés comme vous.

Était-ce là du bel et bon esprit? Certes, pas toujours, mais quelquefois. Était-ce de la vraie et sincère gaieté? Du moins, cela y ressemblait beaucoup. On disait souvent : « C'est dommage de perdre tant de bons sarcasmes, tant de vives gaietés, et des renseignements si précieux sur l'histoire des salons et du beau monde! » On a tant dit cela et on l'a tant répété, que, de tous ces coups de griffes, on a fait un livre, un assez gros petit volume, sur ma parole ! Vous y êtes tous les uns et les autres. On griffe à gauche, on griffe à droite, sauve qui peut ! Seulement, vous êtes bien avertis, cette fois, que ce n'est pas un homme — et c'est une charité qui nous était due — qui vous frappe ; c'est une femme belle et coquette qui vous tire les oreilles, sauf à vous à vous retourner assez vite pour l'embrasser sur les deux joues ; mais, pour bien faire, il ne faudrait pas être un lourdaud comme moi !

D'où il suit que me voilà tout aussi peu avancé que je l'étais en commençant cette dissertation : — L'esprit est-il fait pour être jeté par les fenêtres ? — Et quand, par malheur, on l'a jeté par la fenêtre, fait-on bien de le ramasser ? Questions difficiles ! Autant vaudrait demander s'il serait utile et bon d'enfermer dans une cage de fer ce charmant ver luisant qui, dans une belle nuit d'été, étalait son petit phosphore au pied du vieux chêne, et comme pour défier l'étoile de Vénus !

Cependant, puisque notre *Courrier de Paris* est remis en lumière, qui veut monter en croupe avec lui ? qui veut faire le voyage déjà parcouru ? Peut-être bien qu'à la fin de cette course, nous trouverons la solution du problème que nous cherchons. D'ailleurs, ce voyage aura cela de bon que nous allons, tout d'une haleine, nous rappeler toute l'histoire de quatre ou cinq années, une histoire dont nous ne savons plus même le premier mot ; tant cela marche vite, tant cela se réduit à peu de chose, l'histoire ; surtout l'histoire étudiée à la façon de nos Tacites de salon, de nos Tites-Lives de boudoir !

II

Les grands et les petits faits de la chronique. — Capotes de satin et bonnets à rubans. — La toilette des femmes de lettres. — Histoire d'une musc. — *Habent sua fata.*

Donc, le 28 septembre 1836, vous aviez, pour occuper votre petit lever, ces six grands événements : une révolution en Portugal, une apparence de république en Espagne, une nomination de ministres à Paris, une baisse à la Bourse, un ballet nouveau à l'Opéra, et deux capotes de satin blanc aux Tuileries. — De ces six grands événements, un seul est important, un seul a résisté à la tempête, c'est la capote de satin. Une capote de satin au mois de septembre par une très-belle journée digne du mois d'août, voilà bien de quoi crier au scandale ! — Un autre chagrin de l'historien, c'est qu'il a rencontré, aux courses du Champ de Mars, les mêmes femmes et les mêmes chevaux. — Et ceci encore : « Jules Janin qui est à la campagne, qui rend la justice assis au pied d'un chêne comme saint Louis ! » Puis l'historien ajoute : *Que l'on dise que cet homme manque d'imagination !* Quant à M. Alfred de Musset, *il fume et se promène ;* M. de Latouche lui-même, bien qu'il n'ait rien à juger, cherche l'ombre des bois. — Ajoutez encore ce grand fait : les Anglaises portent des chapeaux de tulle fané et languissant. — Voilà des événements, et, certes, la postérité sera bien heureuse de savoir quels cigares fumait M. de Musset, sous quels arbres se promenait M. de Latouche, quels vaudevilles jugeait M. Janin sous son chêne ! Quant à la capote de satin, qu'est-elle devenue ? comment était-elle faite ? par qui ? par madame Beaudrand ? par madame Guichard ? et enfin, et surtout, de quelle couleur était le satin ? Noir, il était plus *contre nature* que s'il eût été blanc. Ce sont là des détails dont la postérité s'informera avec de muettes inquiétudes, soyez-en sûrs.

Du 28 septembre au 19 octobre, la ville a pris une tout autre physionomie. M. Alfred de Musset fume toujours ; mais je crois bien que M. Jules Janin, à bout d'imagination, a quitté son chêne et qu'il est revenu de la campagne. Quant à la capote de satin, elle serait maintenant de saison ; mais les femmes sont en train de se sacrifier : elles ne portent plus de chapeaux, elles ne portent que des bonnets, et des *bonnets à rubans* encore ! Le bonnet à rubans ressemble à un bonnet de nuit, c'est le bonnet de coton de la femme élégante. Et il faut voir avec quelle indignation l'historien s'emporte contre ces malheureux bonnets à rubans ! Il est impossible d'avoir la tête plus près du bonnet ! « Car, enfin, qu'est-ce qu'un bonnet sans fleurs ? *Une perruque de dentelles !* » Mais, juste ciel ! à ce compte, voilà bien des jeunes femmes, et des plus belles, qui portent perruque sans le savoir !

Vous saurez aussi (9 novembre) comment s'habillaient en ce temps-là les femmes *auteures*. Petits chapeaux à petites plumes, petites pèlerines *soi-disant* garnies de dentelles, mantelets de fantaisie qui suffisent à la science. La pauvre femme *auteure*, la voilà bien mal habillée, sans compter la femme *auteure* qui ne s'habille pas du tout! Hélas! que nous en avons connu qui ne pouvaient pas mettre à leurs mantelets même de soi-disant dentelles, d'abord parce qu'elles n'avaient pas de dentelles, et ensuite parce qu'elles n'avaient pas de mantelets; témoin cette pauvre jeune fille, Élisa Mercœur, dont la mère a publié cette semaine les œuvres complètes en trois tomes in-8°, mais des tomes de cinq cents pages. A les voir, on les prendrait pour les œuvres de Bichat ou de quelque autre grand médecin passé de mode. Sa mère elle-même a écrit la vie de la pauvre Élisa, et, par une allusion que la bonne femme n'a pas cherchée, elle a dédié toute cette prose et toute cette poésie au plus grand dieu de ce monde, à l'écho. L'écho, c'est assez pour la gloire. Qu'il répète deux ou trois fois le nom qu'on lui jette, et ce nom-là est heureux. Le latin appelle l'écho *une image qui jase*. — Le latin a parfaitement défini la renommée comme on la fait de nos jours. A son lit de mort, cette pauvre jeune fille s'occupait encore du vain bruit qu'elle avait pu faire. Elle exigeait de sa mère — pour dernière faveur — le serment de publier ses œuvres complètes. La mère s'est acquittée de cette tâche avec une conscience qui fait peur. Elle s'est rappelé les plus innocents vers de sa fille, quand sa fille avait six ans. Surtout, elle nous a raconté dans ses moindres détails l'enfance de la petite Élisa. Élisa est venue au monde un jour de printemps. « Je ne dirai rien des deux premières années qu'elle a vécu, » dit madame Mercœur; et, en effet, de ces deux premières années, elle ne parle guère; mais des autres, elle n'oublie rien. A trois ans déjà, la petite Élisa, voyant que le vent avait déraciné de vieux arbres dans le jardin, s'inquiétait fort, avec des larmes, de l'hiver qui allait venir. Elle demandait qui donc mettrait du bois dans l'âtre, et sur la table le pain de chaque jour? C'étaient là ses pressentiments poétiques. Plus tard, elle apprit le grec, le latin, l'allemand, l'anglais; si elle eût vécu, elle eût appris le sanscrit! A six ans, elle priait le bon Dieu *de lui inspirer une bonne tragédie*, elle rêvait les honneurs douteux du Théâtre-Français, et même elle écrivait à MM. de la Comédie une lettre pour obtenir une lecture : « Messieurs, j'ai une maman qui n'est pas très-riche et que j'aime de toute mon âme. Comme je ne peux pas lui donner de l'argent comme je lui donne mon cœur, j'ai fait une tragédie pour lui en procurer, et c'est pour y parvenir que je viens vous suppplier de m'accorder une lecture. Si vous ne le trouvez pas mauvais, messieurs les comédiens, je lirai moi-même ma tragédie, quoique je sois bien jeune encore, puisque je n'ai que six ans et demi! » Avouez qu'un *grand* auteur n'eût pas mieux dit; seulement, c'était commencer de bien bonne heure. Il est vrai que la tragédie n'était pas faite, second trait de ressemblance avec les illustres poëtes dramatiques de ce temps-ci. — Hélas! avant toute tragédie, il faut vivre. La misère était déjà à la porte de cette maison, même avant qu'Élisa eût fait son premier vers. A douze ans, mademoiselle Mercœur, devenue sage, avait cherché des écolières; elle donnait des leçons de grammaire, elle gagnait sa vie; elle avait laissé là tout projet de tragédie. A ce moment encore, la pauvre enfant pouvait mener une vie heureuse, honorée, sévère, la vie des rudes travaux, des cœurs contents, des noms inconnus; malheureusement, on n'évite pas sa destinée. Un soir que la petite Élisa était au spectacle (au théâtre de Nantes), elle entendit la célèbre prima donna, mademoiselle Gabrielle Bousigue; en ce temps-là, mademoiselle Bousigue jouait le rôle de madame de Sévigné dans la pièce de M. Bouilly. Il paraît qu'elle fut touchante et sublime dans ce rôle, au point que mademoiselle Mercœur, à peine rentrée chez elle, fut saisie de l'envie d'écrire des vers à la louange de cette demoiselle. A peine eut-elle dénoué ses longs cheveux noirs, qu'elle se mit à s'agiter dans sa chambre; elle avait la fièvre, son pouls battait outre mesure. « Tiens, ma

mère mignonne, s'écria-t-elle, le sort en est jeté, je vais rimer ! »
Puis, au clair de la lune, assise sur un petit tabouret, tout en
mangeant son pain et son raisin, elle écrivit quatre-vingt-huit
vers en l'honneur de mademoiselle Gabrielle.

> Que j'aime cette voix timide,
> Cet embarras, ces yeux pleins de douceur,
> Cette bouche, semblable au bouton d'une fleur,
> Qui naïvement se décide
> A confier le secret de son cœur !

Tout le reste est écrit du même style. Cependant, il ne suffit pas
d'écrire des vers, et ceci est un des malheurs de la poésie, vous
n'avez pas plus tôt rimé une vingtaine de strophes, qu'à tout prix
vous les voulez voir imprimées. C'est la loi, c'est le destin ! Justement, quand elle allait donner ses leçons par la ville, mademoiselle
Mercœur passait devant la maison du journal de Nantes. — Le
journal ! La pauvre enfant en dévorait le seuil du regard, comme
nous faisions à vingt ans, en passant devant quelque maison mal
habitée de la rue du Helder. Le journal ! Là était la gloire, la
renommée, la fortune, l'enivrement poétique ! Aussi la pauvre
enfant n'y tint plus, et fit-elle imprimer dans le journal ses vers
adressés à mademoiselle Gabrielle Bousique. A ces vers — autre
inconvénient de la poésie — une muse inconnue, *un abonné de
vingt ans*, qui n'attendait qu'un prétexte pour éclater, répondit
avec une impétuosité digne de cet âge heureux :

> Nantes aussi voit naître sa Delphine.
> Muse Élisa, j'ai lu tes charmants vers ;
> Mon cœur ému répète encor les airs
> Qu'a modulés ta voix divine.

En un mot, et surtout en cinquante vers, la muse de vingt ans
déclarait à la muse de seize ans qu'elle avait tort *de se couvrir
de vêtements funèbres*, de prendre un air de deuil, de s'entourer
d'éternelles ténèbres, de verser tant de pleurs — etc., — ce qui

était parfaitement raisonner. Puis, enfin, s'enhardissant à force d'audace poétique, l'abonné de vingt ans finissait par une belle et bonne déclaration :

> Belle de tes seize ans, quand aurais-je une amie
> Pour guetter comme toi mon songe et mon réveil,
> *Comme toi, pour pleurer sur mon dernier sommeil ?*

Son dernier sommeil ! le pauvre petit ! Le voilà qui, sans le vouloir, s'abandonne à la même mélancolie que l'abonné de vingt ans reprochait tout à l'heure à la muse de seize ans. Comment finirent ces enfantillages ? Il est à croire que son papa défendit au jeune *abonné* de renouveler son abonnement au journal de Nantes ; à cette heure, ce monsieur est avoué dans quelque cour royale, père de famille, conseiller municipal, et celui-là serait le bien mal venu qui lui proposerait sérieusement *de pleurer sur son dernier sommeil !*

Mais, si la pièce de vers mène droit au journal, en revanche le journal mène droit aux prix d'académie. Mademoiselle Mercœur n'eut pas le prix ; mais elle eut deux mentions honorables, les deux prix ayant été remportés, le premier par M. Émile Souvestre, auteur du *Phare de la Tour du Fou* ; le second prix par M. Boulay-Paty, auteur du *Combat des Francs*. En ce temps-là, notre Académie française n'avait pas encore imaginé de donner un grand prix, tous les ans, à la même femme *auteure*, et voilà pourquoi sans doute mademoiselle Mercœur n'obtint, dans son académie de province, qu'un premier accessit.

Mais, d'autre part, l'accessit, le journal, la gloire, mettent la critique en éveil. Quelle est la renommée qui n'ait pas rencontré d'obstacles ? Aussi bien voici déjà qu'un M. E. S., de Rennes, écrit dans son journal — en parlant des vers de mademoiselle Mercœur : « Que signifie ce galimatias, ce fatras de vieilles pensées rafraîchies ? etc., etc... » Ce qui n'empêcha pas (tant M. E. S. était injuste !) *M. le secrétaire général de la Société académique du département de la Loire-Inférieure* d'envoyer à mademoiselle Mercœur un beau diplôme de *membre correspondant!* Voilà où cela vous mène, d'être un poëte de trop bonne heure. Puis, une fois que vous êtes reçu membre de deux ou trois académies, qu'arrive-t-il? Il vous faut nécessairement publier votre recueil, vos *mélodies*, vos *lamentations*, vos *préludes*, vos *printemps!* Et vous voilà bel et bien, et dans toute l'acception du mot, une femme auteur, toujours moins la mantille et la soi-disant dentelle. O mademoiselle Bousigue, qu'avez-vous fait quand votre voix mélodieuse jetait cette malheureuse enfant dans cette vie de chagrins, de déceptions et de douleurs! Au reste, nous avons retrouvé mademoiselle Gabrielle Bousigue; elle s'appelle aujourd'hui madame Thénard; elle est une des premières cantatrices du célèbre théâtre du Vaudeville sur la place de la Bourse, à Paris.

Tous les dangers ne sont pas là. Le recueil amène avec lui un autre péril, les lettres de félicitation, les compliments, les louanges. A peine un livre — de poésie principalement — est-il imprimé, que soudain l'auteur l'adresse en toute humilité à M. de Chateaubriand, à M. Victor Hugo, à M. de Lamartine, à deux ou trois hommes éminents dans la poésie, dans la critique ou dans la littérature de ce siècle. Sur ces cinq ou six envois, il est tout à fait impossible que le malheureux débutant ne reçoive pas une lettre très-loyale et très-sincère, dans laquelle le grand poëte consulté déclare à son jeune frère en poésie qu'après avoir bien lu son admirable recueil, *il n'a jamais rencontré dans une si jeune personne* (ou dans un si jeune homme) *un plus vif, un plus sincère, un plus complet sentiment de la poésie;* la lettre part, elle arrive, on la lit en famille, et, à dater de ce jour, encouragé plus qu'il ne faudrait par cette attestation authentique, le triste auteur se reconnaît à lui-même un grand génie. En effet, c'est M. de Chateaubriand lui-même qui l'a dit, c'est M. de Lamartine qui l'a écrit de sa plus belle écriture. « Or, ne sont-ils pas les juges suprêmes? Est-il possible de se connaître en poésie mieux qu'ils ne s'y connaissent? Quant à tromper une pauvre enfant crédule et confiante qui s'adresse à leur conscience et à leur probité littéraire, ces hommes illustres voudraient-ils y consentir? Non, non, M. de Chateaubriand me l'a dit de sa bouche, M. de Lamartine me l'a écrit de sa main, rien n'est plus vrai, j'ai du génie! Je ne me suis pas trompé de route; persévérons! » On persévère, on rime de plus belle. Bientôt on se trouve à l'étroit dans sa petite ville. On étouffe. *On manque d'air et d'espace*, pour me servir de la phrase consacrée. Notez bien qu'il y a toujours, dans la ville en question, quelque vieil avocat sans cause, grand faiseur de vers et de bouts-rimés, qui est jaloux de votre renommée naissante, qui vous regarde comme un rival dangereux, et, l'habile homme, pour se débarrasser de votre gloire qui le gêne, il vous adresse des vers perfides où il est dit : « Va, jeune aiglon! sur la montagne, à côté du soleil!... Abandonne ta prosaïque campagne! etc. » — Soudain l'aiglon, sans argent et sans passe-port, se blottit dans la rotonde de la diligence à côté de la mère qui l'a couvé. A peine arrivée à Paris, la pauvre muse se trouble, et s'agite, et s'inquiète, et s'étonne. Eh quoi! pas un ami pour la recevoir! pas une main ne lui est tendue, pas une maison hospitalière ne lui est ouverte! Déjà l'isolement, le froid, la gêne — déjà l'ombre! Quelles déceptions cruelles! On est venu pour tout conquérir, on a peine à trouver une chambre dans une méchante auberge; et pourtant ce n'est pas là toute la misère. Abandonnée tout à fait à soi-même, on ne prendrait conseil que de la nécessité du moment, et la nécessité vous sauverait. Le grand malheur, c'est d'être protégée pendant une heure par quelque député en vacances, par quelque ministre oisif. La jeune Élisa Mercœur, elle aussi, eut à subir la protection banale du député de sa ville natale; le député présenta la jeune fille au ministre de l'intérieur, le ministre daigna accorder à la jeune étrangère de quoi ne pas mourir de faim tout à fait. Ce que voyant, la belle société parisienne, qui n'est jamais plus heureuse que lorsqu'on lui fournit, pour rien, une passion nouvelle, se mit à adopter avec fureur cette petite fille qui, d'un air si joyeux, improvisait ses plus touchantes élégies. Pas de bonne fête sans mademoiselle Mercœur, pas un beau salon où elle ne fût invitée, pas une causerie, voire la plus animée et la plus piquante, qui ne fût suspendue aussitôt que la petite Élisa disait des vers. Elle cependant, l'imprudente ! elle s'abandonnait corps et âme à cet enivrement ; elle croyait que cette fête serait éternelle. Pour être la bienvenue dans ces riches maisons, elle dépensait tout son pauvre argent à s'acheter des robes de gaze, des rubans, des fleurs ! Elle arrivait à jeun ; le prix de son dîner avait passé dans les mains du coiffeur. — Et dans ce monde qui n'eût jamais songé à lui dire : « Avez-vous froid ? avez-vous faim ? » il lui fallait sourire, être belle, être heureuse ; chanter de sa plus douce voix ses plus tendres stances. — Elle avait faim, elle avait froid. — Qui s'en inquiète ? sait-on seulement, dans ces riches hôtels des deux faubourgs, ce que c'est que le froid, ce que c'est que la faim ? Les cruels ! Puis, quand ils eurent bien joué avec cette muse déjà frappée au cœur, quand la jeune fille se fut consumée dans ces efforts poétiques de chaque soir, soudain toutes ces portes ouvertes se fermèrent ; plus de salons, plus de fêtes, plus d'empressement, plus d'amitiés, plus rien ; la pauvre Élisa restait plus seule, plus abandonnée, hélas ! et plus pauvre que jamais.

Le plus loyal, sans contredit, de tous les protecteurs d'Élisa Mercœur, vous le croirez sans peine, ce fut Sa Majesté le roi Charles X. Bon prince ! il était si heureux quand il pouvait ajouter un nom nouveau sur la liste de ses pensionnaires ! Quelqu'un lui parla de cette enfant qui avait en elle-même le démon poétique ; le roi Charles X voulut voir la petite Élisa. Elles furent reçues, elle et sa mère, dans le cabinet même du roi de France. L'enfant était tremblante et toute pâle d'émotion. « Pourquoi trembler ? disait le roi. Je ne suis pas un ennemi ! » En même temps, il lui accordait une pension de douze cents francs sur sa cassette. Douze cents francs, la vie était sauve ! douze cents francs du roi Charles X, de cette honnête fortune si royalement dépensée, c'était de la gloire! Le nom de cette enfant se trouvait inscrit désormais à côté des plus honnêtes et des plus saintes pauvretés de la France. Mais voyez le malheur! huit jours après, le roi Charles X n'était plus le roi de la France... La pauvre Élisa retombait dans sa misère de tous les jours!

Alors elle entra tout à fait dans les déceptions, dans l'abandon, dans les durs travaux de la vie littéraire. Maintenant, plus de duchesse de Berry pour vous sourire au passage, plus de roi de France pour vous inscrire sur les libéralités de sa cassette, plus de comte de Martignac pour corriger lui-même le manuscrit de vos tragédies; il faudra bien du temps, juste ciel! avant que le roi et les ministres de la révolution de Juillet puissent s'occuper de l'œuvre des poëtes. La société française est en péril, sauvons-la d'abord, les poëtes chanteront ensuite; à moi les hommes d'État, les soldats et les travailleurs; les poëtes viendront plus tard. Nous n'avons pas le loisir de nous perdre dans ces détails, dans ces frivolités cadencées! A ce compte, la vie littéraire fut bien rude dans les premières années de la révolution de Juillet, surtout pour cette enfant qui ne savait plus où rencontrer son bon génie. En désespoir de cause, elle s'adressa aux libraires. Le libraire — cet être féroce quand il ne s'adresse pas à vous le premier — était rare et rebelle; la librairie était éperdue tout autant que la poésie et les belles-lettres. On ne savait à quoi se tenir. — Que faire? que devenir? Comment vivre, nous ne disons pas demain, mais comment vivre aujourd'hui?

Époque malheureuse! On ne croyait plus à rien ni à personne. — L'art nouveau s'était arrêté éperdu, ébahi, fort étonné de se voir dépassé par une révolution qu'il n'avait pas faite, par une révolution politique! Aussi bien, mademoiselle Mercœur s'en allait-elle frappant à toutes les portes. — Elle demandait du travail; on lui disait : « Il n'y a pas de travail. » Les plus bienveillants lui permettent d'écrire à ses risques et périls, celui-ci — un *Conte brun* — celui-là — un *Conte rose* — cet autre — un conte pour le *Salmigondis*. — Elle rentrait dans sa maison pleine d'espoir, et aussitôt elle se mettait à l'œuvre ; elle consultait l'histoire ; elle passait ses journées dans les froides galeries de la Bibliothèque royale... Pauvre enfant! Mais, quand son *Conte brun* était fait, la mode des *Contes bruns* était passée ; quand elle avait achevé son *Conte rose*, le public ne voulait plus de *Contes roses*. Quant au *Salmigondis*, le libraire du *Salmigondis* était mort avec son livre. Cela ressemble à un conte fait à plaisir ; cela pourtant n'est que de l'histoire : l'histoire des plus beaux rêves, des extases divines, des espérances infinies — tout un monde de diamants et d'or qui se brise comme le verre, contre un obstacle ridicule. — Cet obstacle-là, n'en riez pas, c'est la réalité.

Alors il fallut revenir tout simplement au métier, le métier sérieux, calme, austère, fidèle, utile. Le métier n'a pas l'éclat de la poésie ; il ne procède ni par le rêve, ni par la fiction, ni par les flatteries infinies ; mais, au moins, il a toujours un morceau de pain dans les mains ; et, quand vous avez gagné votre pain, il vous donne ce que vous avez gagné. — Le métier fit donc pour mademoiselle Mercœur ce que n'avait pas fait la poésie : il lui donna l'abri et le pain de chaque jour. Mais ce pain est dur, ce toit est triste ; la réalité est insupportable, après tant de fables brillantes ; vous avez bu le bord emmiellé de la coupe, le fond n'en paraît que plus amer. — Peu s'en fallait que cette pauvre désolée n'appelât à son aide le suicide. — La mort vint naturellement, Dieu merci !

Que si vous me demandez pourquoi donc ces lamentables souvenirs à propos du livre joyeux dont je vous parlais tout à l'heure, moi-même, je ne saurais vous le dire. Affaire de contraste ! Pourquoi, de ces deux poëtes, la destinée a-t-elle été si différente? L'une et l'autre, elles étaient belles également : celle-ci avait d'épais cheveux noirs, celle-là d'admirables cheveux blonds ; l'une pétillante d'esprit, de vivacité, d'éloquence ; l'autre bien inspirée, tenant la plume d'une main facile toujours, ferme quelquefois. — L'une et l'autre, elles savaient faire les vers à merveille, elles n'ignoraient aucun des secrets de la belle et de la bonne prose. Pourtant voici celle-là qui, après les premiers succès et les encouragements d'un roi de France, meurt à vingt-cinq ans, pauvre, délaissée, accablée sous tous les ennuis de la vie réelle, pendant que l'autre, brillante, écoutée, — reine — dicte les lois de son esprit et de son caprice à quiconque la veut lire. Elle règne, elle vit, elle est maîtresse souveraine, elle se joue avec les difficultés les plus grandes; elle fait des comédies qu'on ne joue pas et qui sont plus célèbres même que les comédies jouées vingt fois : l'envie lui prend d'écrire une tragédie, et, pour jouer sa tragédie, elle obtient tout de suite l'appui tout-puissant de mademoiselle Rachel — ce rêve de tous les poëtes. — Enfin, pour comble de fortune, de ses feuilles éparses çà et là, de son esprit le plus abandonné, des hasards les plus périlleux de son style, voilà qu'on fait un livre, et ce livre est mêlé aux chefs-d'œuvre des beaux esprits de tous les temps — livre heureux qui voit le jour entre les tragédies d'Eschyle et les romans de Nodier, entre les histoires d'Hérodote et les vers de M. de Musset — à côté des *Consolations* de Sainte-Beuve, non loin des *Fiancés* de Manzoni. Au contraire, la pauvre fille qui est morte dans tout l'éclat de sa beauté, dans toute la force de son talent, n'a pas d'autre éditeur que sa mère qui la pleure, pas d'autres acheteurs que quelques amis venus en aide à cette humble gloire. On n'a pas tort de parler du destin des livres !

III

Petites révolutions. — M. Scribe et la lithographie. — Éloge de M. Paul de Kock. — M. de Balzac. — Les jeunes filles et les femmes faites. — Musard. — Les bals de l'Opéra et la chambre des députés. — Paris vu par le petit bout de la lorgnette.

Revenons cependant à cette heureuse histoire des petits faits et des grandes révolutions de cette capitale du monde, Paris. Si Paris voulait savoir dans quel frêle petit coin de miroir sa grande figure peut tenir ; si Paris voulait savoir à quels résumés, lui si bruyant et si fier, peuvent être réduits tous ses bruits et tout son orgueil ! Paris n'aurait qu'à se mettre à lire ce petit livre qui, pour toute histoire, renferme l'histoire de ses vieux chapeaux fanés, de ses vieilles gazes décolorées par la sueur et le soleil, de ses rubans, de ses dentelles, quelquefois même, mais c'est rare, l'histoire de ses poëmes, de ses journaux, de ses romans nouveaux. Cette fameuse capote de satin qui a été la joie et l'étonnement de la révolution la plus éclatante du mois de septembre 1836, elle a été remplacée par cette autre révolution que voici : — Des manches tombantes, arrêtées, en haut, par des bracelets, *qu'on a grand tort d'appeler poignets* ; quant aux manches bouffantes *en haut* et justes, qui le croirait ? elles sont abandonnées ; on les laisse aux geôlières de mélodrames et au tuteur des *Folies Amoureuses !* Viennent ensuite les mouchoirs chargés de riches broderies en relief semées d'oiseaux, de paons, de perroquets brodés, d'un travail merveilleux. Malheureusement, le perroquet n'est pas un oiseau agréable à qui veut essuyer ses larmes. — Des larmes versées sur la tête d'un perroquet, fi donc ! Ceci nous rappelle un couplet de M. Scribe à propos de la lithographie :

> Grâce à cette nouveauté,
> Une sensible beauté
> Peut, quand la douleur l'attaque,
> S'essuyer les yeux fort bien
> Avec le bras d'un Cosaque
> Ou la jambe d'un Prussien.

Ne nous parlez donc pas de perroquets sur des mouchoirs de batiste. Le mouchoir à *petits entre-deux*, garnis de valencienne, à la bonne heure; voilà qui est commode; c'est un mouchoir pour tout faire, un mouchoir à deux fins, bon pour la joie et bon pour la douleur. Vous riez; le *petit entre-deux* cache à peine votre sourire; vous pleurez, la valencienne laisse passer vos larmes qui traversent ses festons à jour; la larme devient perle... Pour le reste de ce mois-là, vous n'avez pas d'autre événement que la conjuration du prince Louis Bonaparte et l'échauffourée de Strasbourg. C'en était fait du mois de novembre, sans les mouchoirs à perroquets et les mouchoirs à entre-deux.

Singulier corps que cet historien! Il vous parle avec un si grand sérieux des choses les plus futiles! Et pourtant, quand arrive l'accident sérieux, il trouve d'honorables paroles qui ne dépareraient pas plus d'un gros livre. La mort de Sa Majesté le roi Charles X (23 novembre) est racontée avec une émotion bien sentie. Ce vieux roi de la vieille France royale et poétique, mort en roi et en chrétien dans son dernier exil, a dicté à l'auteur de belles pages. — Ici se retrouve toute l'inspiration du poëte, et, ce qui vaut mieux, tout le tact de la femme. — Mais psit!... — Voilà que cette solennité s'en va bien loin pour faire place à l'éloge pompeux de M. Paul de Kock, *dont la réputation grandit chaque jour*. A la bonne heure! M. Paul de Kock, en effet, n'est pas de ces hommes qui se mouchent du pied; il a le secret d'un certain naturel, d'une certaine trivialité bourgeoise qui ont bien leur mérite. Il aime les grisettes, et, certes, il est dans son droit; il les fait parler en grisettes, tant mieux pour elles... et tant mieux pour lui ; mais est-ce bien là une raison pour tomber sur ce malheureux M. Janin, qui a pris en cause, contre M. de Balzac lui-même, la défense de la jeunesse? Imprudent critique, il a osé dire que, dans le roman et dans le drame, et surtout dans l'amour et dans la vie, mieux valait avoir vingt ans que d'avoir trente ans. Est-ce donc là un si grand crime? — C'est le crime des jeunes filles, répond l'historien ; « les jeunes filles de ce temps-ci se conduisent comme des femmes faites, raison de plus pour que les femmes faites se conduisent comme les jeunes filles! » Pour peu que la chose nous fût agréable, ce serait là le sujet d'une dissertation très-approfondie, et même nous chercherions à quelle allusion s'abandonne notre poëte à propos des femmes de trente ans; mais le moyen de le suivre? Il était tout à l'heure entre M. de Balzac et M. Paul de Kock, entre la femme faite de celui-ci et la fille égrillarde, jeune et évaporée, de celui-là ; maintenant, le voilà au beau milieu de la *caserne Poissonnière*, à voir partir le ballon de M. Green. — Le soldat de la caserne, voyant à la fenêtre de sa chambre une belle personne élégante, parée, jolie, s'est écrié dans son enthousiasme : « Tiens, tiens, une duchesse chez moi! » Et le brave homme est monté chez lui à se rompre le cou. — Mais la dame était partie dans le ballon de M. Green, qui l'avait prise en passant. — Histoire de bien des amours! Vous voyez à votre fenêtre un œil noir, un doux sourire, une main blanche et potelée, une petite tête M. de Paul de Kock, une cousine germaine de M. de Balzac ; aussitôt vous montez l'escalier quatre à quatre… L'apparition s'est envolée, et vous ne saisissez qu'une douce odeur de violette, ou une forte odeur de patchouli. — La violette, voilà pour M. Paul de Kock ; le patchouli, voilà pour M. de Balzac.

Arrivent bientôt les bals masqués, les fêtes, les concerts, les pianos qui chantent, les voix qui roucoulent, la *grippe*, tous les plaisirs de l'hiver. Notre chevalier a tout vu, il est partout, ici et là-bas ; il sait comment on danse chez le banquier de la Chaussée-d'Antin, chez le gentilhomme boudeur du faubourg Saint-Germain, chez le grand seigneur retiré du faubourg Saint-Honoré; — il sait même — il a risqué un œil — ce qui se passe chez Musard. Quoi! Musard? Oui, Musard! A telles enseignes, que, cette semaine (26 janvier 1837), on l'a fait mourir. Mort le triomphateur de l'Opéra! mort cet illustre génie dont le nom seul faisait bondir la ville entière! — volcan éteint de l'harmonie dansante! — fleuve tari des valses allemandes et hongroises! — Heureusement, nous en sommes quittes pour la peur : Musard n'est pas mort, il vit, il vivra, il faut qu'il vive. Sans lui, pas de bal possible à l'Opéra! — Avant Musard, ce qui faisait l'intérêt des bals de l'Opéra, c'était le mystère ; vous arriviez, on vous disait : « Je te connais! » et vous étiez bien intrigué ; mais, aujourd'hui, tout le monde est célèbre. — On ajoutait : « Tu fais la cour à madame ***! » et vous rougissiez jusqu'au blanc des yeux de voir votre intrigue découverte ; vous étiez au supplice de savoir la bonne renommée de la pauvre femme compromise par cet indiscret domino. Mais, aujourd'hui, on n'a pas plus tôt une petite intrigue, qu'on l'affiche au coin des rues. N'en parlez pas, la dame parlera pour vous. Soyez discrets l'un et l'autre, et cachez-vous dans votre bonheur : soudain toutes sortes de *petits courriers de Paris*, sans attendre la licence, ou tout au moins la liberté du bal masqué, mettront à l'index vos heureuses amours. — Le beau plaisir d'aller dire aux gens tout bas, à l'oreille, ce que tout le monde a lu, le matin même, imprimé dans son journal! Tout cela est net, vif et bien dit, et très-vrai. — Du bal Musard, notre chevalier passe à la chambre des députés, et, à la vue *des hommes nouveaux de la France*, il ne peut contenir son ironie et son mépris. Hommes nouveaux dont l'éducation parlementaire est à faire, non pas qu'ils ne se tiennent d'une façon assez convenable *dans les salons;* mais, une fois à la Chambre, tous ces messieurs deviennent *turbulents, inconvenants, orgueilleux;* « ils perdent le sentiment de leur dignité, le souvenir de leur éducation, sitôt qu'ils font partie d'une assemblée régnante comme représentants du pays! » En cela, il me semble que notre chroniqueur manque un peu d'indulgence ; il ferait mieux d'envoyer à MM. les chauves du palais Bourbon un bon pot de pommade du lion, enveloppé dans un petit exemplaire de *la Civilité puérile et honnête*. Arrive alors une assez piquante dissertation sur les amitiés de George Sand ; s'il faut s'en rapporter à notre La Bruyère rose, le dandy, le poëte, l'avocat, le prêtre, ont déteint, chacun à son tour, sur les œuvres de cet illustre génie. Notre *Parisien* explique à sa façon *Indiana*, *Valentine*, Sténio, Fiamma ; reste à savoir ce que George Sand aura pensé de l'explication. Cependant (15 mars 1837), en dépit de tout l'esprit que nous lui prodiguons, *le monde parisien s'ennuie toujours*. Le monde parisien se compose de deux mondes bien divers : « Le monde des anciennes vertus, des anciennes croyances, qui révère l'Église, la famille, la royauté ; » et puis le monde flottant, indécis entre toutes les passions, tous les principes. Dame ! il faudrait citer toute la page ; la page est jolie, mignonne, pointilleuse. Marivaux n'en a guère écrit de plus chatoyante ; toujours est-il que ces deux mondes, pour s'amuser quelque peu, abandonnent les ballets de l'Opéra pour les sermons de Notre-Dame. — Après le sermon, ce qui a le plus réussi, c'est la chasse de Chantilly. Un cerf a été relancé, il s'est défendu contre M. le duc d'Orléans, tout aussi bien qu'il se fût défendu contre M. le prince de Bourbon lui-même. Il s'est fait tuer par M. le duc d'Orléans, ce qui a prouvé (ce jour-là, M. le duc d'Orléans aura oublié de saluer quelqu'un) que M. le duc d'Orléans *n'a la vue basse que dans un salon*. — Cependant, mes belles dames, dites adieu à messieurs vos chapeaux de velours ; l'heure approche où le velours ne sera plus de saison, où, tout au plus, le satin (capotes de satin du mois de septembre, où êtes-vous ?) sera toléré. Aussi ne voyons-nous plus que chapeaux de velours — dans les rues — dans les voitures — dans les magasins — sur les boulevards. — Les femmes sages se hâtent de mettre à profit nonseulement le velours, mais les plumes de leur chapeau ; c'est un sauve-qui-peut général.

G.

Vous écoutez bouche béante et vous me regardez d'un air d'étonnement? C'est qu'aussi je vous raconte d'une façon très-lourde et très-maussade toutes ces petites choses qui ont été très-lestement et très-vivement racontées. Ceux-là seulement qui aiment la causerie du salon, la causerie du boudoir, le papotage malicieux de jeunes femmes oisives qui causent entre elles, pendant que quelque bonne vieille les écoute, leur soufflant de temps à autre une rude petite malice bien appliquée et quelque trait d'esprit des temps passés, ceux-là seulement pourront comprendre la grâce, l'art, l'esprit et la bonne humeur de certains passages de ce livre, dans lequel véritablement on n'épargne rien, ni personne. Tant pis pour les plumes, pour les chapeaux de velours et pour MM. les membres de la chambre des députés! Tant pis pour celui qui passe! Ma foi, nous en rions de tout notre cœur; nous sommes en train de nous moquer, et voilà pourquoi nous avons mis la tête à la fenêtre; qui donc sera le plus ridicule sera le mieux venu, nous en ferons bel et bien une victime. D'ailleurs, n'est pas qui veut l'être, une victime. Nous ne rions pas de tout le monde. Encore faut-il se distinguer par quelque malencontre. Le printemps de 1837, par exemple, eh bien, il est tout aussi ridicule que l'a été l'automne de 1836. Un automne plein de soleil! — Un printemps plein de frimas! — Un automne en capote de satin! — Un printemps en chapeau de velours! — Surtout, on avait grand froid dans les galeries du Louvre. Vous demandez pourquoi le Louvre? Parce que le Louvre est tout rempli de tableaux modernes. On s'y presse, on s'y pousse, on regarde. On regarde même les portraits de MM. les épiciers et gardes nationaux; car notre poëte croit aux *épiciers;* il croit aux *épiciers* tout comme M. Quinet croit aux jésuites. Par exemple, voilà un épicier en gants jaunes qui s'appuie sur un tombeau. — Un autre épicier a placé son chapeau et ses gants jaunes sur une chaise de velours d'Utrecht vert. — Après l'épicier, ce qu'il y a de mieux porté dans les tableaux du Louvre, c'est le melon. Et ainsi voilà notre rieur qui rit à gorge déployée de tous ces bonshommes. Innocente gaieté, bonne humeur que l'on partage. — Mais pourquoi n'avoir pas effacé des plaisanteries très-convenables, il y a sept ans, contre *l'auteur* du *Journal des Femmes*, et qui véritablement ne sont plus à leur place, aujourd'hui que l'auteur masculin de ce *Journal des Femmes* a été flétri en pleine cour d'assises? Certes, nous voulons bien que l'on rie de nous tous, mais à condition cependant que vous ne rirez pas en même temps de ces gens-là.

Mars 1839. — Deux bals, les femmes jolies, les robes très-fraîches, les danseurs trop rares. — Deux sortes de turbans : turban léger en dentelle, en gaze, en tulle; turban lourd en étoffe d'or. De ces deux turbans, quel est le plus merveilleux ? L'auteur nous laisse dans le doute. — Au bal de la salle Ventadour, ce n'étaient que plumes de toutes couleurs ; — plumes bleues, rouges, noires; plumes de paon, plumes de coq, souliers jaunes, souliers chocolat bordés de rouge, sans compter toutes sortes de coquillages inattendus ! — M. de la Rochefoucauld publie ses Mémoires ; — grandes terreurs de gens que M. de la Rochefoucauld ne connaît même pas. « Rassurez-vous, *violettes révoltées!* » s'écrie l'historien. *Violettes révoltées* me paraît neuf et piquant.

IV

Les neiges d'antan. — Embarras des commentateurs de l'avenir. — Misères et paradoxes. — Encore les capotes de satin ! — *Le Livre du Peuple* et les pantoufles de M. Dubois. — Comment on prononce les vers au Théâtre-Français.

Je ne sais pas si à ces sortes de lectures vous vous trouvez aussi attentifs que je le suis moi-même; mais, à vrai dire, l'histoire des années qui ne sont plus, écrite avec ce grand sans-gêne d'une personne qui a beaucoup de verve, d'esprit et d'indifférence pour toutes choses, me produit l'effet d'un vieux bouquet délaissé sur une console, d'une lettre d'amour oubliée au fond d'une cassette. — Vieux parfum qui conserve quelque chose de son premier parfum, amour passé qui a été de l'amour cependant, songes évanouis dont on se souvient, parce qu'ils ont été rêvés avec joie. — Eh quoi ! tous ces riens, tous ces vestiges, tous ces débris, c'était là mon amour? Eh quoi ! toutes ces folies, ces vanités, ces crêpes, ces gazes, ces chapeaux, ces bals masqués dont le masque est levé, ces grands hommes éteints, ces petites phrases en lambeaux — c'est là notre histoire? — Oui, certes, ç'a été de l'histoire, ce sera de l'histoire ! Un jour viendra, bientôt, dans quelques siècles, où ce petit livre futile, justement pour sa futilité même, sera gravement consulté, annoté, commenté par les Monteils à venir ! Ainsi le Monteil, l'Augustin Thierry, le Ducange de ce temps-là fermera sa porte de bonne heure ; il allumera son feu et sa lampe, et, après avoir placé ses lunettes sur son nez *aspirant à la tombe*, il se mettra à épeler ces futiles épigrammes ; il cherchera un sens — bien plus, il trouvera un sens à ces vieilleries tombées sans façons, non pas sans grâce, d'une lèvre brillante et moqueuse. Grand Dieu ! quand je pense aux commentaires, notes, notices, traductions, explications, dont les épigrammes de Martial ont été le sujet depuis seulement dix-huit cents ans, je ne puis m'empêcher de frémir en songeant à quels commentaires ingénieux seront exposées les pages du *Courrier de Paris!* Que de peines, que de sueurs, que de veilles pour en comprendre le sens caché ! Par exemple, quel était, il y a mille années, ce M. Gluch, ce M. Black, ce M. Blick, ce M. Schirler, et autres *voleurs*, chez qui les plus nobles dames du faubourg Saint-Germain n'avaient pas honte d'aller danser? Il y a là aussi une énigme : « L'auteur responsable de la préface de Barnave est du voyage de Fontainebleau ! » Ne dirait-on pas que ce malheureux *responsable* a été invité par le roi et par la reine, et qu'il est monté dans les carrosses de la cour? Commentateurs, que je vous plains ! Et voilà pourquoi je commence à comprendre que tout l'esprit jeté dans la rue n'est pas toujours bon à ramasser.

L'entrée de madame la duchesse d'Orléans dans la ville de Paris est racontée avec grâce et bonne humeur ; c'est un petit tableau de genre qui ne manque ni de gaieté ni de saillie. — Le premier qui passe au milieu de tout ce peuple qui attend, c'est un postillon couvert de poussière, puis un chien caniche au grand galop, puis un chien carlin éperdu et fort malheureux d'entendre toute cette foule ricaner à son sujet ! Le chapeau de la princesse Hélène était en paille de riz blanche avec un grand saule de marabout ; sa robe était une très-élégante redingote doublée de rose. — Mais les robes de sa suite étaient fanées ; les autres chapeaux (sauf le chapeau de la reine, capote bleue ravissante ! étaient trop vieux ; les voitures étaient laides et trop chargées. — Le portrait de la jeune princesse est un très-joli portrait au pastel : « Jolie figure de capote, jolie taille de mantelet, joli pied de brodequins, jolie main pour un gant bien fait ! » La pointe paraît toujours ! Pourtant quelle différence, en si peu de temps, entre cette miniature toute gracieuse et l'austère portrait de cette grande dame qui porte le deuil de son mari avec tant d'énergie, de tristesse, de calme et de sainte austérité !

N'oubliez pas ce petit récit qui est plein de grâce et bien conté : « Quelqu'un parlait, l'autre jour, de l'amour sincère de la princesse Hélène pour la France, de la connaissance parfaite qu'elle avait déjà de notre pays. « Ce n'est pas étonnant, » répondit un légitimiste « elle a passé un mois à Carlsbad avec madame la » Dauphine ! » Qu'elle est généreuse, cette femme qui n'a trouvé chez nous que des douleurs, que nous avons trois fois exilée, et près de qui on apprend si vite à aimer la France ! »

12 juillet. — On siffle à l'Opéra. — Simon le danseur vient d'être nommé chevalier de la Légion d'honneur. « Pourquoi donc, puisqu'il est chevalier de la Légion d'honneur, M. Simon reste-t-il un danseur ? » Ainsi parle le *Courrier de Paris*. Et, en preuve, il

vous raconte l'histoire d'un serrurier qui, pour avoir dîné à la table du roi, ne veut plus dîner à la cuisine, chez ses pratiques : il aime mieux manger son pain sec à sa propre table. — Le Cirque-Olympique est un théâtre insipide : des danseurs de corde dans des paniers, des chevaux qui ronflent, des loueuses de petits bancs qui vous poursuivent avec leurs petits bancs. A Tortoni, on prend des glaces sans sucre. — Aux Tuileries, les enfants vous barrent le chemin avec leurs cerceaux. Sur les boulevards, des Turcs en blouse vous infectent de leurs parfums. — Voilà un mauvais jour, voilà une mauvaise lune! — Et les tonneaux devant la porte des marchands de vin, et les portières qui arrosent le seuil des maisons, et l'emballeur qui encombre le trottoir, et la chaise du coin de la rue, et la marchande de cure-dents qui porte le deuil depuis cinq ans, et le bœuf suspendu à l'étal du boucher, et les mousselines à 29 sous, les fichus à 22 sous, les calicots, les gazes, les banderoles; — et les chevaux de remise qui toussent (ceux de Franconi ronflent); commencement de cheval qui traîne un commencement de voiture; — et les marchands de fruits, les marchands de porcelaine. — Sans compter les tapis que l'on secoue par les fenêtres, côtes de melon, écailles d'huîtres, salade méprisée... Ce sont là des malheurs!

Quelquefois l'auteur *humoristique* (ce doit être un mot français) se met à inventer d'assez bons paradoxes. « La liberté française, *c'est un gros homme en tilbury*. — En France, rien ne change ; ce qui change moins que tout le reste, c'est la mode. Les manches *à gigot*, par exemple, on en porte depuis quinze ans! Voilà quarante ans que l'on porte des cravates de mousseline empesée. — Les Turcs, les Turcs eux-mêmes ont quitté les turbans : les Français ne quitteront jamais le chapeau rond. » Tout cela est un peu long, ce me semble. — Le chemin de fer de Saint-Germain tient à peine une page; le nouvel éclairage du boulevard, à peine une ligne. — Mais qu'une troupe de singes vienne à passer dans la rue, gravement assis à cheval sur un chien, vous allez savoir tout au long comment ces messieurs sont vêtus. Celui-ci porte l'uniforme et l'épée au côté, celui-là est en robe rouge, cet autre en veste de chasse ; le moins fortuné en habit de propriétaire. — Que la pluie vienne à tomber (1er septembre, ce n'est plus le septembre de 1836, avec son chapeau de satin !), notre petit être nerveux et frileux va maudire la pluie de toutes ses forces. Ces petits accidents de la pluie, du vent et du soleil, ces petites misères parisiennes, un cor qui chante, une harpe qui glapit, un piano qui gémit, une tache de boue sur un bas bien tiré, en voilà assez pour jeter cet être nerveux dans une mélancolie profonde. Ce matin, n'a-t-il pas vu — ô ciel ! — une femme courageuse, qui, pour franchir un ruisseau, osait montrer qu'elle portait une jupe verte sous une robe bleue ! Il me semble que je vois d'ici les Saumaises futurs s'escrimer à comprendre où était donc le grand crime — au XIXe siècle français ! — de porter, un jour de pluie, une robe verte sous une robe bleue ? — Et puis une grande colère contre un confrère qui aura fait quelques toutes petites phrases à propos du chemin de fer ! « Dis-moi plutôt quel est l'inventeur de la vapeur ? dit-il au confrère ! — Hélas ! répond le confrère, je n'en sais rien. » M. Delécluse est convaincu que c'est Léonard de Vinci ! Mais, sans attendre l'excuse du pauvre diable, on vous le traite comme s'il eût porté un gilet rouge sur un habit vert galonné d'argent. Oh ! l'urbanité ! comme cela serait facile d'en montrer quelque peu quand on en a beaucoup, et comme on doit être fâché de ne pas en avoir, et pour des gens qui en ont tant pour vous !

Alors arrive l'automne, car c'est un des inconvénients de tout almanach. — A chaque saison nouvelle, l'almanach vous explique : Ceci est le printemps — ceci est l'été — ceci est l'automne, — ceci est l'hiver ; — vous entrez dans le signe du Scorpion, des Gémeaux, de la Vierge, de la Balance ; la Balance ! un signe sous lequel on ne loge guère. — Mais voici bien une autre misère : le bitume inonde le boulevard ! — Avec le bitume arrivent les vers de M. Jules de Rességuier, *les Prismes poétiques ;* — *le Voyage de Sardaigne*, de M. Valery; — *l'Honnête Homme*, de M. Henri Berthoud; — et enfin une seconde fois apparaissent *les capotes de satin.* « Les capotes de satin ont déjà vu le jour! » Déjà! c'est toujours la même histoire; notre censeur, à aucun prix et sous aucun prétexte, ne peut tolérer de robe de satin au mois de septembre, — Dans les cheveux, vous avez pour *fleurs* des *grappes de raisin*, et l'on nous disait tout à l'heure que la mode ne changeait pas!

13 septembre. — Mort de la reine Hortense! et, cette fois encore, nous faisons trêve — avec une grâce de bon goût — aux quolibets de chaque jour. Vous savez que Jacqueline a été malade? Qui, Jacqueline? Une petite brune fort piquante du Jardin des Plantes. — Les uns disent que c'est un vieux singe, les autres prétendent que c'est une vieille fille qui veut être logée et nourrie gratis dans le Jardin du Roi. — Liszt est à Milan. — Horace Vernet a dîné à Trianon. — L'Odéon ouvre de nouveau; mais il ouvre un vendredi. — Mademoiselle Mars est une femme étonnante! — On en dit autant de mademoiselle Anaïs. — Une femme très-élégante achète ses pantoufles chez Dubois, rue de Castiglione. — On parle tout bas d'un livre de M. de Lamennais : *le Livre du peuple. Le Livre du Peuple* et les pantoufles de M. Dubois!

Voici comment on prononce les vers au Théâtre-Français : Madame Paradol : *Ou étes de au ieux* (vous êtes de faux dieux); mademoiselle Noblet : *Tché... mu-juha* (chez moi); puis une autre : *Ah! banban, je suis bien bandeureuse!* Mais voilà bien assez de méchancetés et d'assez bonnes méchancetés, pour l'an de grâce 1837.

V

La chronique en villégiature. — Le bric-à-brac et la politique. — Les types exceptionnels. — Le courrier de Strasbourg. — L'émeute et le faubourg Saint-Germain — Le salon. — Anciennes modes et modes nouvelles. — L'oiseau de paradis considéré comme symbole. — Aux prodigues d'esprit.

Ici, nous avons une interruption de près d'une année. Ce que la ville a aimé, ce qu'elle a détesté, ce qu'elle a entrepris, nous ne saurions le dire, il y a lacune dans notre livre sibyllin. Nous avons perdu le fil d'or et de soie qui nous guidait dans ce labyrinthe, le gaz qui nous éclairait, l'asphalte sur lequel nous marchions. Qui de nous, pris à l'improviste, pourrait dire une seule des journées de cette année 1838, dont notre historien ne nous a pas fait l'histoire? Ce qui prouve bien la nécessité et l'utilité de cette chronique! Cependant, consolez-vous, notre historien nous avait quittés en décembre, il nous revient au mois de décembre au bout d'une année, jour pour jour, et, ma foi! qu'il soit le bienvenu. Il a de charmants caprices, il a de bonnes colères; il a des méchancetés adorables; vous a-t-il fait quelque petit mal, soudain il l'oublie et il vous tend la main : de quel droit lui en vouloir? Faisons-lui fête. Il se trouve si malheureux à Paris, qui est plus que jamais la ville de boue et de fumée! Il regrette si fort ses longues avenues de vieux chênes, les renards, les loups, les sangliers, les mouettes, les hérons, les sarcelles et le torrent qui bondit au milieu du bruit et de l'écume; voilà une belle chose : ravin, bruyères, cascades, tourelles, vieux pont ! Sur le pont, vous pouvez voir une jeune et jolie femme qui passe, sans avoir peur des serpents. « Elle porte un mantelet noir garni de dentelle, un chapeau de paille de riz orné de fleurs à la mode, une robe rose garnie de hauts falbalas ! » Telles sont les fleurs de ce désert sauvage, de cette solitude profonde. — Paris a pour se consoler *Spiridion*, *Arthur*, *Dom Sébastien* et *Ruy Blas*, qui traversent le torrent de la renommée sur le pont chancelant qui unit le bruit au silence, le jour aux ténèbres. — Entendez-vous ce murmure poétique du côté de l'Abbaye-aux-Bois? C'est M. de Chateaubriand qui lit à ses amis quelques pages de ses Mémoires. — Savez-vous ce que c'est qu'un *jaunting-car*? C'est une table posée en travers sur quatre roues et traînée par un cheval. — Il faut l'avouer, depuis tantôt deux années, la parure des femmes est devenue splendide. Où sont, je vous prie, les *bonnets à rubans*? Je ne vois plus que fleurs, plumes, bijoux, diamants, satin, velours, ferronnières; les femmes de Paris s'habillent à cette heure presque aussi bien que les grandes coquettes de Bourganeuf. Chapeaux à *la Marie Stuart*, à *la Henri IV*; coiffures à *la Mancini*, à *la Fontange*; bonnets à *la Charlotte Corday*, turbans à *la juive*, nous voilà bien loin de la vieille avenue de marronniers ou de vieux chênes. Parlez-moi du satin groseille, et du pékin bleu, et de la batiste d'ananas! figurez-vous de *l'eau tissue*. — Le nommé Daguerre vient d'inventer son admirable instrument réservé à d'illustres destinées et qui fait des progrès chaque jour, — Paris est plein, non pas de singes, mais de dandys anglais : — « Habit bleu flottant, col très-empesé, dépassant les oreilles, pantalon de lycéen, gilet à la maréchal Soult, manteau Victoria, cheveux en vergette, etc. » — L'antiquaire (toujours dans mille ans d'ici) lira avec joie tous les détails de l'ameublement du *Cercle des Deux Mondes*; c'est peut-être le meilleur chapitre du recueil, c'en est du moins le plus curieux. La folie de l'ameublement est racontée avec un tact tout féminin. C'est avec toutes sortes de petits détails de ce genre que M. Alexis Monteil a composé ses huit gros tomes de l'*Histoire des Français des divers états*. Donc, ce sont là des pages à conserver comme on conserve avec soin les vieilles médailles. — Malheureusement, à ces pages d'une si aimable bonne humeur se mêle trop souvent la politique. M. Thiers y tient sa place à côté de M. Guizot, M. Odilon Barrot à côté de M. de Lamartine. Les élections, la chambre des députés, les journaux, les travailleurs et les agitateurs, prennent cette fois la place des malheureux comédiens, des malheureux romanciers, des infortunés poëtes dramatiques, des journalistes surtout, et ils sont traités de Turc à More. Au reste, il ne faut pas leur en vouloir si les hommes politiques sont moins amusants que les hommes littéraires, et encore ces derniers n'intéressent guère le public. C'est une grande faute pour les malheureux qui vivent de leur esprit de se figurer que le monde est attentif à leurs moindres paroles, à leurs moindres actions. Le monde s'en soucie comme de ça. Une très-belle et très-admirable comédie, *la Métromanie*, n'a pas réussi, et n'a jamais pu réussir, justement parce qu'il s'agit, dans cette comédie, de ces êtres à part — de ces exceptions — qu'on appelle des écrivains et des poëtes. Au contraire, parlez au public d'un huissier-priseur ou d'un commissaire de police ; parlez tout simplement de l'ours Martin ou de Jacqueline : soudain le public va vous prêter tout son intérêt, toute son attention. Qu'importe M. Guizot, ou M. Thiers? Ce n'est pas là la question. M. Molé, M. Berryer ; ça n'amuse guère. — On aime mieux l'histoire de Toinette. — Toinette était la femme du courrier de Strasbourg — à Strasbourg ; — Caroline était la femme du courrier de Strasbourg — à Paris. — Le courrier de Strasbourg avait une autre femme nommée Caroline. — Marié à deux femmes, avec deux ménages et des enfants des deux femmes, le bonheur de cet homme ne se démentit que le jour même de sa mort. La roue de la malle lui passa sur le corps, et alors ses deux femmes, Toinette et Caroline, se rencontrèrent — unies et dévouées — pour fermer les yeux de ce mari qu'elles avaient tant aimé.

Ces sortes d'historiettes se rencontrent trop rarement dans les annales dont nous parlons. La politique obstinée s'y montre à chaque instant. Notre Martial en jupon rit aux éclats, même au nez de l'émeute. « Vous vous révoltez contre nous qui sommes en carrosse, dit-elle à l'émeute; nous irons à pied, mais que vont devenir les fabricants de carrosses? Tu ne veux plus nous laisser porter de dentelles, les dentelles seront supprimées par celles qui les portent; tant pis pour celles qui les font! Nous n'aurons plus de diamants ni de bijoux ; en ce cas, malheur aux bijoutiers! » Puis elle ajoute : « Plus de bijoux, partant plus de miroirs! » A quoi l'émeute pourrait répondre : « Halte-là! je comprends bien, mes belles dames, que vous alliez à pied et que vous vous passiez de dentelles; mais vous passer du miroir qui reflète votre beauté, nous vous en défions, vous seriez plus punies que nous! » Et, cette fois, l'émeute aurait raison. Mais que l'émeute se rassure; la menace n'était pas sérieusement faite. En effet, tournez la page; de quoi est-il question? Des laquais qui encombrent l'antichambre — laquais poudrés dans l'antichambre — et, dans le salon, une femme qui cache ses blonds cheveux sous un *superbe* bonnet de dentelles : la robe de cette femme est de gros de Naples façonné, garnie d'une ruche découpée (ruche-*chicorée*); ses bas à jour sont d'une finesse merveilleuse ; ses souliers sont irréprochables, il *sont signés : Groos* ou *Muller;* les manchettes de valencienne *sont d'une coquetterie irrésistible.* — Le croiriez-vous? ces femmes sont éblouissantes de bijoux; de diamants; diadèmes, couronnes, fleurs et rubis, agrafes en émeraudes, des opales, des turquoises, *des perles de toute beauté!*

Cependant, même dans ces riches salons si bien habités, on est encore quelque peu inquiet de l'émeute.—On se demande : « Pour quel jour la nouvelle révolution? Dressera-t-on les échafauds? Ou bien peut-être que l'on se contentera de pillage!... Et l'on se parle de toutes ces choses horribles à demi couché sur des canapés de lampas, entouré de fleurs, à la clarté des bougies qui brûlent dans des lustres d'or; et les femmes qui prévoient de si grandes catastrophes ont de belles robes toutes garnies de point d'Angleterre, et font les plus jolies mines du monde en disant ces mots affreux! » — Peut-être (je n'en sais rien pour ma part) que la peinture est vraie; mais avouez que, si elle est vraie, l'émeute n'a pas si grand tort de gronder, et qu'une révolution, quelle qu'elle soit, est un peu en droit d'être impitoyable quand elle se voit ainsi méprisée! A propos de peinture, notre censeur s'en va au salon de 1839, et il est aussi sévère pour 1839 qu'il l'a été pour 1837. Cette fois encore, il a vu beaucoup de *melons*, et, avec ces melons, des pommes, une noisette qui fait des mines à un écureuil, puis des petits cochons d'Inde amoureux d'une carotte. Un animal encore plus maltraité que le cochon d'Inde, c'est le journaliste. Notre railleur est sans pitié pour ces pauvres diables qu'il appelle les rois du monde ; — des rois qui se traitent entre eux à peu près comme les cochons d'Inde traitent la carotte, comme l'écureuil traite la noisette. — Du reste, rien de plus nouveau (3 mai 1839), sinon que les coiffures sont très-basses, les fleurs sont très-penchées, les plumes sont pendantes, les boucles sont tombantes, les manches sont flottantes; l'*empois* et l'*apprêt* sont aujourd'hui des mots inconnus. — Ajoutez que : les carafes ont été remplacées par les cruches de nos grands-pères; les plats ronds sont carrés, les cabriolets à quatre roues ont remplacé les grandes berlines. — Écoutez ! c'est l'émeute qui, cette fois, ne se contente pas de gronder : elle tue les soldats dans la rue ! Tout ce passage est rempli d'une honnête et vive indignation. — Ainsi va le monde. Huit jours après, il n'est plus question que du bal de l'ambassadeur d'Angleterre, au milieu de mille à douze cents convives, car M. l'ambassadeur célèbre la fête de la Rose, ou, si vous aimez mieux, la fête de la reine : — rose blanche et rose rouge à la fois. — Le sable des allées disparaissait sous les toiles. — Dans ce bal éclatant et brillent de mille feux la jeune princesse Doria et le *Doria*, le diamant de l'antique famille génoise. — Le lendemain (dans un salon moins resplendissant), vous n'avez plus que le froufrou de la toilette; les garnitures historiées (la chicorée n'est pas une historiée), les pouffes, les coiffures mirobolantes, les chapeaux à la Polichinelle, les rubans à trois étages. — Eh bien , vive le froufrou! Les pompons et les ruches annoncent une bonne femme; plus d'un oiseau de paradis, radieusement porté, vous indique à coup sûr une bonne mère de famille, honnête, pauvre et bien malheureuse d'être forcée de se montrer dans ce beau monde... Vous me croirez sans peine, ces petites échappées dans l'univers bourgeois, ces instants trop courts de bienveillance et de bonté féminine, ce style liséré en pompons et en noisettes, me convient mieux que le style or, perles, diamants, fleurs et cheveux flottants.

Maintenant, de tout ceci, que conclure? — La conclusion, je vais la tourner contre nous tous, les frivoles, les oisifs, les diseurs de riens, — les grands écrivains dont rien ne reste, pas un mot, pas une phrase, — tout au plus quelques bons sentiments, quand nous sommes assez heureux pour en trouver dans notre cœur. Sans nul doute, tout ce côté de l'histoire contemporaine, le côté futile, la description des mouchoirs brodés, des robes de soie, des collerettes et des bouquets de madame Prévost, est triste, sinon à lire, du moins à relire. Autant vaudrait acheter l'almanach de l'an passé, autant vaudrait porter de nouveau l'habit qu'on a mis il y a dix ans. De quel droit, cependant, irions-nous affliger à ce propos une si aimable femme d'un rare esprit, parce qu'elle aura jeté çà et là son esprit un peu au hasard, comme c'est la vocation de ces beaux diseurs de salon qui représentent la grâce, la causerie et l'épigramme de chaque soir? Non, ce n'est pas là notre sujet de tristesse et de gronderie. Ce qui nous rend triste en présence de ces petits livres dont la vivacité primitive s'est quelque peu effacée à passer ainsi à travers le journal, c'est de nous dire : — Change le nom de ces deux pages vieillies si vite, et, malheureux! voilà l'histoire de tous tes livres! La destinée de ces recueils de bons mots, de saillies, d'épigrammes, de petites cruautés, c'est sûrement la destinée des plus belles choses que tu as pu écrire, que tu as écrites avec tant d'amour et d'illusions paternelles! Mais toi, — un homme nourri par les fortes études, — quelle excuse vais-tu pour te faire léger à perdre haleine? Quelles étaient tes prétentions dans cette arène glissante de l'épigramme et du bon mot, toi, lourdaud, sûr de rester en chemin, pendant que la belle Atalante franchit d'un bond tout l'espace que tu parcours avec tant de peine et de sueurs? Tes belles périodes! tes livres! tes critiques! tes louanges! tes colères! la belle œuvre, et que tu dois en être fier, quand, tout d'un coup, tu te vois dépassé par une femme qui jette en se riant l'ironie à pleines mains sur ce grand art! — art d'une heure, — qui t'a causé tant de veilles et de travaux! — Voilà ce qui me fait honte, voilà ce qui m'afflige, voilà ce qui doit vous attrister, vous tous les prodigues de votre esprit, de votre observation, de votre bonne humeur! — De tous vos efforts, de tout votre long travail, de ces préceptes, de ces études, de ces compositions ironiques ou furibondes que le journal emporte dans les franges de sa tunique flottante, que restera-t-il, je vous prie? — Moins que rien. Pas même ce petit livre dont je parle, — pas même le souvenir, pas même l'ombre... Un jour, on présentait à Alexandre le Grand je ne sais quel artiste célèbre qui savait habilement jeter des pois chiches à travers le trou d'une aiguille. — En effet, d'une main sûre, l'illustre artiste accomplit cette tâche importante. Et les courtisans d'Alexandre d'admirer de toutes leurs forces. — On s'attendait à une grande récompense. « Çà, dit le roi, je veux que l'on donne à cet habile un boisseau de pois chiches. »

Que fit l'artiste? S'il a été sage, il aura pris en bonne part le présent d'Alexandre; il aura dîné, comme un philosophe, de ces pois chiches, et puis, de son aiguille humiliée, il aura raccommodé son vieux manteau.

DES

PASSIONS DANS LE DRAME MODERNE

PAR M. SAINT-MARC GIRARDIN

Le cours de M. Saint-Marc Girardin. — Le professeur et son auditoire. — La vraie popularité. — Les traditions de la Sorbonne. — M. Guizot; M. Villemain. — Ce qui fit de M. Saint-Marc Girardin un journaliste, et, du journaliste, un professeur. — De l'amour au théâtre. — La douleur physique et la douleur morale. — La passion chez les Grecs. — Invasion du réalisme dans l'art moderne. — Théorie du suicide. — Le stoïcisme antique. — Les douleurs de convention. — Le monologue d'Hamlet. — La saine et vraie poésie. — Werther et les héros du scepticisme.

La préface de ce livre contient à peine une vingtaine de lignes; lisez-la cependant; vous y trouverez je ne sais quelle modération qui explique tout à la fois le talent et la popularité de l'auteur.

« J'ai cherché, dit M. Saint-Marc Girardin, à montrer comment les anciens auteurs, et surtout ceux du XVIIe siècle, exprimaient les sentiments et les passions les plus naturels au cœur de l'homme... et comment les passions sont exprimées de nos jours. »

Cela dit, et quoi que vous fassiez, M. Saint-Marc Girardin ne sortira pas du cercle qu'il s'est tracé; il sait très-bien que l'histoire du théâtre, s'il est vrai qu'elle ait eu un commencement, n'a de fin possible que la fin des passions humaines; qu'après et avant Pierre Corneille, il y a tout un monde; mais c'est trop d'espace pour son regard, c'est trop de science pour son étude ; sa causerie aurait peur d'un horizon si vaste ; il laisse à d'autres le soin d'expliquer par où et comment a commencé *la comédie* en France, comment s'est *aiguisé* notre esprit à lancer le vieux mépris gaulois, à quelle heure a commencé *cette justice souvent bien injuste* dont parle Molière. Encore une fois, il n'en veut pas tant savoir ; il abandonne à M. l'abbé de La Rue les poëtes dramatiques anglo-normands du XIIe siècle ; même à nous autres les futiles, il abandonne et bien volontiers la critique, ou, pour mieux dire, le sifflet de chaque jour ; sifflet d'ivoire, sifflet menteur, sifflet de corne, plus cruel qu'il n'est utile ; encore une fois, son œuvre n'est pas là ; il ne fait pas de livres, il ne fait pas de dissertations, pas de découvertes ; il laisse à qui les veut déchiqueter les facéties de Gringoire, les exclamations de Rutebœuf ; il ne fait pas d'éloquence, il cause ; il ne discute pas, il raconte ; pourvu qu'il parle honnêtement des passions honnêtes, ça lui suffit, il est content, il n'en désire pas davantage, et, si vous lui demandez ce qui lui reviendra d'être si peu savant, si peu bruyant, d'être honnête, sérieux, calme, et durant tant d'années, il va vous dire qu'il s'estime le plus heureux des hommes d'avoir pu ramasser tant de belles fleurs à la bouche du volcan, et qu'il n'échangerait pas ce bonheur contre des gloires d'une apparence plus brillante et plus difficile. En effet, il a découvert, au bout de quinze ans de ce zèle, de ce travail assidu, et de cette sévérité pour lui-même et pour les autres, « qu'en parlant ainsi, on ne déplaît pas à la jeunesse, et que la meilleure manière de se faire applaudir parfois de nos jeunes étudiants, c'est de s'en faire toujours estimer. »

Vous l'entendez ! « être estimé toujours, être applaudi *parfois*, » voilà sa récompense, voilà son triomphe ! Il sait très-bien qu'on n'est pas applaudi toujours, et même qu'un homme sage, s'il était applaudi *trop souvent*, devrait se demander à lui-même s'il n'est pas tombé par malheur dans quelque sophisme malsain, dans un dangereux paradoxe ? Être applaudi *parfois* seulement, voilà en effet la gloire que peut ambitionner un honnête et sage esprit qui se respecte, depuis que les applaudissements, la louange, l'admiration, l'enthousiasme, sont devenus la courante monnaie de chaque jour de l'année. N'est pas qui veut à l'abri de l'applaudissement banal. Pour résister à l'entraînement de la louange, même la plus vulgaire, il faut une âme plus forte qu'on ne pense, surtout quand il s'agit d'arrêter ces jeunes mains qui ne demandent qu'à applaudir, d'apaiser ces jeunes enthousiasmes qui ne demandent qu'à admirer, de calmer ces vives et turbulentes passions, à l'aide desquelles il est si facile au professeur, dans sa chaire, d'augmenter sa popularité à l'heure présente. Certes, de tous ces professeurs de la Sorbonne ou du collège de France, éloquents, écoutés, applaudis à des titres si divers, celui-là qui mérite le plus les sympathies des honnêtes gens, c'est le professeur que son jeune auditoire écoute le mieux, et non pas celui qu'il applaudit le plus. Être applaudi, la belle affaire ! Rien n'est plus facile, pour peu que l'homme qui parle préfère à la renommée un vain bruit qui passe dans l'air. Être applaudi ! vous n'avez qu'à le vouloir, et ces applaudisseurs de vingt ans, non-seulement ils vont vous applaudir, mais encore ils vont vous porter en triomphe. Soudain vous verrez quel grand homme vous serez devenu en vingt-quatre heures ! Vous serez Mirabeau ! vous serez l'avenir ! Oui, mais, en réalité, vous serez un grand coupable ; vous aurez abusé de l'innocence turbulente de tous ces jeunes esprits confiés à votre garde, vous aurez mis l'incendie dans ces jeunes âmes qui ne demandaient pas mieux que de vous suivre dans les bons sentiers. Et voilà pourtant où cela mène de vouloir être applaudi, non pas *quelquefois*, mais *souvent*, mais *toujours* !

De ces flatteurs, la trahison est double ; leurs lâches complaisances compromettent à la fois l'avenir des jeunes gens et la conscience des professeurs de la même école qui ne veulent pas d'une popularité payée à si haut prix. O misère ! quand toutes les passions mauvaises de ces enfants qui se croient des hommes, sont soulevées par la coupable imprudence du professeur, par les grands bruits et les grands gestes, et par les trahisons décevantes des paradoxes qui tombent du haut d'une chaire publique, quel sera le maître assez hardi pour oser parler à tous ces révoltés, avec sa voix, avec son geste, son esprit, son bon sens de tous les jours? Essayez donc, si vous l'osez, de remettre le mors et la bride à ce jeune cheval échappé et furieux comme le cheval de Job! Allez donc arracher les jeunes gens de ces hauteurs, leur prouver le danger des fables dont on les berce, et enfin leur démontrer, vous seul contre tous, la vanité du seul orgueil légitime de ce monde, l'orgueil de la jeunesse, cet immense triomphe du jeune homme qui se dit : « L'avenir est à moi, je n'ai que vingt ans ! » Or, voilà justement quelle a été l'entreprise de M. Saint-Marc Girardin. Bien jeune encore, il a imposé silence à toutes les fermentations de sa propre jeunesse, afin d'avoir le droit de dompter toutes les autres; il s'est dit qu'il y aurait un déshonneur véritable à ne pas tourner au profit de ce qui est juste et vrai la fougue et la pétulance des jeunes esprits confiés à sa garde, et que celui-là ne serait pas pardonné dans l'avenir, qui exploiterait à son profit cette surabondance de vie dont le professeur dans sa chaire, l'orateur dans la tribune, ou le tribun dans son journal, peuvent si facilement abuser au profit de leur gloire personnelle. Il s'est dit que, dans cette position éminente d'un cours public, il ne flatterait pas même les passions généreuses de son auditoire; car, dès qu'il y a passion, on ne sait plus où cela s'arrête; il s'est dit enfin qu'il arriverait par le sang-froid, par le bon sens, par la probité, par la conscience, à l'estime d'abord, au respect, et enfin, par l'estime et le respect, aux seuls applaudissements que puisse accepter un honnête homme qui aime la gloire sans le bruit qu'elle fait. *Philosophia paucis contenta judicibus*.

Au reste, toutes les explications que je vous donne là sont inutiles. A peine aurez-vous entendu parler le professeur dans sa chaire, ou tout au moins à peine aurez-vous ouvert son livre, à l'instant même vous comprendrez comment, en effet, M. Saint-Marc Girardin est devenu facilement populaire, même à force de réserve et de modération. Il a été servi par les circonstances qui devaient lui être le plus défavorables. Il a pris possession de sa chaire dans les premiers jours de la révolution de Juillet. Certes, la tentative était pleine de périls et de hasards. Le nouveau professeur de la Sorbonne arrivait dans cette vaste enceinte que M. Guizot et M. Villemain avaient remplie, celui-là de sa parole sévère et vigoureuse, celui-ci de cette vive et savante éloquence qui se reproduit çà et là avec une abondance dont on ne peut avoir l'idée que lorsqu'on a assisté à ces tempêtes. — Ardents tous deux, tous deux poussés par l'instinct que les révolutions imminentes jettent dans les âmes les mieux faites, ils se contenaient, mais en se faisant grande violence, dans les plus sévères limites; la colère qui était en eux se laissait à peine entrevoir dans quelques-uns de ces moments d'enthousiasme et d'abandon auxquels nul ne résiste, et ces instants-là étaient pour eux autant de triomphes qu'ils ne refusaient pas toujours. A les entendre parler, à commenter leur silence, il y avait un intérêt puissant, irrésistible; à chaque instant, on eût dit qu'ils allaient lever le sombre voile derrière lequel se cachait le terrible *peut-être* de la révolution de Juillet. Entraînés l'un et l'autre par la force même, celui-ci de l'histoire obéissant à sa voix, celui-là par la puissance de l'émotion littéraire dont il était le maître souvent, mais pas toujours, ils donnaient à ce jeune auditoire de la Restauration de vives, de lointaines espérances qui ajoutaient un intérêt de plus à la magnificence de ces leçons. — Mais quelles espérances? — Là était la question! A cette question, la révolution de Juillet a répondu; elle a été la conclusion du cours d'histoire de M. Guizot, du cours de littérature de M. Villemain.

Depuis Juillet, leur chaire était restée vacante, et, de cette chaire, la jeunesse triomphante des écoles se demandait à présent quel enseignement allait venir? Alors nous vîmes paraître, pour remplacer ces émotions regrettées, ces orateurs qui parlaient de si haut, un jeune homme grave et aimable à la fois, d'une parole aussi correcte que son style, d'une prudence à toute épreuve, et d'une réserve si grande, que, si une seule fois il eût cédé à la passion du moment, s'il eût promis plus qu'il ne pouvait et plus qu'il n'eût voulu tenir, il serait descendu de sa chaire pour n'y plus remonter.

A trouver M. Saint-Marc Girardin si calme, à l'entendre parler avec cette grâce enjouée qui sait rattacher un utile enseignement à tous les sujets, à voir ce rare esprit, si dégagé, qu'on dirait qu'il touche au scepticisme, il ne faut pas croire que la colère et l'indignation soient trop haut placées pour son âme. Personne, au contraire, plus que celui-là, personne n'est capable de ressentir une de ces indignations vigoureuses qui produisent les colères durables. Cet homme si désireux et si fier d'être rarement applaudi, ce bel esprit à qui l'idée ne manque jamais, tel que vous le voyez, d'une patience à toute épreuve, d'une modération incroyable, il est l'enfant, non pas d'une révolution, mais d'une émeute. Un jour qu'il passait devant la porte Saint-Denis, il tomba dans un de ces guets-apens que la police de la Restauration tendait parfois à ceux qui osaient crier : *Vive la charte!* Ce jour-là, la foule était grande, les cris nombreux, mais tout était calme. Une charge de gendarmes tomba sur cette foule innocente, plus d'un fut écrasé sous les pieds des chevaux. Alors, poussé par une colère généreuse, notre jeune homme écrit, du jour au lendemain, cette narration véhémente, indignée, des inutiles massacres de la rue Saint-Denis, qui est restée et qui restera comme une des plus belles pages du *Journal des Débats*. C'était la première fois qu'il écrivait pour le public, c'était la première fois qu'il entrait dans cette grande mêlée de la politique ; ce premier coup qu'il a porté fut terrible. Le lendemain, on se demandait dans toute la ville quelle était la plume de fer qui écrivait ainsi ?

Chose prévue ! sa colère passée, il retrouva dans son âme un profond ressentiment pour toutes les libertés compromises, un violent amour de tout ce qui était la vérité et la justice ; cette colère d'une heure avait donné à l'opposition un auxiliaire de tous les jours. Alors il entra dans l'arène, à l'instant même où la bataille était le plus vivement engagée. Tout d'abord, il porta des coups terribles, imprévus, dans cette bataille des partis, dont le résultat était si proche ; rude jouteur s'il en fut, hardi à l'attaque, habile à la riposte, tantôt armé à la légère, tantôt frappant d'estoc et de taille ; maître par l'ironie, par le dédain, par la colère, maître surtout par la conviction. Que de vivacité dans ces batailles où il donnait tête baissée ! quelle nouveauté dans ce style ! que d'esprit bien placé et qui se mêlait avec bonheur aux meilleures et aux plus sages raisons ! Sa colère avait fait peur, son ironie fit plus de peur que sa colère ; ingénieux, railleur, goguenard, éloquent, il prenait tous les tons avec une facilité sans égale. Et pourtant, déjà en ce temps-là, on le disait grave ; à toute la jeunesse de l'idée et de la phrase il réunissait toutes les apparences sérieuses. Homme heureux qui n'a été jeune que du meilleur côté de la jeunesse ! Sérieux dans l'attaque, sérieux dans la défense, sérieux même dans le sourire ! Si bien que, lorsque arriva la révolution de Juillet, il fut tout prêt pour la nouvelle bataille qui allait s'ouvrir ; non plus cette fois l'attaque, mais la défense ; non plus l'ardeur qui va en avant, mais la prudence qui résiste ; non plus, comme autrefois, la popularité et la louange de tous les jours, mais les soupçons, les haines, les calomnies, les vengeances, les flèches empoisonnées tirées de loin et dans l'ombre. Bien lui en prit d'avoir été un homme sérieux de bonne heure, de ne pas s'être laissé amollir aux succès des premiers jours ; il fût resté le soldat mercenaire des batailles impies ; au contraire, il a aussi sa place au premier rang, parmi les hommes courageux qui défendent et qui sauvent la chose publique. Puis enfin, le drapeau gagné et l'ennemi en fuite, il est revenu à ses travaux, à ses études, à la paix intérieure ; il n'a plus contemplé que de loin le choc tumultueux des partis.

Ceux qui ont suivi le cours de M. Saint-Marc Girardin, ceux-là seuls peuvent se rendre compte de cette vive et piquante causerie d'un esprit qui se connaît et qui se possède. Avant tout, ce qu'il recherche, c'est la vérité. Il veut que tout soit vrai, même dans l'art qui vit le plus de la fiction et du mensonge. Dans le drame, ce qu'il y a de plus vrai, c'est la passion, et, parmi les passions, la plus vraie, c'est la plus générale, c'est l'amour. Si vous voulez être un poëte dramatique, agissez par les passions, tout le reste appartient aux coups de théâtre; tout ce qui ne vient pas du cœur, ce n'est plus de l'art, c'est une contrefaçon grossière. Plus la passion agit librement et naturellement, plus elle est touchante et vraie; elle s'affaiblit aussitôt qu'elle tombe dans ce qui est l'extraordinaire ou la chose curieuse. « A l'exception commencera la monotonie, et l'exagération, les deux grands vices du drame. La bizarrerie est, pour ainsi dire, un mauvais geste de l'âme. » Les caractères étranges et singuliers sont fatigants parce qu'ils sont uniformes : soyez comme tout le monde, cela vaudra encore mieux que d'être toujours le même; l'homme passionné nous plaît et nous touche, car nous sommes, nous avons été ou nous serons dans cette passion quelque jour; le maniaque nous fait peur, et, cette peur une fois passée, nous le renvoyons à l'hôpital des fous.

Ainsi il parle. Il cherche ce qui est simple, réglé, contenu dans de justes bornes. Il ne veut pas de vos cris forcenés, de vos robes déchirées, de vos chevelures en désordre, d'abord parce que ça n'est pas beau, et ensuite parce que c'est toujours la même écume. J'entre, dit-il, à la fin d'un cinquième acte, et je vois une femme qui se tord les mains et qui se roule à terre en étouffant; à quoi en veut cette femme? pourquoi tous ces excès? Est-ce l'amour, la colère, la douleur? — A tout prix, il veut savoir à quoi s'en tenir avec les contorsions. Il n'admet pas qu'une femme se tiraille ainsi les mains, par la raison toute simple que l'émotion dramatique s'adresse à l'intelligence et non pas aux sens. L'art ne doit parler qu'à l'esprit; s'il parle aux sens, il se dégrade. Que la tragédie parte du fond du cœur, c'est un grand art et le plus grand de tous;

mais faites-vous une tragédie uniquement pour le petit plaisir de nous montrer des mourants et des morts, alors, et ce sera plus vite fait, menez-nous aux combats de taureaux ou vers l'arène des gladiateurs; vous étiez Grecs, vous devenez Espagnols ou Romains; vous étiez au théâtre, vous êtes tombés dans le cirque.

Non, vous aurez beau exalter la douleur physique, elle ne remplacera jamais la douleur morale. Madame Dubarry demandant grâce au bourreau pourra remuer les furies de guillotine; elle inspire un profond dégoût à ces honnêtes gens qui meurent la tête haute et la conscience tranquille. Ce qui hurle, ce qui crie et se démène, c'est la plus laide partie de l'âme et du visage de l'homme, et avec cette lie de l'âme on ne fait pas un drame. — Mais, direz-vous, cette Dubarry, qui se roule dans le sang de l'échafaud, cette fille qui meurt comme une fille surprise dans sa joie, n'étais-je donc pas dans mon droit si je l'ai faite ressemblante ? — A quoi nous vous répondrons : Il s'agit, non pas de ressemblance, mais de vérité. Nous faisons un drame et non pas un portrait. Le philosophe Plotin (c'est Bayle qui le raconte, et nous recommandons cette belle et bonne parole à M. Saint-Marc Girardin), comme un jour ses disciples voulaient le faire peindre, s'y refusa formellement : « N'est-ce donc pas assez, disait-il, de traîner partout avec nous cette triste image dans laquelle la nature vous a enfermés, et croyez-vous qu'il faille encore transmettre aux siècles futurs une image de cette image, comme un spectacle digne de leur attention? » Véritable parole d'un Grec. Les Grecs avaient le laid en horreur, et, partant, ils avaient en haine le portrait, à ce point qu'il fallait remporter trois victoires aux jeux olympiques pour avoir droit à une statue ressemblante. Loi salutaire qui eût singulièrement profité au musée de Versailles, si quelqu'un eût été assez sage pour la remettre en honneur.

Ainsi, même dans la passion, les Grecs conservaient leur visage; ou bien, si la douleur devait être trop forte, l'artiste la cachait à nos yeux, non pas sans doute par impuissance de représenter les difformités de la douleur, mais par un double respect pour celui qui souffre et pour ceux qui le regardent. L'Agamemnon de Timanthe a la face voilée; la Niobé, dans cette immense douleur d'une mère qui perd tous ses enfants, conserve encore toute sa froide beauté. Je vivais, je suis devenue pierre; *vivebam, sum facta silex*. Bien plus, la poésie grecque aime mieux faire d'un homme un dieu, que de faire de cet homme un objet de dégoût; de Daphné poursuivie, elle fait un laurier; la nymphe Écho n'est plus qu'une vaine plainte qui se cache derrière la montagne. L'art moderne, tout au rebours, vous montre avec une joie féroce les plaies, le sang, les cadavres; à l'Opéra même, il vous montre pour toute réjouissance, au premier acte, une juive qu'on va brûler; au second acte, un soldat qu'on tue; à l'acte suivant, un roi qu'on enterre, et, enfin, une réunion d'inquisiteurs qui font égorger trois malheureux. L'art moderne n'a rien de caché pour personne : vous êtes aveugle, vous êtes bossu, vous portez une livrée; à la bonne heure! ou bien, par hasard, vous êtes belle : tant mieux pour nos yeux, car nous ne verrons plus qu'avec nos yeux. J'estime, en effet, que c'est d'une statue moderne qu'il a été dit : *Concupiscentia oculorum*.

Et pourtant, dans l'art antique, toute liberté est donnée à la douleur. Philoctète remplit les bois et les rivages de ses lamentations; il a tous les sentiments de l'homme, l'amour, la haine, la colère, les regrets; seulement, il aura honte de nous inspirer de la pitié pour son corps, quand, lui-même, il n'est attristé que par le délire de son âme. Que si vous nous parlez de ces douleurs terribles, immenses, sans consolation, alors nous vous dirons que, plutôt que de défigurer une femme qui pleure, vous ferez mieux, comme faisait Ovide, de la changer en fontaine ou en saule pleureur.

Ainsi, à chaque instant, à tout propos, par mille transactions inattendues, et sans laisser trop deviner quel est son plan, l'habile professeur ramène son jeune auditoire à tous les vrais principes:

tout lui est bon, pourvu qu'il y trouve un sujet d'enseignement. Par exemple, on aura joué, la veille, dans un théâtre perdu, quelque immense mélodrame enrichi des plus magnifiques décorations, et nos jeunes gens auront beaucoup admiré la foudre qui tombe, la mer qui gronde, le souterrain obscur, la forêt qui s'étend tout au loin; le lendemain, et comme par hasard, M. Saint-Marc Girardin expliquera à ces jeunes gens comment l'homme ne s'intéresse qu'à l'homme, comment la mer, toute vivante que Dieu l'a faite, a besoin de la présence de l'homme; l'agitation de l'Océan nous laisse froids, si nous ne découvrons pas tout au moins une barque de pêcheur dans le lointain. Les anciens le savaient bien quand ils représentaient ce terrible duel de l'homme contre les éléments. Pour mieux expliquer la leçon, voilà notre jeune maître qui nous traduit, à la façon d'un poëte, l'admirable tempête de l'Odyssée. Le vent et la mer font assaut de violence; le vent siffle, la mer gronde, le rivage tremble; à la bonne heure! Mais, comme un grand poëte qu'il est, le poëte nous raconte avant tout ce qui se passe dans l'âme d'Ulysse. C'est ce que dit Pascal. Ulysse, englouti par la tempête, a, sur la tempête, l'avantage de savoir qu'il est englouti par elle. Et c'est justement parce que cette tempête de l'Odyssée n'est pas une description, qu'elle est supérieure même au *Quos ego!* de l'Énéide. L'auteur de *Robinson Crusoé*, en homme habile et qui veut exciter au plus haut degré l'intérêt de son lecteur, a copié, non pas la tempête de Virgile, non pas celle d'Ovide, mais la tempête d'Homère. En tout ceci, c'est la lutte personnelle d'Ulysse et la lutte de Robinson qui nous intéressent; ce n'est pas le flot, ce n'est pas le ciel, ce n'est pas le navire brisé, ce n'est pas la décoration; et, enfin, tous les flots de la mer ne valent pas un seul battement du cœur humain. C'est ainsi que notre habile critique revient à sa dissertation de l'autre jour, quand il nous parlait de la beauté antique, de cette douleur de l'âme qui ne défigure pas les traits de l'homme. A ce propos, il se rappelle qu'en 1825 il a lu l'histoire d'un vaisseau de la Compagnie des Indes, placé entre la flamme qui dévore et l'eau qui monte. Elles étaient, sur ce vaisseau perdu entre l'eau et le feu, sept cents créatures humaines qui s'abandonnaient aux horribles contorsions du désespoir, quand soudain deux belles jeunes filles de vingt ans, deux sœurs, portant leurs regards, non pas sur la vague en courroux ou sur la flamme en délire, mais vers le ciel, qui était serein, se mettent à dire tout haut les paroles consolantes du saint livre : « Dieu est notre retraite, notre force et notre secours! — c'est pourquoi nous ne craindrions pas, quand même les montagnes se renverseraient dans la mer, — quand les cieux viendraient à se troubler; — car le Dieu de Jacob nous est une haute retraite! » Eh bien, quelle plus belle image, quelle preuve plus éloquente? Ces insensés qui se roulent sur le pont du *Kent*, ils jouent le drame; ces jeunes filles d'une pureté virginale qui appellent à leur aide le Dieu de la mer et l'espérance, c'est la tragédie antique dans toute sa beauté. La vraie passion, la grande position, les honnêtes sentiments du cœur, par l'exemple, par le conseil, par la comparaison, par le roman, par le poëme, il y arrive toujours.

Sa causerie sur le *suicide* est plus que toute autre remplie de ce bon sens qui pourrait faire pardonner à un homme, si la chose se pardonnait volontiers, l'honneur d'avoir tant d'esprit et si complétement raison. Et, d'abord, le *suicide* rentre dans les moyens *extraordinaires* employés par la tragédie du second ordre. Le suicide est la maladie des raffinés et des philosophes, il n'atteint pas les simples de cœur et d'esprit. Dans l'antiquité, le suicide était la grande façon de terminer tous les doutes; le stoïcien se tuait pour rester libre, l'épicurien pour éviter la douleur; la chose se faisait dans le plus grand appareil, avec toutes sortes de précautions dignes du théâtre de l'Ambigu-Comique. Caton lui-même, avant de se tuer, prépare une épée et lit le *Phédon;* Werther envoie chercher des pistolets et lit une tragédie allemande, *Emilia Galotti*. Au milieu de festins, Cléopâtre essayait sur ses esclaves l'effet du poison, afin de choisir son poison quand l'heure serait venue. Le suicide à grand appareil est le pire de tous ; Chatterton, déclamant contre la société qui ne lui a fait aucun mal, me fatigue et me déplaît. Tout au rebours, le suicide de Phèdre, d'Ajax, de Didon ; ils se tuent sans déclamation, sans emphase, poussés par la nécessité, brusquement et sans justifier à l'avance cette fureur nécessaire. On plaint Didon, on plaint Oreste, on a pitié d'Ajax, un dieu les pousse ; mais les suicides modernes, le suicide philosophique qui procède par A + B ; les Werther, les Chatterton, les Escousse, improvisant, huit jours à l'avance, les vers de leurs funérailles, les philosophes, les déclamateurs qui vous disent : « Voyez comme je sais bien mourir ! » le suicide réduit à l'état d'une question de philosophie ou de droit naturel : voilà qui est insupportable ; voilà l'émotion qui est toujours la même.

Ainsi arrangé et perdu dans mille coquetteries funèbres, le stoïcisme n'est pas dramatique ; il donne à l'âme humaine l'immobilité de la mort, ou, si du moins il produit un certain effet, c'est un effet sans importance. Quel intérêt, d'ailleurs, puis-je porter à cette statue de marbre, à cette volonté de fer ? — Mais, direz-vous, l'accablement ! la tristesse ! l'ennui ! le vague ! l'idéal ! — M. Saint-Marc Girardin ne se laisse pas prendre à ces grandes paroles ; il en a qui sont moins sonores peut-être, mais sans réplique. « Le démon de la tristesse, dit saint Chrysostome, qui vous tourmentait, Stagyre, quand vous viviez dans toutes les joies frivoles, on s'en guérit, une fois qu'on est marié et qu'on a des enfants. » L'*athumis*, l'épuisement, l'accablement, folies que tout cela ! M. Saint-Marc Girardin n'y croit pas ; en revanche, il croit au travail, au dévouement, à l'abnégation ; il aurait honte de rien céder à ces déréglements, à cette mollesse de l'âme ; mais il est tout prêt à aider ceux qui s'aident eux-mêmes et à leur tendre la main. Le grand moyen de ne pas succomber à la tristesse, c'est de ne pas l'aimer ; c'est de ne pas se complaire dans ces misères chimériques, dans ces chagrins enfantins du nuage qui passe, du vent qui souffle, du chat-huant qui crie, du chien qui se lamente à la porte du manoir. Il est de l'avis du livre qui dit que la tristesse en a tué plusieurs et qu'elle n'est bonne à personne : *Multos occidit tristitia et non est utilitas in illâ.* Toutes ces petites maladies des esprits malsains, il les traite par l'ironie, par le mépris, par le défi. Il va si loin dans son dédain pour ces douleurs de convention, que même l'admirable monologue d'Hamlet, ce résumé de toutes les tristesses d'une âme en peine, je crois bien que le professeur l'effacerait de sa propre autorité, tant il pardonne peu au prince de Danemark d'avoir mis à la mode ce goût singulier qu'il appelle *le goût de la mort!* Au reste, cette préoccupation continuelle des détails funèbres, ce besoin de contempler des crânes vides et des squelettes, ce retour du *moi* vivant sur le *moi* qui est caché dans le cercueil, ce n'est pas seulement le crime d'Hamlet, c'est la passion poétique de l'Angleterre; elle se plaît à cette joie des fossoyeurs; les plus sincères héros de Shakspeare sont poussés par la même idée affriandée de cimetière et de cercueils. Juliette, avant de vider la coupe fatale, parle des vers de la tombe; elle songe à ces voûtes sépulcrales, et se demande *si par hasard Roméo ne devait pas venir?* Roméo, à son tour, dans la chapelle des Capulets, entre ces tombes, sous la pâle clarté de cette lampe funèbre, sent en lui-même que sa passion s'exalte jusqu'au délire, à cette odeur cadavéreuse. « Juliette! c'est là que je veux demeurer avec les vers qui sont ta compagnie! » Mettez à la place de Roméo un jeune Grec de Sophocle ou d'Euripide, ou bien quelque amoureux d'Horace et de Virgile : il aura bien vite quitté ce charnier pour retrouver, même sur le bûcher, cette femme tant pleurée. Non, ce n'est pas au cadavre que s'attachera ce jeune homme d'Athènes ou de Rome, c'est à la beauté de sa maîtresse; cette idée de ver et de pourriture n'aura pas le temps de lui venir; car, plus la jeune fille sera loin de la tombe, plus son beau corps, déposé sur le gazon, sera couvert de fleurs, ou tout au moins plus la flamme du bûcher sera brûlante, plus l'urne d'or sera parée, et plus le Roméo athénien comprendra la beauté qu'il a perdue, plus il sentira revenir ses larmes, son désespoir, son amour. Lorsque Orphée s'en va chercher Eurydice, il demande d'abord à revoir Eurydice, et, tout de suite après, il veut retourner à la lumière du jour : *Superasque evadere ad auras!* C'est que la vie, dans ce qu'elle a de beau, d'éclatant, de lumineux, est le véritable fond de la poésie. Cette couche de cendres et de poussière, sous laquelle Shakspeare a placé l'émotion dramatique, voyez quels fruits elle a portés ! Elle a fait du suicide un lieu commun ; elle a transporté sur la scène les menaces de la chaire chrétienne, mais les menaces de l'Évangile moins la consolation d'ici-bas et le pardon de là-haut. Beau sujet d'élégies et de drames vraiment! Aussi, quand la *Paméla* du poëte anglais, poussée par l'abandon et le malheur, s'arrête un instant sur cette idée du suicide, son grand désespoir, c'est de songer que son nom deviendra un sujet de ballades et d'élégies ; *ut declamatio fias!* comme dit Juvénal.

A la leçon suivante, laissant là Shakspeare, et se plaçant dans un ordre d'idées encore plus élevé, le professeur, qui a déjà conseillé, comme un bon palliatif à ces vapeurs de l'amour-propre, les sentiments et les travaux de la vie réelle, indique un remède admirable : la foi et l'espérance. Ce n'est pas l'Hamlet, ce n'est pas Shakspeare, c'est le doute, c'est la vanité, c'est l'oisiveté qui font les suicides. Werther est un enfant du siècle passé ; il est un sceptique, il appartient au *genus ardelionum*, à ces ardélions de la vie intérieure qui agissent beaucoup pour ne rien faire, qui s'usent eux-mêmes en efforts inutiles. Monsieur rêve, monsieur doute, monsieur se construit à lui-même de brillants châteaux dans les Espagnes imaginaires, monsieur ne veut pas gagner sa vie, il rougirait d'être le secrétaire d'un ambassadeur qui ne serait pas M. de Talleyrand ou M. le prince de Metternich ; bien plus, monsieur, devenu amoureux de Charlotte, n'a même pas le temps de s'en faire aimer ; ça lui donnerait trop de soins et trop de peine. C'est si vite fait de se tuer ! Une fois mort, on n'entend plus le vent de bise, on ne voit plus la neige de l'hiver, on n'a plus sous les yeux de pauvres gens couverts de haillons. Mais, malheureux, une fois mort aussi, plus de gazon, plus de fleurs, plus de ruisseaux limpides, plus ton père à aimer, plus la bénédiction de ta mère, plus de malheureux à secourir ! M. Saint-Marc Girardin ne cache pas son peu de sympathie pour ce triste héros, et je suis bien sûr que, ce jour-là, il aura été fort peu applaudi. Avec quelle froideur, en effet, son jeune auditoire l'aura écouté ! Attaquer Werther ! se moquer de l'amant de Charlotte ! Et pourtant, malgré lui, M. Saint-Marc Girardin, quand il en vient à raconter les détails de ce suicide, il se sent ému ; il a pitié de ce jeune homme ; il est fâché de le voir mourir ainsi ; il voudrait lui pouvoir donner un bon conseil, le conseil qu'il faut donner à tous les jeunes gens : Aimez la vie ; aimez-la comme un grand bien, comme une fortune passagère ; aimez-la comme le moyen d'être sage, d'être utile, d'être l'orgueil d'une famille. Aimez-la surtout comme il faut l'aimer, avec ses labeurs, ses fatigues, ses peines sans nombre ; aimez-la en homme courageux, actif, et tout disposé à l'accomplissement des petits devoirs, qui conduit tout droit à l'accomplissement des grands devoirs. « Je voudrais bien aller vous voir, écrivait Fénelon à un ami, mais je n'en ai pas le temps ; il faut que je confère avec le chapitre métropolitain *pour un procès*, que j'écrive des lettres, que *j'examine un compte*. Oh! que la vie serait laide, dans un détail si *épineux*, si la volonté de Dieu n'embellissait toutes les occupations qu'il nous donne. »

Donc, si celui-là qui a été le maître du duc de Bourgogne, si cet enfant adoré d'Homère et de Platon poursuit des procès et examine des *comptes*, il nous semble que, tout grand seigneur que vous êtes, vous ne devez guère être admis à vous plaindre des petits embarras de la vie !

. . . .

SOUVENIRS

PAR M. VILLEMAIN

I

L'âge de seigneurie. — Les mémoires contemporains. — Abus de l'autobiographie. — Réserve à imiter de l'auteur, des *Souvenirs*. — Le comte de Narbonne. — Madame de Staël. — César et Cicéron.

Les Romains, nos maîtres en toutes choses, avaient établi (tant ils étaient de sages dispensateurs de la vie humaine), entre l'âge mûr et la vieillesse, un intervalle auguste, qu'ils appelaient *l'âge de seigneurie*, et, dans ce véritable âge d'or de leurs grands hommes de la paix ou de la guerre, ils plaçaient naturellement le conseil, le souvenir, le résumé, la récompense enfin de ces sages esprits, de ces hardis courages, de ces honnêtes consciences, pleines de grâces, de bienfaits, de justice, de prudence, de charité. Cet *âge de seigneurie* était surtout l'âge de l'histoire honnêtement racontée, et des commentaires définitifs, quand l'homme qui parle à ses contemporains les peut prendre en témoignage de la loyauté et de la justice de sa parole. Ainsi faite, au moment où la vérité seule a des charmes pour les honnêtes gens amoureux de bonne renommée, il arrive que l'histoire, par la force même et la grâce du narrateur, devient une école irrésistible de bonnes mœurs, et le plus facile des chemins qui conduisent à l'imitation des vrais exemples. Pourquoi donc l'avons-nous aboli, cet *âge de seigneurie*, et quelle rage hostile à nous-mêmes nous précipite ainsi, sans un moment de trêve et de répit, de l'âge mûr dans la vieillesse, et de la vieillesse à la mort?

M. Villemain, et voilà notre première louange, a rétabli à son profit cet âge heureux qui n'est plus la vie active, et qui n'est pas le repos. Il est un peu de l'avis du grand Arnauld. « Nous avons l'éternité pour nous reposer! » disait Arnauld à Nicole! Un sage plus humain, un philosophe, répondait dans le même sens à un sien ami qui lui disait : *Reposez-vous!* « J'attendrai l'heure où je n'aurai plus de talent, » répondit l'ami, qui s'appelait Fontenelle. En effet, celui-là seul a le droit du repos définitif qui n'a plus rien dans la tête et plus rien dans le cœur.

Ne croyez pas cependant que M. Villemain, en ses jours *de seigneurie*, et quand il vous parle de ses *souvenirs*, ait jamais songé à mettre en scène les glorieux travaux de sa jeunesse, les luttes éloquentes et les sincères passions de son âge mûr. Il laisse, à qui n'a plus d'autre ressource, la ressource infime de l'autobiographie, et la stérile abondance des Mémoires de M. un tel, écrits par lui-même, si l'on peut dire *écrit*, un papotage où la fièvre et le typhus de l'admiration d'un mortel pour sa personne sont poussés jusqu'à la monomanie! Un homme sage, un homme heureux, un philosophe, un grand écrivain, un maître entouré de tous les respects de ses disciples, un ministre des belles-lettres françaises, dont il était l'exemple et la modération, dont il fut la dernière espérance et le plus sage conseil, si, par hasard, dans un moment d'oisiveté, il était tenté d'écrire *ses mémoires*, reviendrait bien vite à la modestie, à la prudence de toute sa vie. « Et quels *mémoires* (se dirait-il) vais-je raconter, s'ils ne sont pas la représentation fidèle des choses que j'ai vues, des hommes que j'ai connus, des puissances qui ont pesé sur ma tête innocente, des grandeurs qui sont tombées à mes pieds? Qui suis-je en fin de compte, et de quel droit irais-je dire au lecteur le nom de ma nourrice et celui de mon maître d'école? Je laisse à Jupiter la chèvre Amalthée, Aristote au fils de Philippe, madame de Warens à Jean-Jacques

Rousseau. Je ne suis pas un spectacle, et je ne veux pas être un comédien qui joue un rôle; je suis un homme de lettres, un écrivain, un philosophe, une créature enfouie et cachée, et je m'estime assez haut pour n'être pas tenté de dire aux gens comment sont faits l'habit que je porte et le toit qui m'abrite. Ceux qui m'ont voulu voir, quand j'étais à l'œuvre, m'ont vu dans ma chaire, à la Sorbonne, entouré par les plus intelligents esprits de la jeunesse française; ils m'ont vu, ils m'ont entendu, ils ont emporté avec eux le son de ma parole et l'accent de ma voix; qu'irais-je faire, à présent, si je tentais de raconter les grandes journées où je parlais, à ces âmes attentives, de saint Jean Chrysostome et de Montesquieu, de Voltaire et de Bossuet? Ce n'est pas à moi à les rappeler; c'est à mes disciples, c'est à toutes les âmes vaillantes de notre siècle à s'en souvenir! »

Et, véritablement, un homme, quel qu'il soit, a mieux à faire qu'à se raconter à soi-même les faits et gestes de sa vie! Ou cet homme appartient à l'histoire, et alors il est parfaitement assuré que l'histoire ne fera pas défaut à ses œuvres; ou bien l'histoire n'est pas faite pour aller jusqu'à cet homme : aussitôt vous comprenez l'ironie et le mépris public qui s'attachent forcément à la tentative malheureuse de ce pauvre hère qui a tenté de pénétrer, de son autorité privée, au milieu du sanctuaire réservé aux personnages historiques. « Otez d'ici tous ces magots! » disait Louis XIV en parlant de la vulgarité des maîtres hollandais. « Otez d'ici tous ces magots! » dira la grande histoire, si jamais elle daigne s'apercevoir que les faiseurs de Mémoires se sont glissés dans son antichambre! Otez d'ici *la Contemporaine* et *la Mogador!* Otez d'ici les *Mémoires de Constant le valet de chambre* et les *Mémoires de Barnum!* Otez d'ici les contemporains qui se hâtent de comparaître en présence d'un tribunal sur lequel ils sont assis, à côté de leurs familiers, qu'ils ont déguisés sous la robe du magistrat. Otez d'ici les abominables Mémoires des lâches contemporains qui, pour mourir en paix, et pour que leur tombe même soit à l'abri des réclamations de ceux qui leur survivent, mais sans renoncer à la lâcheté des faiseurs de trahisons et des artisans de mensonge, ont laissé après eux le récit de leur vie, avec cette clause impie, que ces pamphlets d'*outre-tombe* ne verraient le jour que cinquante ans après la mort du personnage qui les écrivit ! « J'entends, vous voulez réunir tous les avantages du vice aux honneurs de la vertu ! » C'est le mot d'un philosophe ; en l'arrangeant un peu, on pourrait dire aux écrivains de mémoires posthumes : « J'entends, vous aspirez aux honneurs de la calomnie et aux plaisirs de la modération ! »

Dans les deux merveilleux tomes qu'il a publiés il y a peu de temps, M. Villemain se *souvient* donc, en faveur des honnêtes gens qui lisent encore un bon livre, des plus illustres événements, et des hommes éminents de son siècle, et plus les souvenirs de ces grandeurs viennent à cet esprit d'une qualité si rare et si parfaite, plus on voit que lui-même, il s'oublie et se néglige à plaisir, soit qu'il dédaigne pour son propre compte la représentation et l'effet, soit qu'il ait, au fond de l'âme, cette intime certitude qu'il obtiendra, quelque jour, une place glorieuse dans les annales savantes de la nation des beaux esprits. Donc, vous pouvez ouvrir les *Souvenirs* de M. Villemain, soyez sûr qu'il ne parlera pas de lui.

Dans le tome premier de ses *Souvenirs*, M. Villemain rencontre, au milieu de l'Empire qui commence, et dans ce pêle-mêle ardent d'uniformes, d'épées, de baïonnettes, un grand seigneur de l'ancienne cour, le dernier habitant de ce fameux palais de Versailles qui n'était plus qu'une ruine hantée par des fantômes décapités, M. le comte de Narbonne, et, tout de suite, voilà le jeune homme attiré et fasciné par cette aimable rencontre, qui s'attache à ce digne représentant des grâces et de l'urbanité d'autrefois. Pour le jeune professeur, tout rempli des inspirations du temps de Périclès, de la cour d'Auguste et du siècle de Louis XIV, et pour les soldats et pour les capitaines qui remplissaient le monde français, l'enthousiasme n'obéissait pas aux mêmes conditions, et, pendant que tous les regards, toutes les âmes étaient tournés du côté des grandes plaines où s'agitaient les grandes batailles, le jeune enthousiaste du passé poétique et des majestés abolies se sentait pris d'enthousiasme et de passion pour ce témoin calme et respectueux des gloires, des misères et des orages de ce monde implacable qui avait englouti, dans les cendres et dans le sang, le monde ancien, le monde enchanté de Corneille et de Racine, de Pascal et de Diderot, de madame de Sévigné et de la reine de France Marie-Antoinette! Il y avait loin, certes, de Fontenoy à Marengo, du maréchal de Saxe à Murat, des jardins du Petit-Trianon au plateau d'Austerlitz!

Voilà pour l'intime sentiment de l'auteur des *Souvenirs*, voilà pour l'admiration qui le pousse et pour la passion qui l'anime; au moment où le monde entier se prosterne devant un seul homme, il aime à rester debout, et cela lui plaît de porter la tête haute, au milieu de ces têtes inclinées. — En ce moment, certes, l'univers n'a pas d'autre intérêt et pas d'autre bonheur que d'entendre parler de Sa Majesté l'empereur et roi. « Où est l'empereur à cette heure? en quel lieu son génie et son aigle ont-ils poussé ce maître absolu de la vie et de la mort? » Tel est le murmure immense, et toute pensée est suspendue, et toute idée a fait silence; toute ambition soudain s'arrête en présence du terrible et tout-puissant phénomène. « Où est l'empereur, et que veut l'empereur?... » Seulement, dans le nombre et dans la foule, au bruit de ces armées qui ne se taisent ni la nuit ni le jour, à l'ombre mouvante de ce drapeau qui porte en ses plis nombreux la guerre implacable, un jeune homme à peine échappé aux doctes entretiens de l'antiquité, sa mère nourrice, imagine, ô blasphème! de ne songer, dans ces tumultes, qu'à la gloire exquise et quasi sainte de la poésie et des belles-lettres! Achille, Ajax, Ulysse, Agamemnon, Hector et Pâris, toute la guerre des dix années, et tant de héros qui se sont battus contre les dieux *à la clarté du jour*, notre Athénien les donnerait pour le poëme et pour le poëte qui les a faits immortels.

Tel était, au grand triomphe de César, ce jeune Romain récemment revenu des écoles d'Athènes ; que pensez-vous qu'il va chercher dans cette foule, où les peuples et les rois se pressent à l'envi sous les roues du char triomphal ? Dans cette émeute de l'univers, autour du triomphateur, notre jeune Romain cherche un homme qui ne soit pas un soldat ou un sénateur ; il cherche un des amis de Cicéron : Gallus, Lentulus, Trebatius, Curion, Titius ; et même, à défaut d'un citoyen, il cherche un esclave avec qui il puisse parler du grand homme dont la tête éloquente, attachée à la tribune aux harangues, devait trouver bientôt, à cette place illustre, le seul sépulcre qui ne fût pas indigne de ce martyr des libertés de la parole. Et, pendant qu'à travers ces chemins remplis de la foule romaine, à l'ombre de ces autels où le prêtre immole ses plus belles victimes, dans ces places publiques où l'on dresse deux mille tables, où l'on boit à longs traits le vin de Falerne ; quand défile au loin cette armée amenant avec elle un monde de captifs et de trésors ; quand l'encens fume sous les pas de César, mêlé à la louange universelle, aux acclamations du peuple et du sénat, dans cette voie Appienne ouverte à la domination de la Rome éternelle ; alors que chaque temple est ouvert et que chaque citoyen porte une toge blanche et tient en main le laurier d'Apollon ou le chêne de Jupiter ; quand l'Imperator, à travers cette longue suite d'arcs triomphaux, du champ de Mars au Velabre, et du grand cirque au forum, et sur ce long chemin du Capitole, où il arrive au bruit des fanfares solennelles, et ce tumulte de trophées où l'on voit, captifs, mais attachés par des chaînes d'or, le Rhin, le Rhône et l'Océan ; quand c'est à peine si l'on a trouvé dans Rome assez de chevaux pour transporter jusqu'aux autels de Jupiter les dépouilles des peuples conquis, dans ce pêle-mêle de sacrificateurs empressés, de magistrats dans la pourpre, de vestales voilées, de rois vaincus dont les mains sont chargées de chaînes et dont la tête porte encore la couronne, au bruit enivrant des poésies et des cantiques à la louange de César, et quand c'est un cri unanime, du ciel à l'abîme; « Écoutez ! le voilà ! le voilà ! » le voilà dans son char de pierreries et dans son monceau de fleurs, ce héros, ce demi-dieu, ce divin Jules, traîné dans son trône par quatre chevaux blancs que retiennent des rênes d'or... Le voilà ! c'est bien lui ! je le reconnais aux lauriers de son front, aux palmes de sa main, à sa tunique de pourpre, à son anneau de fer... et même aux chansons ironiques que chante à ses oreilles le soldat chargé de rappeler à César qu'il est un homme, à travers ce cri unanime : *Honneur et victoire à César! gloire à César!* César lui-même, partageant avec le Dieu qu'il implore les vœux et les prières de tous ces mortels; oui, et quand César lui-même, en sa qualité de grand pontife, immole une victime à Jupiter, offrant au Dieu son terrible captif Vercingétorix et sa captive charmante la reine Arsinoé... « Viens, disait le jeune Athénien à l'esclave de Cicéron, abandonnons César à sa fortune, et parlons tout à l'aise de Cicéron, ton maître et le mien ! »

Et l'esclave, étonné et charmé qu'il y eût encore à Rome un jeune homme assez amoureux de la vraie gloire et de la libre éloquence pour songer, au milieu du grand triomphe, à celui que son siècle appelait déjà *l'Orateur*, racontait au jeune disciple des maîtres athéniens les palpitations de ce noble cœur. Il racontait abondamment la vie et les travaux de ce grand homme ; il rappelait ses luttes généreuses, ses combats, ses grands services, Rome par lui sauvée, et comment il avait obéi au conseil d'Apollon lui-même : « Obéis à ton inspiration ! » Ainsi, ces deux obscurs spectateurs oubliaient César et son triomphe. Il disait sa grâce à la tribune, son courage au Sénat, ses douleurs et ses espérances, son inquiétude et ses conseils, sa vie, sa prévoyance. Ah! quelle admirable et divine causerie au milieu de cette poussière à obscurcir le soleil et de ce bruit à étonner Jupiter *porte-foudre*, Cicéron apparaissant dans sa tristesse et dans sa majesté au triomphe de César!

Tel était M. Villemain, jeune homme; en plein triomphe, en plein Empire, il allait du côté de M. de Narbonne et du côté de madame de Staël, qui lui parlaient, celui-là des royautés abolies, celle-ci des luttes prochaines de l'éloquence et des libertés à venir! Avec M. de Narbonne, il assistait à l'agonie intelligente du XVIIIe siècle; avec madame de Staël, il assistait à la prochaine éclosion du nouveau siècle; de tant de poussières, il allait subitement à tant d'espérances. M. de Narbonne lui racontait la *Déclaration des droits de l'homme;* madame de Staël lui faisait pressentir la charte nouvelle; M. de Narbonne était pour cet impatient le jour d'hier; madame de Staël était l'aurore d'un lendemain plein d'espérances; M. de Narbonne assistait à la grandeur en prévoyant l'abîme; madame de Staël admirait le laurier en annonçant le coup de foudre. Enfin, disait Tacite, il n'y a pas de milieu pour ces enfants gâtés de la fortune insolente entre le faîte et le précipice. *Nil medium inter summa et præcipitia!*

Et c'est justement parce que, après ce faîte de prestige et de grandeur, il n'y avait que l'abîme et le précipice, que M. le comte de Narbonne se trouva tout disposé à aimer ce grand capitaine, réservé à des supplices si cruels, que les lamentations de Versailles de 1792 ne se pouvaient même pas comparer aux plaintes et aux douleurs que les hommes prévoyants étendaient au delà des mers, sur ce rocher perdu de l'Océan. De même que l'abîme appelle l'abîme, on a vu, dans les ruines de ce vaste empire, les honnêtes cœurs plus touchés de l'infortune du héros qu'ils n'avaient été éblouis de ses grandeurs passagères; et je ne sais rien de plus touchant que la mort de M. de Narbonne, la veille du jour où il se préparait à accompagner l'empereur au lieu de son premier exil. « Il mourut, dit M. Villemain, mêlant à la plus grande sérénité de courage les plus claires prévoyances d'un avenir qui s'aggravait à chaque moment. Il souriait intrépidement à sa mort prochaine, loin de tout ce qu'il aimait, dans un poste perdu, sans influence possible sur le jeu terrible qui se jouait encore. » Le jour où l'empereur et roi perdit cet homme généreux, il perdit sa plus chère et sa plus utile consolation.

II

Première Restauration. — Le 20 mars. — Le salon de madame Lavoisier. — La force et l'intelligence. — Seconde Restauration. — Fouché. — Talleyrand.

Ainsi, ce tome premier des *Souvenirs* de M. Villemain s'arrête au moment précis où s'achève, à travers la gloire, la destinée entière du héros qu'avait adopté M. de Narbonne; puis, dès que M. de Narbonne est mort, on dirait qu'il n'y a plus rien, dans ce vaste empire et dans ses ruines, qui mérite d'arrêter l'esprit de l'écrivain. Lui aussi, comme fait la France, *il se repose un peu de l'Empire;* il est ébloui de tant de gloire, ébloui jusqu'au vertige ; et, comme en ce moment de halte le monde entier se remet de ces guerres sanglantes et sans fin, il assiste, en spectateur content et charmé, à la naissance des deux tribunes politiques; il écoute, attentif, les premières voix qui répondent à l'appel de la liberté nouvelle; et le voilà qui se met à aimer le général Foy pour son éloquence généreuse, comme il amait tantôt M. de Narbonne pour son bon sens, son courage et son urbanité. A tout homme bien né, quand il est jeune, il faut absolument une de ces passions loyales qui l'aveugle sur l'inconstance et sur la vanité des choses humaines, et qui en fasse, pour ainsi dire, une de ces dupes généreuses si facilement entraînées à la suite de la gloire et du malheur. Eh! que devient l'histoire, si vous la privez de ces honnêtes émotions? Que deviendraient les héros, si vous les abandonniez uniquement aux mains des politiques impitoyables? — Honte à ces serments d'un jour qui ne sont pas une affirmation religieuse (1)!

(1) *Est enim jusjurandum affirmatio religiosa* (Cic. *de Officiis*).

Fi de ces croyances inviolables qui se démentent, et qui tombent aussitôt que le dieu est tombé.

Et cum fortuna statque caditque fides.

Parmi ces dupes rares, qui admirent l'héroïsme en le jugeant, qui vantent la gloire en comprenant à quel point elle est souvent stérile, et qui adorent surtout les dieux tombés, M. de Narbonne était sans nul doute au premier rang ; et maintenant M. Villemain a pris sa place avec l'urbanité du maître, avec la verve, le feu, le génie et l'esprit d'une dupe éloquente, ingénieuse, habile, et qui sait parfaitement à quel point il faut s'arrêter pour que le lecteur ne soit pas une dupe à son tour. Voilà le grand secret et le grand art de M. de Villemain ; il consent parfois à se tromper lui-même...; à aucun prix il ne voudrait tromper personne ; il veut bien, pour son propre compte, aller jusqu'à l'enthousiasme et jusqu'à l'admiration, mais non pas pour le compte d'autrui ; c'est même une chose charmante, pour qui sait lire avec art ce grand artiste, de le voir passer ainsi à chaque instant, à chaque page, et d'un pas leste, de la suprême louange à la petite pointe de l'ironie, et du léger coup d'encensoir au léger coup d'épingle, ajoutant la malice au cantique et le sourire au *Te Deum*. Mais aussi, que son double livre est charmant ! quelle grâce exquise en ce discours empreint de l'abondance du langage français, *ubertatem gallici sermonis*, disait un de ces Pères de l'Église (1), si chers à M. Villemain lui-même ! De quelle noble pitié il contemple tous ces naufrages ! Avec quelle grâce infinie il raconte ces dernières grandeurs ! Il est clair, il est fécond, il est habile, il est vrai, il est pénétrant, il est adroit avec tant de réserve pour le tremblement de terre, et tant de respect pour le Prométhée enchaîné, sans que pourtant, par respect même, il veuille jamais soutenir, comme ont fait tant d'historiens romains, que les lois aimaient mieux être abolies par César que défendues

---

(1) Saint Jérôme.

par Vitellius. Ceux qui parlent ainsi ne connaissent ni Vitellius ni César, non plus que le caractère de la force dont ils parlent. La loi éternelle ne veut pas supposer qu'elle sera moins forte que César, qu'elle sera abolie et qu'elle peut être abolie; au contraire, elle s'honore elle-même par l'intime sentiment de sa propre durée, et quiconque aura l'honneur de la défendre lorsqu'elle est attaquée obtiendra (s'appelât-il Néron ou Vitellius) des respects et des honneurs mérités. Ce qu'elle aime avant tout, la Loi, c'est d'être défendue, honorée et obéie par les grands hommes qui sont nés à son ombre, et qui lui ont voué leur culte, leur génie et leur vertu. Aussi ceux-là, lorsqu'il faut les louer, on les loue avec des louanges sans égales; témoin ce grand Solon, lorsque à sa mort un poëte nous représente cette âme honnête enlevée aux cieux éternels *dans un char rendu léger par l'agréable fardeau de ses lois!* Quelle oraison funèbre plus touchante, et quelle louange plus méritée et qui prouve avec plus d'évidence *que tout ne se fait pas par le destin!*

Non, contrairement aux clameurs de l'école, le destin n'est pas le maître des choses humaines; non, la nécessité n'est pas la maîtresse souveraine : elle a des comptes à régler avec la volonté du héros qu'elle frappe, et qui la peut dominer par son courage, par sa constance, par sa vertu. « J'aime mieux vivre un seul jour de la vie et de la liberté d'un homme que de vivre cent ans de l'inertie et du sommeil d'une pierre! » Ainsi parlait le vieux Dante dans son exil. Ceci est vraiment la parole d'un homme qui saura rester libre en dépit des flots et des abîmes qui l'entourent d'un infranchissable rempart; enfin, quel plus grand spectacle a jamais frappé l'imagination des simples mortels que le Prométhée enchaîné et défiant le courroux de Jupiter?

M. Villemain laisse au vieil Eschyle le drame de Prométhée enchaîné et défiant le courroux de Jupiter. Il n'a pas le courage, il n'a pas la force d'assister à cette plainte immense, qui tantôt va retentir, à travers l'Océan, aux deux extrémités de l'univers. Esprit juste et fin et grand observateur des convenances, *homo limatissimi judicii*, il s'attache à comprendre, à deviner les causes de cette grande ruine, et, comme il ne peut pas la contempler en silence, il la raconte aux amis de sa grâce et de son bon sens; et puis tant de pitié, tant de respects, auxquels se mêle, avec une modération parfaite, le regret de ces libertés entrevues un instant, et qui, bien employées, pouvaient tout sauver, même l'Empire et l'empereur! Comme à chaque page, à chaque parole de son livre, on retrouve en ce grand écrivain, qui est le maître et l'exemple de tous les écrivains de notre âge, avec toute la science et la force de la pensée, l'abondance et l'ornement du beau langage; et quelle grâce infinie! Il sait tout dire et même la vérité; que sa tristesse est éloquente, et comme il sait éviter l'emphase et la déclamation, les deux écueils de ces histoires où tout se mêle et se confond, où tout se précipite, où tout s'achève, où tout se meurt, où tout est mort! Ainsi, quand la terre et le ciel semblent chanceler sous l'ivresse et l'étonnement de ces grandes catastrophes, quand les hommes tremblent, quand les dieux ont peur, c'est une consolation inattendue, en ces désordres, de rencontrer un enfant des Muses, le disciple d'Homère et de Tacite, qui, d'une main clémente et ferme à la fois, avec un bon sens que rien ne trouble, et d'un cœur plein de charité, vous mène à travers les sentiers, les épines, les fossés, les trahisons et les douleurs dont était semée la route qui a conduit l'empereur, des plaines de Waterloo, sur le navire qui l'emporte et va le briser contre un écueil.

C'est à peine si notre historien avait dix-huit ans au premier jour des Cent-Jours, mais telle est la toute-puissance des grands événements, que, soudain, à cette seule date : *le 20 mars*, les moindres détails reparaissent de cette journée illustre et terrible! Oui, la soirée était belle et le ciel était limpide; rien ne disait, dans ce Paris qui appartenait depuis à peine une année au roi de France et à la Charte, que le météore allait surgir de la Méditerranée éclatante! Ici-bas et là-haut tout semblait apaisé, calme, obéissant ; pas une étoile qui fût couverte d'un nuage, et pas une voile qui n'obéît à un vent favorable ! Et pourtant, à cette heure même, dans une élégante maison du faubourg Saint-Honoré, chez la veuve même de ce grand Lavoisier qui, réclamé par l'échafaud, demandait en vain une heure à ses bourreaux pour achever le dernier problème qu'il s'était imposé ; dans les bruits, dans les silences, dans les causeries et dans les chansons d'une intelligente société, qui savait, pressentait et devinait tant de choses, à minuit, l'heure des fantômes, la nouvelle arrivait que l'empereur et roi avait brisé son exil, qu'il avait retrouvé son armée, et qu'il venait pour reprendre son sceptre et sa couronne. De ce lieu même, on entendait le bruit de ses pas et les vivats de la foule, on voyait l'éclat de son épée et les couleurs de son drapeau ! « C'est lui ! c'est lui-même ! il arrive ! il est arrivé ! » Croyez-en madame de Staël et son génie ; elle le voit... comme Hamlet a vu le roi son père, *avec l'œil de son esprit ;* elle le voit, d'une façon si nette et d'un regard si clair, qu'elle-même elle en est fascinée et qu'elle va s'écrier : « Sire ! » Et c'est pourquoi madame de Staël, par cette nuit rayonnante d'étoiles, s'éloigne encore une fois de ce Paris, son domaine, et de ce ruisseau de la rue du Bac, son Océan. L'empereur ! l'empereur ! chaque instant apportait l'empereur, et tout ce monde, qui s'était déjà réuni autour des libertés nouvelles, Chateaubriand, Hyde de Neuville, Lainé, Royer-Collard, la Fayette, Lanjuinais, Fontanes, Daru, Boissy d'Anglas, les deux Bertin, les maîtres nouveaux de cette société qui s'était affranchie de l'épée du capitaine, mais non pas de sa gloire, tournés du côté de l'orient, attendaient ce ressuscité des tempêtes, ce vaincu de l'Autriche, de l'Angleterre, de la Russie, de la Suède, du Danemark, de la Sicile, de la Sardaigne, du pape, du Hanovre, des Pays-Bas, du Wurtemberg, de la Suisse, de la Toscane, de Hesse-Cassel, des duchés, des villes libres de Francfort, de Hambourg, de Lubeck, de Brême, et de la république de Saint-Marin... D'un geste de son épée, il avait dissipé toutes ces ombres : *Ferro diverberat umbras !*

Telle fut la vision, et telle fut la promenade de M. Villemain, jeune homme, à travers ce Paris désert, par cette nuit froide et claire du 20 mars! Il songeait qu'en effet, il n'y a de possible ici-bas que ce qui est vrai à cette heure, ou ce qui sera vrai quelque jour, et, comme il était déjà un homme sage et prévoyant, il se dit tout de suite à lui-même qu'il ne laisserait point passer sous ses yeux éblouis une si grande histoire sans la bien étudier tout à son aise, dans son ensemble et dans ses détails, afin de la raconter lui-même, à son tour, quand un demi-siècle aurait passé, en les confirmant, sur le drame et sur le poëme de ces terribles jours. C'est donc un témoin de ces rares aventures de la Providence et du destin qui nous parle aujourd'hui, et, comme ce témoin jusqu'ici n'a trompé personne, au contraire, comme il s'est montré fidèle aux croyances de sa vie entière, et comme il est resté l'espérance et l'honneur des belles-lettres de ce temps-ci, en ces jours sombres où la poésie est envahie, où l'histoire est morte, où l'éloquence est traitée... à peu près comme Platon traitait les poëtes dans sa république, écoutons cet homme-là, suivons-le d'un pas docile, et, cette fois encore, instruisons-nous à ses enseignements.

Écoutons-le, il nous dira comment la gloire elle-même, poussée à l'excès, n'a guère moins de dangers que la liberté excessive; comment et pourquoi les peuples intelligents sont aussi fiers et plus heureux d'une toute petite liberté pacifiquement conquise, que d'une énorme victoire gagnée en bataille rangée! Il nous dira par quelles brèches, que ne font pas les conquérants, l'esprit politique finit par envahir les villes les mieux armées de fossés, de canons et de remparts; comment, en fait de libre parole, il n'y a pas de petit germe, et qu'un bon conseil a souvent dominé même la fortune. Il nous dira, et en même temps il nous prouvera par d'heureux exemples, comment la belle et heureuse place en toute révolution, c'est la place obscure et cachée; on voit beaucoup, on est peu vu de cette place, on suit les batailles, et cependant les combattants ne se doutent pas qu'ils sont observés, depuis le signal du combat jusqu'au moment de la retraite; enfin, nous saurons, grâce à ce sage et habile maître des élégances et de l'art du bien dire, que l'intérêt, la passion, la sympathie et la vérité de l'histoire se trouvent moins souvent dans le choc des armes, dans les grands bruits du tonnerre et du canon, que dans le murmure d'un simple cabinet, où se parlent, à voix basse, deux ou trois intelligences dont la foule sait le nom à peine! Dans cette histoire des Cent-Jours par M. Villemain, cherchez bien, vous ne trouverez pas cette bataille de Waterloo avec laquelle on a écrit des volumes... Cherchez bien, vous y trouverez en quelques traits, et mis en un vif relief, cet abominable Fouché, non loin du fameux prince de Talleyrand!

Et ça nous plaît beaucoup, à nous autres, les lettrés, de voir, dans ce livre ingénieux et d'une exquise prévoyance, le peu de place accordée à la force, et tant d'attention donnée à l'intelligence! Un seul mot suffit à ce merveilleux écrivain pour nous raconter la grande bataille...; il lui faut plusieurs chapitres pour expliquer le champ de Mai, l'assemblée des représentants, l'ouverture des Chambres, M. de la Fayette, Manuel, et ces hommes de tous les temps, qui sont nés déshonorés, et qui faisaient dire à cet ancien : « Mes concitoyens m'ont dégoûté des honneurs, quand j'ai vu ceux à qui ils les prodiguaient ! » M. Villemain, dans ces lâchetés, dans ces trahisons et dans ces hontes, en veut surtout à ce fameux duc d'Otrante, à ce terroriste gentilhomme, qui fut un mauvais maître, un pire esclave, « expert dans les artifices qui façonnent les lèvres que l'on voit murmurer aux oreilles des rois malheureux ! » C'est un mot de Shakspeare; lui-même, Corneille, il a flétri, d'un vers sanglant, ces ingrats qui brisent l'arbre sous lequel ils se sont mis à l'abri :

> Ces âmes du commun font tout pour de l'argent,
> Et, sans prendre intérêt aux douleurs de personne,
> Leur service et leur foi sont à qui plus leur donne !

De ce honteux et misérable Fouché, M. Villemain a fait le jouet de son livre; il découvre, presque en riant, les lâches subterfuges de ce parjure (*perjurii latebras*) ; il lui prodigue en passant le sel âcre de son ironie et les grâces piquantes de son discours : « Dans ce récit détaillé, Fouché ne supprimait qu'un fait important, son entrée dans le conseil du roi, et sa nomination immédiate au ministère de la police générale! — Oui, par ordonnance royale, le conventionnel Fouché, le votant de la mort de Louis XVI, le proconsul de la Loire et du Rhône, était ministre de la seconde Restauration, de celle qui se renommait surtout du principe de la légitimité! Les fauteurs d'un tel choix, les parrains et les témoins de ce baptême étaient le prince de Talleyrand et le duc de Wellington ; ajoutons aussi, pour être vrai, le comte d'Artois, et les plus zélés de son parti, bien des royalistes d'émigration et de cour, et beaucoup de ces hommes doux et paisibles qui, dans le retour de l'ancienne monarchie, saluaient surtout un gage de paix et de repos! »

Plus loin, M. Villemain ajoute — et, dans ces sortes de reprises, il est d'un goût inimitable : « Cette assistance de M. de Talleyrand étonne et choque beaucoup ; on ne reconnaît point là, même à part la morale, le coup d'œil de cet homme d'État. Redescendre ainsi vers Fouché, l'introduire dans le conseil royal était, pour M. de Talleyrand, une grande méprise, et, cette fois, un *défaut* d'habileté par défaut de scrupule. Et cédât-il à la pensée de couvrir, devant les ingratitudes de cour, son propre nom et le souvenir de son propre passé par un nom bien plus compromis et un passé bien autrement vulnérable, il n'importe, son avis en cela fut aussi fâcheux pour lui-même que pour Louis XVIII ; dans sa disposition à conseiller, par calcul, ce qu'il aurait dû repousser par honneur, il portait la peine des rôles trop divers auxquels il s'était plié avec trop d'indifférence. »

On croirait lire une page de Tacite, et cette page-là, véritablement, on la retrouverait dans les *Annales*. Car cet homme est nourri de la moelle de ce lion, et cette louange peut surtout s'appliquer à M. Villemain, qu'il mêle dans son style, avec une habileté infinie, une négligence attique, et que l'on ne sait pas, même en le cherchant avec le zèle d'un écrivain de profession, où commence le souvenir, où finit l'imitation dans ces pages merveilleuses, semblables à une corbeille pleine de fruits et de fleurs.

III

Caractère et moralité du livre de M. Villemain. — Son style. — Etat présent de la langue française. — Invasion des barbares. — Conclusion.

Est-ce un drame, est-ce une élégie, est-ce un poëme, cette histoire des Cent-Jours par M. Villemain? C'est un peu de tout cela! La plainte est vive, l'action se hâte, la conclusion se fait attendre; cela peut fort bien commencer par ce vers d'Homère, où il est dit : « Je n'ai jamais vu de troupes si belles et si bien réglées! » Cela s'achève par le dernier vers de *l'Iliade :* « C'est ainsi que les Troyens terminèrent les funérailles du vaillant Hector! » Terrible histoire, et qui produit un effet d'autant plus grand sur l'âme et sur l'esprit du lecteur, qu'elle est racontée avec plus de simplicité, moins d'emphase, et de l'éloquence à peine! La parole est sobre, le conseil est rare, chaque argument arrive à sa place, à son heure, et tant pis pour qui s'emporte contre ces arguments irrésistibles! Nous avons affaire à un homme généreux, mais plein de courage, aussi loin de la flatterie que de la cruauté, et tout rempli de cette doctrine que l'histoire et la poésie, à égale distance, se tiennent séparées l'une de l'autre. Alexandre lui-même, au dire de Lucien, jeta aux flots de l'Hydaspe sa propre histoire, écrite par Aristobule, qui lui attribuait des miracles qu'il n'avait pas faits. « Et rends grâce à ma clémence, disait Alexandre, si je ne te fais pas partager le sort de tes livres! »

La justice et le bon sens, que soutient un beau langage, tels sont les premiers mérites de l'histoire ; ajoutez une âme libre, et une parfaite connaissance des choses que l'historien raconte. « Il est même nécessaire, ajoute Lucien, que l'historien ait mis parfois la main aux choses humaines, qu'il en ait vu les ressorts cachés, qu'il ait touché au gouvernement, et qu'il ait gagné des batailles ! » M. Villemain, Dieu soit loué ! n'a pas gagné de batailles ; mais il a touché au gouvernement constitutionnel, il a appartenu à un cabinet libéral, il a vu, et de très-près, la vanité de ces grandeurs écrasées sous leur propre majesté, et il a compris qu'il n'y a pas de renommée et de gloire, ici-bas, qui vaillent la peine et la honte d'un mensonge. Ainsi, il a pris pour sa devise : Liberté et Vérité, ajoutons : et Clarté ; car, s'il aspire à la louange sincère des amis de la belle langue, il s'attache surtout à satisfaire la curiosité et l'intérêt des lecteurs de chaque jour.

Personne, enfin, mieux que cet homme-là, n'est habile à bien voir, à bien entendre, à mettre en œuvre l'or, l'ivoire et le fer que lui fournissent les Athéniens pour l'accomplissement de sa statue ; il sait avec un grand bonheur lier entre eux cette suite un peu brusque d'événements que chaque heure apporte avec elle aux époques troublées, comme autant de flots de la noire tempête ; il ne hait pas la description, il en a peur ; l'amplification, il la domine, et tant pis pour les choses qui ne l'attirent pas d'une force invincible ; il reconnaît, à ces signes, que ce sont de petites choses, il les dédaigne et il poursuit son chemin. Savez-vous aussi un juge plus équitable, plus sincère et plus amoureux de la preuve et de la mesure en ses moindres jugements, aussi loin de la haine que de l'amour sans bornes, du dénigrement que de l'enthousiasme ? Enfin, avant de se prononcer pour la Providence contre la fortune, pour la liberté contre le génie, vous savez avec quelle sérénité il a porté ses regards vifs, rapides et calmes, « tantôt sur les Thraces, tantôt sur les Mysiens, » jusqu'à l'heure fatale où le grand capitaine abandonné à sa ruine, et plus grand peut-être, à force de patience et de douleur dans cet abîme, qu'au sommet de ses prospérités et de ses fables, voit peu à peu se rétrécir, sur la terre et sur les eaux, ces filets misérables où l'attendent les Myrmidons et les Dolopes?

En ce moment solennel, le juste écrivain s'est gardé avec le même soin de l'élégie et du dithyrambe. A quoi bon la plainte? Elle affaiblirait cette immense douleur. A quoi bon le fanatisme? Il n'y a qu'un historien, en ce moment, qui puisse expliquer aux nations attentives la chute du nouveau Prométhée, et cet historien, génie au niveau de sa propre infortune : *homo fortiter miser*, c'est l'empereur lui-même, du fond de son exil. « A part tout ce qu'on peut rassembler (c'est M. Villemain qui parle) et décrire des incidents de son élévation et de son règne, le travail de sa captivité, cette histoire dictée près de son tombeau et laissée incomplète par sa mort, ne laissera pas d'être lue comme un des monuments du génie français; les bas-reliefs qu'il a gravés lui-même de la campagne d'Italie, de l'expédition d'Égypte, de la prise du pouvoir au 18 brumaire, de la journée de Marengo, et d'une partie des guerres d'Allemagne, expliqueront à jamais, et directement, par l'empreinte de l'historien, la domination du héros, et le long éblouissement des hommes ! »

A ces paroles, il nous semble entendre un écho lointain de Bossuet! « La première chose, disait Racine (un de ces historiens qui n'ont pas gagné de batailles, mais qui ont vu et connu ceux qui les ont gagnées), c'est de bien considérer là où il commence, et là où il finit. » Ne dirait-on pas que M. Villemain s'est inspiré de l'élégance et de l'admirable bon sens de Racine historien? Autant que Racine, il est peut-être un grand artiste dans l'art de donner à la prose française la vie et le mouvement des saines paroles; autant que lui peut-être, il réalise cet idéal du poëte historien à qui la poésie elle-même a donné plus qu'au reste des humains, tous les droits du monde à notre sympathie, à nos respects. Il a si peu d'ambition, le poëte, il est si naturellement à l'abri de toute passion vulgaire, il voit de si haut les actions humaines, il est si disposé à l'exercice assidu des vertus civiles, que l'histoire est heureuse et fière de se voir confiée à ces mains innocentes, à ce profond regard qui contemple avec ce douloureux respect, mêlé de retenue et de gravité, les suprêmes splendeurs du soleil à son déclin. A cette heure dernière d'un pareil siècle et d'un tel héros (M. Villemain l'a bien compris), toute plainte est inutile, toute parole est importune, l'éloquence est odieuse, le moindre bruit vous gêne; c'est tout au plus si l'histoire a le droit de rapporter quelque honnête mouvement dans cette foule hébétée à force de bruit, de tumulte et de changements. « Non, disait un pauvre soldat à Marc-Antoine, par supplices ou par bienfaits, je ne cesserai pas d'être le soldat de César. » Auguste, de son côté, comme on vint lui dire qu'un soldat d'Antoine se rendait à lui, mais qu'il avait laissé son cheval dans le camp ennemi : « Il a fait, répondit Auguste, à son cheval, un honneur qu'il devait garder pour lui ! » Passagères lueurs qui traversent, de temps à autre, le nuage de ces règnes infortunés.

Ces deux tomes de M. Villemain resteront une des pages de notre langue, malheureuse langue insultée à plaisir par les sacristains et par les cuistres, et qui va se dégradant, chaque jour, dans les poëmes de l'algèbre et dans les cantiques de l'industrie. Elle mourra, qui en doute? elle se meurt en dépit des luttes suprêmes et des derniers efforts de trois ou quatre écrivains qui ne l'arracheront pas, malgré leurs chefs-d'œuvre, à l'envahissement des mathématiciens, des philanthropes, des économistes et autres barbares. Elle se meurt, elle est morte! *Zanetto, lascia le donne, e studia la matematica*, disait cette aimable fille de l'Italie à J.-J. Rousseau lui-même, à l'homme qu'attendaient l'*Émile*, l'*Héloïse* et le *Contrat social*... Mais à nous autres qui avons oublié l'art des maîtres, le *studia la matematica* est devenu un mot d'ordre irrésistible ! Allons, çà ! la craie et la planche noire, et traçons des xx dans le vide; il n'y a plus d'autre science à notre usage; *étudions la mathématique*, et laissons la poésie, elle n'est pas faite pour des savants tels que nous.

Certes, lorsqu'il présidait aux enseignements et aux destinées de cette noble part de la jeunesse française que se réservent, chaque année, les belles-lettres, les beaux-arts et les professions libérales, afin de perpétuer la tradition qui unit l'une à l'autre les générations éclairées de François Ier à Louis XIV, de Bossuet à Voltaire et de Voltaire à Victor Hugo, M. Villemain, avec ce bon sens *qui est le maître de la vie humaine*, au dire de Bossuet, n'a pas négligé un seul instant de rappeler à la jeunesse française, et de le lui rappeler par son exemple, par ses leçons, par ses conseils, la fidélité que les bons et sages esprits doivent aux Muses, nos mères nourrices, et qu'il n'y a pas d'excuse, à celui qui les abandonne, une fois qu'il a goûté de leurs divines faveurs. « Hirtius et Dolabella, mes disciples, dont je suis devenu l'émule, » disait Cicéron avec un juste orgueil.

Ainsi, grâce au maître et grâce à ses disciples, l'univers peut cheminer sans l'appareil et sans les miracles du feu, du fer, de l'électricité, du temps vaincu, de la distance franchie en un clin d'œil; ce grand ministre de l'instruction publique ne reconnaît que les miracles de la triple antiquité : l'*Iliade*, l'*Énéide*, *Polyeucte;* il s'incline aux seuls noms des poëtes, des philosophes, des historiens, des orateurs, des grands rhéteurs! Sa voix, son geste, son regard, son sourire, sa passion et les trésors infinis de cette mémoire abondante et féconde comme l'eau des claires fontaines qui murmurent autour des ruines de l'ancienne Rome, tout en lui raconte et racontait des merveilles supérieures aux étonnements modernes, des miracles que l'éternité consacre, des chefs-d'œuvre auxquels le génie et le hasard ne peuvent rien ajouter, ne peuvent rien retrancher; des œuvres si parfaites et si complètes, qu'on ne sait pas si ce sont vraiment des hommes à notre image qui les ont accomplies. Dans le monde entier, vous chercheriez un maître plus rempli de ces leçons, un disciple plus rempli de ces maîtres, un enthousiaste de l'antiquité plus imprégné des suaves parfums du vieux Parnasse, un plus intrépide commentateur des plus grands esprits dont il est devenu le camarade et dont il a fait tantôt ses compagnons, tantôt ses complices, vous ne sauriez trouver rien qui approche de cette verve, de cet éclat, de cette abondance, de cette inspiration, de ces souvenirs. C'était, autour de ce ministre, un feu de tous les instants qui brillait et petillait en l'honneur des Muses, des Grâces, d'Apollon, de Cicéron, de Démosthènes, de Mirabeau, du général Foy, de quiconque ici-bas, par la toute-puissance de la parole écrite ou parlée, a tenu le monde attentif.

Ainsi il a exercé, à toute heure, enfant, jeune homme, homme fait, et dans l'*âge de seigneurie*, à l'Académie, à la Sorbonne, à la tribune, au pouvoir, dans le rang des victorieux et dans la foule des vaincus, par le sarcasme et par la louange, par l'ironie et par l'admiration, par toute la puissance ingénieuse d'un vaste esprit qui ne s'est jamais reposé, cette passion des belles choses qu'un philosophe appelait si bien « la science et érudition qui est la vraie substance de la félicité, la cause efficiente de prudence, utile à une maison, à une ville, à une nation, à tout le genre humain ! »

— Aimez les lettres, nous disait-il, aimez-les pour elles-mêmes, sans souci de l'avantage et de la gloire ! aimez-les d'un zèle infatigable et d'une passion généreuse, et, par votre zèle et par vos respects, honorez la langue que parlaient vos pères, défendez la langue que parleront vos enfants.

« Telle est ma façon de penser, disait Socrate : si je vois un jeune homme s'adonner à la philosophie (qui est l'ensemble et le résumé de tout ce que l'honnête homme doit savoir), j'en suis charmé, cela me semble à sa place, et je juge que ce jeune homme a de la noblesse dans les sentiments. Au contraire, s'il obéit aux ambitions vulgaires, je me dis en moi-même : Voilà une âme incapable d'aucune action belle et généreuse ! »

Oh ! les nobles paroles pleines d'encouragement, de consolation, d'espérance, et qu'il faudrait écrire en lettres d'or !

PORTRAITS

ET

CARACTÈRES CONTEMPORAINS

HISTOIRE

D'UNE FAMILLE BOURGEOISE

L'auteur de l'*Histoire des Français des divers états*, M. Amans-Alexis Monteil, est mort l'an passé (1850) dans une humble maison d'un petit village de la forêt de Fontainebleau nommé Cély; il est mort à la façon d'un philosophe et d'un sage, sans une plainte, sans un regret. Dans les fragments qu'il a laissés après lui, débris précieux d'une pensée infatigable et que rien n'a pu lasser, nous avons retrouvé plusieurs chapitres d'une autobiographie abandonnée et reprise, et enfin brusquement interrompue. Il est fâcheux que ces mémoires, d'un ton si calme et d'une résignation si charmante, n'aient pas été achevés : ils seraient aujourd'hui un des meilleurs titres de M. Monteil.

Comme j'étais un peu le confident de M. Monteil et le dépositaire des projets de son arrière-saison, je me suis fait un devoir de recueillir ces derniers témoignages de cette vie, unique peut-être dans le monde turbulent, hâbleur et peu véridique des belles-lettres françaises. Il était si complétement un bonhomme malin, spirituel et sincère ; il avait si peu vécu avec ses semblables et ses pareils ; il avait prolongé par tant de pénibles travaux, à travers tant de poussières que jetaient sous ses pas les siècles écoulés, une jeunesse inaltérable ; il avait si bien mis à profit la pauvreté, le chagrin, l'isolement, la solitude et la vieillesse enfin, quand elle vint tout d'un coup le surprendre au terme de ses travaux et de ses jours, qu'il était impossible, en dépit de mille difficultés de tous genres, de résister au désir de mettre en œuvre ces derniers efforts *d'une ardeur qui s'éteint*. J'ai donc tenté d'écrire, à la suite de cet aimable et paternel vieillard, les petits événements bourgeois qui ont signalé d'une façon si obscure sa propre vie et celle de ses proches auxquels il a survécu. De cette famille nombreuse, il était resté seul ; il avait perdu même sa femme, morte en pleine jeunesse ; il avait perdu même son fils unique, son compagnon, sa fortune, sa providence ! Ainsi, les pages du livre destiné à raconter humblement, chose rare aujourd'hui, ces existences oubliées, ces pages remplies des plus sévères, des plus cachées et des plus charmantes tendresses, elles sont écrites, juste ciel ! sur la pierre silencieuse de quelques sépulcres sans nom.

Pour peu que vous ayez lu les livres de M. Monteil, vous savez déjà à quel point il aimait l'ordre et la règle en toutes choses ; il lui fallait, à chaque pas, une trace ; à chaque mot, une preuve. Eh bien, il a fait pour lui-même et pour les siens ce qu'il avait fait pour les Français des divers états ; il a été vrai, sincère, complet, et, afin que la méthode et la logique fussent, cette fois encore, ses compagnes fidèles, il a écrit un chapitre à part pour son père, un chapitre à part pour sa mère ; en un mot, autant de chapitres que sa famille en pouvait contenir. Ajoutez que ces notes sans jactance sont écrites en marge d'un livre imprimé à Paris (1599), sous ce titre : *Inventaire de l'histoire journalière ;* de sorte que la famille Monteil est traitée à peu près comme si elle était tout le genre humain. « Veux-tu savoir les mœurs d'une nation, étudie avec soin une seule famille. » *Sufficit una domus !* Ainsi parle Juvénal. Vous verrez, en effet, à quel point ces très-simples, très-médiocres et très-vulgaires événements vous rappelleront (pour peu que vous soyez fils de bourgeois) les grands événements de votre maison paternelle : *domestica facta.* Qui de nous, à certains bruits, à certains accents, à ces sentences, à ces voix, à ces paysages, à ces cris, à ces larmes, à ces douces joies, à l'aspect de ces vieux meubles, sous ces vieux toits, ne s'est pas rappelé tout à coup les commencements, les premières années, les vastes pensées dans ce petit horizon, les grandes espérances dans un humble enclos ? Histoire cent fois racontée, cent fois nouvelle, et mille fois charmante ! Il y a beaucoup de ce charme des souvenirs vrais et des émotions honnêtes dans les mémoires posthumes de M. Monteil.

I

La maison du père. — Les contes du foyer. — La messe du dimanche. — Les priviléges et immunités d'un conseiller du roi. — M. Comboulas. — La fin du bon vieux temps.

Pour commencer, le voilà qui nous présente son père, M. Jean Monteil, et nous le voyons tout d'abord tel qu'il était, un peu homme d'épée, homme de loi un peu, mi-parti avocat et mi-parti agriculteur ; il aimait les habits parants ; il portait, les jours de fête, une veste écarlate à galons d'or ; il cherchait le bruit, l'apparat, l'être et le paraître, aurait dit le baron de Fæneste. En cette bonne ville de Rhodez, dans ce pays moitié Auvergne et moitié Rouergue qui fut le berceau de sa famille, M. Jean Monteil habitait une maison de bonne bourgeoisie ; on obéissait, en ce lieu choisi, aux commandements de Dieu et aux commandements de son Église ; on y disait la prière en commun, chaque matin et chaque soir ; le travail, l'économie et l'ordre présidaient aux destinées de l'humble famille. A peu de chagrins suffisent de modestes plaisirs ; le jeu même avait quelque chose de sérieux, et les nouvelles du monde extérieur, on les savait quelquefois, par les révélations tardives d'une gazette, à six semaines de date.

« La vie est courte, disait Fénelon ; les heures sont longues. » Ces longues heures étaient bien employées, et, si, parfois, aux jours de fête, il y avait dans la journée un moment de trop, le père de famille tenait toujours en réserve un conte à rire ; par exemple, le conte du *Braconnier*. « Il chassait ; son seigneur le rencontre. Le braconnier le met en joue... Et, le lendemain, comme le seigneur se plaignait d'avoir été arrêté par ce garnement : « Vrai » Dieu ! » dit l'autre, « c'est bien vous qui vous êtes arrêté, » monseigneur ! » — Autre exemple. « Un cordelier se donnait la discipline, et d'une main peu diligente. Le frère gardien, qui avait l'œil à tout, détache au bon frère un grand coup de sa discipline à cinq branches. « Par saint François ! » s'écria le moine, « voilà un coup qui n'est pas de mon cru !... » C'étaient là les bons contes de la famille Monteil. Ils n'en avaient pas d'autres ; ils se contentaient de ceux-là ; — plus, un jeu de l'oie en hiver, un jeu de boules en été. Les grands passe-temps inconnus étaient remplacés par une gaieté inaltérable ; ce qui est bien quelque chose, quand on songe aux tourments de la mauvaise humeur. « Ah ! disait madame de Sévigné à son ami M. d'Orves, que vous êtes gai ! que vous êtes gaillard ! que vous vous portez bien dans ce Boulay ! que vous êtes content d'y être, et que vous adoucirez bien là votre sang ! Vous y faites passer bien plus de lait qu'il n'y a d'eau dans nos fleuves ! » Heureuse vie en fin de compte, occupée à des riens qui représentent volontiers de grosses affaires ! heureux état de ces âmes pacifiques et toutes remplies de la sécurité d'une société régulière, sous une loi facile, dans une patrie honorée ! Il y avait une chanson dont le refrain plaisait beaucoup aux bonnes gens de Rhodez :

> Bergères,
> Toujours légères,
> Toujours bon temps !

Que les temps sont changés ! « Nous avons du feu, pas de lait. » C'est encore un mot de madame de Sévigné.

Il y a beaucoup de ce calme et de cet abandon des âmes correctes dans le récit du naïf historien se racontant sa propre enfance. Il se rappelle encore les moindres détails de l'existence de chaque jour ; il assiste à la messe le dimanche ; il se voit lui-même marchant à la suite de son père, qui va, le premier, suivi de ses garçons, pendant que la mère arrive ensuite, ornée de ses trois filles. A l'église, chacun avait sa place réservée. Au milieu de leurs écoliers agenouillés, se tenaient les frères de la doctrine chrétienne ; à l'autre extrémité de l'église, et sur des bancs à dossier, sous les fleurs de lis, la fleur du printemps et de la royauté de la France, se tenaient gravement MM. les conseillers au présidial, MM. les officiers des eaux et forêts, MM. les officiers municipaux en longues robes rouges bordées de noir. Entre ce banc vraiment royal et ces frères des écoles, sur les dalles, se tenait le populaire. Si, d'aventure, un des petits Monteil avait oublié ses heures, le père, qui était assis sur les hauts siéges, passait son livre à l'enfant oublieux, et le livre, recouvert d'un chamois violet, arrivait, de main en main, à son adresse.

Nous n'avons pas encore dit au juste la profession de messire Jean Monteil. C'est une des lois de tout écrivain qui veut tenir en éveil son lecteur, de garder toujours quelque chose en réserve. Il était, le croirez-vous, races futures? *conseiller du roi* en sa qualité de commissaire aux saisies réelles, c'est-à-dire qu'il était chargé de l'administration des biens que retenait dame Justice. Or, cette charge importante ne valait guère moins de quarante mille livres, six fois le prix d'une charge de conseiller au présidial. Eh bien (toute grandeur a ses peines), ce *conseiller du roi* se vit forcé d'intenter un procès à MM. les conseillers au présidial, qui l'empêchaient de s'asseoir sur le banc réservé aux magistrats de la cité. L'affaire, portée au parlement de la province, ne dura guère que six ans; tous les grands avocats du Rouergue y prirent la parole, et, finalement, Jean Monteil et le bon droit l'emportèrent haut la main. Voilà par quelle suite de dits et de contredits il était parvenu à endosser la robe rouge et noire. Aux processions, il se contentait d'un habit écarlate, et son privilége lui ouvrait les rangs des frères jacobins, à la droite même du frère porte-croix. Autre privilége de M. le conseiller du roi : il avait une stalle haute chez nos pères les chartreux ; on l'encensait, lui et monsieur son fils, et pas un chartreux n'eût osé se permettre la distraction de ce prêtre de Cybèle dont parle Diogène Laërce en ses livres. « Ce prêtre était si distrait, qu'il mettait souvent l'encens à côté de l'encensoir. » Je connais plus d'un critique aussi distrait que ce maladroit encenseur.

Outre ces honneurs rares et signalés, qui suffisaient, et au delà, à ses modestes ambitions, M. Jean Monteil avait conquis, avait usurpé un certain veto qui devait gêner quelque peu le système des armées permanentes. Il faut entendre raconter à M. Monteil lui-même la série et l'histoire de ces priviléges.

« Mon père, dit-il, qui était l'ami de tant de gens, n'avait garde de négliger l'amitié du prévôt chargé du tirage de la milice. Ce n'était certes pas pour faire exempter messieurs ses fils, qu'il exemptait en effet à plusieurs titres : 1º comme officier royal; 2º comme avocat; 3º il les exemptait aussi en sa qualité de seigneur de fief. En revanche, il avait besoin d'aide et d'appui pour faire exempter les domestiques de ses fermes, et, tous les deux ou trois ans, il fallait qu'il s'ingéniât pour sauver de la milice une couple ou deux de beaux garçons robustes et fleuris, que Dieu semblait avoir créés et mis au monde tout exprès pour le service du roi. Or, voici comment s'y prenait mon père en ces occasions difficiles : « M. Comboulas, » disait-il au prévôt, qui assistait avec ses archers au tirage de la milice, « d'après les ordonnances, vous » devez me passer un domestique. — J'en conviens, » disait M. Comboulas. Aussitôt paraissait un villageois qui était bien le domestique de mon père, mais qui était aussi, et en même temps, garde-pré, garde-chasse, jardinier et laboureur. Il était vêtu, pour la circonstance, d'un petit habit de serge verte, orné d'un pardon de laine en guise de livrée. « Celui-là est exempt, » disait le prévôt. « M. Comboulas, » reprenait mon père, « ma ferme est de neuf » charrues ; vous devez me passer un maître valet ! — Va pour le » maître valet, » disait le prévôt. « Monsieur Comboulas, je suis » seigneur de Saint-Géniez-aux-Erres ; j'ai le droit de nommer » les consuls ; or, je nomme consuls de cette année vos deux con- » scrits Jacques, mon premier bouvier, et Guillaume, mon *trâ-* » *bouvier*, c'est-à-dire mon second bouvier. » Et Jacques et Guillaume étaient consuls désignés de Saint-Géniez-aux-Erres, village de trois maisons, lesquelles maisons composaient jadis une paroisse. « Exempts ! » disait le prévôt. Aussitôt, les consuls retournaient à leurs charrues, aussi tranquilles, pour le moins, que le consul Régulus lorsqu'il s'en va passer les beaux jours à sa maison de Tarente.

» Quant aux autres, je ne sais pas tout à fait comment s'y prenait mon père ; il trouvait toujours une excuse, un motif, une petite réforme par-ci, une petite maladie par-là. Cependant, il en vint un, parmi ces miliciens, qui était si frais, si reposé, si nerveux, si gaillard : « Ah ! pour celui-là, » s'écria le prévôt, « il » n'y a point d'excuse ; au moins, en voilà un que je garde. Au » chapeau, mon drôle ! au chapeau ! — Monsieur, » dit mon père,

« vous pouvez le faire partir, mais le faire marcher, on vous en
» défie. — Nous verrons bien, » dit le prévôt. Et il interroge le
patient ; alors, bonté du ciel ! voilà ce garçon (il était un peu
bègue) qui se met à baragouiner un jargon inintelligible, et d'une
façon si plaisante, que le prévôt, les archers, l'assistance se mettent à rire comme des fous. « Exempt ! » dit encore le prévôt. »

La bonne histoire ! Et, quinze ans plus tard, quand il fallait, à
chaque année, une hécatombe de cent mille hommes, quand toute
famille était en deuil, quand tant de charrues, faute de bras, restaient oisives, quand c'était à peine, sur mille conscrits, si l'on
disait : « Exempt ! » une ou deux fois, bien souvent ces pacifiques Auvergnats ont dû vous regretter, digne monsieur Comboulas !

Hélas ! ce bonheur, cette prospérité, cette abondance et ces
faciles sommeils, tous ces bonheurs de l'ancien monde allaient
disparaître au milieu des tempêtes. « Le 14 juillet 1789, une plus
grande cloche que le bourdon de la cathédrale se fit entendre au
fond même de l'Auvergne et du Rouergne, et ce premier coup de
tocsin fit plaisir à mon père ; au second coup, mon père eut grand'-
peur ! » Au second coup de cette cloche funèbre, tout se brisa ; car,
en dépit de la fable, en ces tempêtes sociales, le chêne et le roseau
eurent le même sort. D'abord, on fit tête à l'orage, et bien vite il
fallut reconnaître que l'orage était le plus fort. Plus de libertés,
plus de charges, plus de priviléges, plus d'honneurs, plus rien de
la fortune et des petites distinctions d'autrefois ; plus de galon d'or
au chapeau, plus de livrée au valet, plus de fleur de lis sur les
bancs de l'église, et bientôt plus de banc, et bientôt plus d'église !
Dans ces désastres et dans ces famines mêlées de meurtre, dans
ces cris de *Ça ira* et de *Marseillaise* (nous étions loin de votre
chanson, *Bergères !*), le ci-devant conseiller, le quasi-noble, le
magistrat, seigneur de fiefs et le père de famille, Jean Monteil, qui
passait naguère, la tête haute, la main fièrement posée sur sa
canne à pomme d'or, à travers ce peuple qui l'honorait, saluant

chacun et salué de tous chapeau bas, hélas! à peine il osait se montrer; il n'était plus qu'un aristocrate, un *ci-devant*, un suspect! Autour de lui le silence et la solitude. Chaque jour apportait un meurtre, une spoliation, et cette terre volée au misérable égorgé la veille rencontrait aussitôt un acheteur. Ces Auvergnats sont les vrais enfants de la folle enchère; ils achètent aussi volontiers un vieux château qu'un vieux chaudron, pour peu que le vieux château ne se vende pas plus cher. Du château féodal, ils avaient fait bien vite une ferme, de la chapelle une grange, de la seigneurie un bien national. Ainsi furent déchirés aux criées publiques les beaux biens de la famille des Guiscards, les terres nobles du Dauphiné d'Auvergne, les domaines de la duché d'Arpajon. Maître Jean Monteil suivait d'un regard indigné ces jeux sanglants de la fortune insolente. « A quoi s'amuse Jupiter? s'écriait un philosophe. Il s'amuse en ce moment à exalter les choses viles, à abaisser les choses grandes! » Ainsi pensait l'indigné Jean Monteil Dans ces usurpations par force majeure, il voyait disparaître tous ses amis les uns après les autres. Le premier qui disparut sous le couteau, son ami et son hôte, M. le baron d'Ussel, était, comme Nemrod, un grand chasseur *devant le Seigneur*. Il aimait et cultivait la vie avec le plus grand soin, ce digne baron, et cependant il était très-économe, et même quelque chose au delà. C'était, par exemple, un de ses *tics* : chaque dimanche, à peine l'aumônier du château d'Ussel avait-il dit le dernier mot de l'évangile, aussitôt M. le baron soufflait la chandelle au nez de l'aumônier. Éclatante leçon d'économie! en profitait qui voulait; le digne baron en profitait tout le premier.

On vous épargne ici tous les meurtres de ces époques horribles! A quoi bon revenir sans cesse et sans fin sur toutes ces horreurs? « J'écris ces choses pour moi-même, uniquement pour me délivrer des souvenirs qui m'obsèdent, et pour me consoler par le récit de mes propres misères, qui ne sauraient profiter à l'imprévoyance de l'époque où nous vivons. » *Non ut sæculo meo prosit cujus desperata miseria est!* Ainsi parle un poëte de la renaissance; il a raison, la honte et les douleurs du passé sont perdues pour l'avenir. *Si jeunesse savait, si vieillesse pouvait!* dit le proverbe; il est de fait que c'est un des priviléges des jeunes gens, — l'imprévoyance, — et c'est le dernier repos des vieillards, — l'impuissance. On nous a bercés de ces histoires; les contes de l'ogre ont été remplacés, pour nos enfants, par ces contes de la *terreur*; la fée à la baguette d'or a cédé la place à ces décrets sanglants de la Providence, épouvantée elle-même de ses forfaits... Et maintenant à quoi nous ont servi ces drames terribles dont notre mère elle-même avait été le témoin oculaire, et quels utiles enseignements nous ont apportés ces échafauds rougis du sang de nos aïeux? Que nous ont appris ces clubs, ces antres, ces cavernes, ces motions, ces tambours, ces conspirations, ces accusations, ces délations, ces mensonges, les circonstances et les récits des meurtres de Paris, les fureurs de la Convention, ses héros et ses doctrines, cette monarchie égorgée à outrance, ces gémissements, ces malédictions, tant de larmes versées, tant de sang répandu dont la vapeur obscurcit le ciel irrité, toutes les tragédies et tous les drames contenus dans un seul et même **drame**, précipitant dans un sombre désespoir ces âmes jusque-là innocentes et paisibles? Il me semble que c'est Platon lui-même qui parle quelque part de ces tristesses, armées d'un grand clou très-fort et très-pointu, qu'elles enfoncent dans le corps et dans l'âme des hommes, afin que l'âme ait la même opinion que le corps. — Justement, l'infortuné Jean Monteil se sentait percé de ces pointes aiguës, et il ne songeait pas à se défendre. Ces lâches époques sont châtiées par leur lâcheté même : elles suffiraient à déshonorer les plus beaux caractères; elles brisent les oppositions les plus généreuses; elles vous tiennent incessamment dans l'état où vous plongerait un mauvais rêve sorti de l'abîme; elles réduisent à néant les trois genres de justice qui ne font qu'une seule et même justice : elles refusent à Dieu ce qui lui revient dans nos respects, aux hommes ce que leur doivent nos sympathies, aux morts elles refusent un tombeau !

Ainsi, cet homme, qui était brave, intelligent, bien né, et qui avait autour de lui tant de choses à défendre, il ne songeait même pas à s'enfuir. Il avait élevé, dans les temps propices, deux jeunes gens dont il avait fait deux secrétaires : Jérôme Delpech et Jules Baulèze, le fils d'une ravaudeuse, et ses deux secrétaires étaient passés dans les bureaux des districts. Là, ils furent témoins de bien des crimes ; de temps à autre, ils disaient tout bas à leur ancien maître : « Prenez garde ! hâtez-vous ! fuyez !... » Jean Monteil ne voulait rien entendre. Un jour, il apprit que le fils de la ravaudeuse était accusé comme aristocrate ; un autre jour, il vit mourir Jérôme Delpech, emporté par le typhus des prisons. Un jour, enfin, on vint le prendre en sa maison ; il traversa, sans rencontrer un geste de sympathie, un regard de pitié, ces rues désertes, où les chiens même n'osaient plus aboyer. Il était perdu, cette fois ; il appartenait au bourreau ! Dans cette église des Cordeliers, où naguère il chantait les vêpres du haut de sa stalle en bois de chêne, il rencontra deux vieilles femmes agenouillées sur les débris de l'autel, la Baulèze et une bonne vieille qui vendait des oublies aux enfants ! La ravaudeuse avait été jetée en cette prison, en sa qualité de mère d'aristocrate, de l'aristocrate Baulèze ! La marchande d'oublies chantait le *Veni Creator !* — La chute de Robespierre sauva Jean Monteil, et tant d'autres ! Il sortit de sa prison, il en sortit ruiné ou peu s'en faut. En retrouvant un peu de liberté, il retrouva le courage ; il vendit sa maison, il prit congé de la ville, il se retira dans les champs, emportant ses enfants, ses livres, son christ d'ivoire, sa tapisserie en toile, peinte, au prix de trois francs l'aune, par quelque Terburg vagabond qui avait jeté sur ces tentures rustiques, dans un pêle-mêle harmonieux, les fruits et les fleurs de son caprice au milieu des neiges et du soleil de sa création. Dans cette maison des champs s'arrangea et se blottit l'humble famille ; on vécut de rien, on vécut de peu ; on attendit patiemment des jours meilleurs. Or, voici comment s'aperçut Jean Monteil que l'ordre revenait peu à peu. Son fils aîné était un des employés de la ville, et, quand le jeune homme avait à voyager, on lui *requérait* un cheval : on vivait alors en pleine *réquisition*. Tant que la terreur fut à l'ordre du jour, la *réquisition* requérait les plus beaux chevaux de la contrée; peu à peu le *requérant* n'obtint que les mauvais, et, bientôt après, il fallut se contenter des plus rétifs. « Ah! disait Jean Monteil, Dieu soit loué! il me semble, monsieur mon fils, que votre municipalité ne fait plus peur à personne... » Un jour, enfin, le jeune homme vint... à pied. « Bon ! dit le père en riant de toutes ses forces, voilà la réquisition à vau-l'eau ! »

Tel était le chef de cette famille abandonnée à ses bons instincts, depuis que la mère était morte, au commencement des années sombres, emportant avec elle la vraie et sincère fortune de tous ces êtres de sa tendresse, que le bon Dieu lui avait confiés !

II

Les Maffettes et les Bandinelli. — Dame et demoiselle. — Les grands événements de la vie de Marie Mazel. — La ménagerie bourgeoise. — Un déjeuner manqué. — Le mitron. — La vendange. — L'ange gardien envolé.

« Elle mourut, dit M. Monteil en parlant de sa mère (et ce voile funèbre ne gâte rien à l'énergie, à la beauté de cette douce image), elle mourut environnée de tous ceux qu'elle aimait, dans une maison à elle, que ses aïeux habitaient depuis tantôt *deux ou trois cents ans!* » Vous l'entendez! il parle de deux ou trois siècles, comme nous parlerions d'une vingtaine d'années : cent ans de plus, cent ans de moins, bagatelle! — Il se souvient seulement qu'il y avait en ce temps-là, dans sa calme et heureuse province, un certain nombre de ces maisons roturières qui étaient aussi vieilles que la cité, tant le sol était solide et fort sur lequel ces maisons étaient bâties. Les révolutions, les changements, les batailles, les guerres, l'immense absorption que fait Paris, cette pompe aspirante et foulante, de toutes les forces et de toutes les intelligences de la province, le hasard enfin, ce dieu nouveau, ont cruellement dérangé la stabilité de ces générations bourgeoises, qui avaient pour devise ce mot du droit romain : *Qui tenet—tenet!* « Celui-là tient bien qui tient une fois. » Aujourd'hui, il n'y a plus que la feuille qui tienne à l'arbre un instant.

Trois cents ans! c'était pourtant le compte exact de cette *demoiselle* Monteil, une des plus humbles filles de la cité, bien que son mari lui rappelât de temps à autre, qu'elle tenait par son père aux Bandinelli d'Italie, et par sa mère à très-haut et très-puissant seigneur Jacques de Maffettes, dont l'écusson se voyait encore à demi effacé sur la muraille, et dont l'argenterie était chargée d'armoiries! « Bon! répondait la dame, ils sont bien loin, ces Bandinelli, ces Florentins, et c'étaient, ce me semble, en leur temps, d'assez médiocres sujets. Quant à M. de Maffettes, il avait fait graver, j'en conviens, ses armes sur notre maison, et sur sa vaisselle plate ou montée; il est fâcheux que la cour des *aydes* ait gratté les armes et brisé l'argenterie des Maffettes comme *roturière*. » Elle avait donc une très-bonne âme et peu orgueilleuse, cette jeune femme Monteil; elle ne songeait qu'à son père, le petit marchand de drap, et non plus aux Maffettes qu'aux Bandinelli. Ces Bandinelli, je les regrette, ils m'auraient servi à enfler ces mémoires. Florence n'a pas oublié ce digne élève de Michel-Ange, Baccio le sculpteur, cher à Léon X, protégé du grand Doria, et ce Bandinelli eût été une belle alliance pour les Monteil, un vaste sujet de déclamations, pour moi, leur historien. Comme aussi je me serais fort bien arrangé d'une certaine parenté avec cette illustre famille des Sévigné-Monteil, qui tenait aux Castellane de Provence, une des plus grandes maisons de l'Europe. Il y a, Dieu merci, encore de ces Sévigné-Monteil dans le Midi; un de ces Monteil disait un jour à l'auteur de l'*Histoire des Français* : « Je veux vous faire un procès, à ces fins de vous faire ouïr que vous n'avez pas le droit de vous appeler Monteil; je perdrai ma cause, et vous serez notre cousin! » Certes, il faut reconnaître au fond de cette plaisanterie une certaine ambition honorable pour tout le monde; la droiture et le bon sens de M. Alexis Monteil le préservèrent de la tentation. Il se rappela *le haut et puissant seigneur* de Maffettes et son argenterie brisée, et il déclina l'honneur de l'honorable procès qu'on voulait lui intenter. Il racontait très-bien cette anecdote, ajoutant cependant que sa mère était devenue une *dame* deux ou trois ans après avoir mis au monde son troisième fils, *fils de M. Monteil, avocat, et de mademoiselle Monteil, son épouse*, disait le registre. Être une *dame*, autrefois, et surtout à Rhodez, cela avait un sens très-net et très-précis. « La femme d'un riche marchand, d'un notaire, d'un médecin, d'un avocat, était *mademoiselle!* et la nation des artisans, pour rien au monde, ne l'eût appelée *madame*; il n'y avait que les femmes des nobles et des conseillers au présidial qui eussent le droit de prendre le titre de *dame!* Aussitôt que mon père fut conseiller du roi, ma mère fut *dame*, au vif contentement de mon père, qui tenait en grand honneur les moindres distinctions. »

Pour compter déjà deux ou trois cents ans d'existence, cette maison de la rue Neuve, à Rhodez, n'en était pas plus gaie et plus claire; elle était bâtie en grès noirâtre, et les croisées en croix de pierre rappelaient le temps de la Ligue, et même le temps du bon roi Louis XII. Plus tard, on fit la dépense utile d'ouvrir tout à fait les fenêtres, et on les dégagea de la croix qui obstruait le jour. Dans ces murs, la mère de famille était née; elle y a passé son enfance, sa jeunesse, son âge mûr; elle y est morte. Enfant, elle avait eu deux aventures dans cette maison. Une fois, elle était montée sur l'appui de la boutique de son père au moment où passait en voiture M. de Tourouvre, évêque de Rhodez; elle fit même au prélat une si belle révérence, qu'il lui dit avec un beau geste :

« Bonjour, petite ! » — Autre aventure : dix ans plus tard (elle était encore toute jeunette, mais on l'appelait déjà *la belle Marie*), le ruisseau de la rue avait subitement grossi, comme la *belle Marie* revenait de l'église ; elle hésitait à franchir l'onde noire, lorsque M. *le juge-mage*, en grande tenue, prit la belle enfant sous les deux bras et la porta de l'autre côté de l'eau. Il ne faudrait pas croire cependant que mademoiselle Marie ait fait parler d'elle à outrance. Elle était si réservée et si modeste, en dépit de ces deux triomphes, qui auraient fait tourner la tête à toute autre fille, que jamais on ne put lui persuader de venir danser aux violons dans le beau salon du père de Jean Monteil. Et pourtant, ce Jean Monteil n'avait guère alors que vingt-trois, vingt-quatre ans ; il était la coqueluche des beautés de la ville, et pas une mère qui ne le couchât en joue pour sa fille ! En vain le père de Jean Monteil invitait Marie avec sa mère, il lui disait que madame *une telle* y serait, et madame *une telle*, et qu'on entendrait, sur sa vielle, Ternot le ménestrel, Ternot de Longoustovi ! Marie Mazel n'écoutait rien de cette oreille-là ; ce que voyant, et qu'elle était la plus sage comme la plus belle de toutes les filles à marier, Jean Monteil, qui pouvait prétendre à des filles plus riches, *et d'un rang plus élevé*, se décida à demander en mariage l'ingénue et belle Marie Mazel.

Ainsi, la voilà mariée.... On la voyait peu, tant qu'elle fut une jeune fille ; à peine mariée, on ne la vit plus. La seule et unique fois qu'elle parut en public, ce fut un matin, dans un château voisin, où, d'une voix douce et fraîche comme son visage, elle chanta l'aubade à la porte nuptiale d'une nouvelle mariée, et, depuis ce jour de grande exception, on ne l'entendit plus chanter qu'au berceau de ses enfants. Elle n'a reçu qu'une visite, elle n'a fait qu'une visite, une seule en toute sa vie, et ce furent encore deux grands événements qui vinrent compléter les deux grands événements de son enfance et de sa jeunesse. Il arriva donc que le nouveau gouverneur de Rhodez, étant en train de faire ses visites de bon avénement aux principaux de la ville, se fit annoncer chez madame

Monteil. La dame était dans sa cuisine ; c'était autrefois la pièce habitée de la maison. La servante du logis, voyant ce grand seigneur qui demandait madame, le fit entrer dans l'endroit où madame se tenait de préférence, et ce fut à grand'peine si monseigneur trouva une chaise où s'asseoir. Vous jugez de l'embarras, et si la maîtresse de céans fut mal à l'aise jusqu'au moment où son mari, entendant ce remue-ménage, vint à son secours. Au contraire, ô misère! il fallut une autre fois que ce fût madame Monteil qui fît une visite à la princesse de Rosbac. La princesse de Rosbac!... En vain la pauvre femme prie et supplie, il faut obéir. Donc, elle se fait belle, elle prend ses jupes, son visage des dimanches ; elle arrive enfin, émue et tremblante, et la princesse la fait asseoir à ses côtés, l'encourageant à parler avec mille bonnes grâces. Vains efforts! l'humble bourgeoise ne sut que dire à cette grande dame, et elle rentra dans sa maison, délivrée enfin de sa quatrième et dernière aventure. Ici, en effet, s'arrêtent les grands événements qui devaient signaler ces heureuses et paisibles journées. Après cette visite à la princesse de Rosbac, la jeune femme se dit à elle-même qu'elle avait définitivement obéi à toutes les exigences du monde, et, désormais tout entière à ses devoirs de mère de famille, elle resta cachée, obscure, timide, humble ; on ne la vit plus jamais au dehors, sinon pour aller à l'église ; à peine on l'entendait à l'intérieur de ses domaines, et pourtant elle était la maîtresse absolue dans son gouvernement. Ce qu'elle disait était un ordre, ce qu'elle faisait était bien fait ; elle réglait toutes choses, elle entrait dans les moindres détails ; la première, elle était debout le matin ; la nuit venue, et quand tout dormait autour d'elle, elle se couchait enfin. Un quart d'heure avant que la cloche du collége appelât ses enfants dans leur classe, elle faisait déjeuner son petit monde : des fruits en été, de la galette en hiver, du pain de fleur de seigle en tout temps ; ajoutez à ce déjeuner frugal un doigt de vin, et tout était dit. Elle déjeunait de la même façon, tout en rangeant autour d'elle, ou bien elle lisait le thème et la version de la veille ; si elle ne comprenait pas le français de la version, elle disait qu'elle était mauvaise à coup sûr ; si elle comprenait le latin du thème, elle disait qu'il n'était pas bon certainement. Les enfants partis, elle rentrait un instant dans sa chambre, parquetée, boisée, plafonnée et tapissée d'une tenture de feltrine, et, sa toilette faite, elle descendait à sa chère cuisine, où elle passait sa vie à coudre, à acheter et à vendre, à raccommoder les hardes de ses garnements. A peine une fois l'an, elle habitait un vaste salon qui était froid, humide et garni de fauteuils enfouis dans leur immuable fourreau de toile bleue. On dînait dans la cuisine ; il y faisait chaud en hiver, frais en été ; elle était gaie en toute saison ; la table y était toute dressée, une table en noyer, portée sur un lourd ployant, et l'on peut dire qu'à chaque repas les dix-huit jambes de la famille avaient grand' peine à se combiner, à s'arranger à leur belle aise. Le dîner même ressemblait à l'accomplissement d'un devoir dans cette maison correcte et chrétienne. Le *Benedicite* et les *Grâces* suivaient et précédaient chaque repas ; on dînait à onze heures, on soupait à six heures ; la table était servie en linge gris, en faïence brune ; ici les couverts d'argent, plus bas les couverts d'étain ; le père était assis du côté du feu entre ses deux fils aînés, la mère entre les deux plus jeunes enfants ; c'était elle qui coupait, tranchait, et servait chacun d'après son rang, en qualité et en quantité ; « ni trop ni trop peu, » c'était sa maxime, et ces repas, si simples et si bien réglés, rappelaient chaque jour cette définition de la table, lorsque le bon Plutarque appelle la table, « une société qui, par le commerce du plaisir et par l'entremise des grâces, se change en amitié et en concorde. » Athénée appelait cette table du père de famille d'un mot grec qui veut dire *charité* et *bienveillance* tout ensemble. « Il me semble, dit-il, que la même nourriture, produisant les mêmes qualités dans le sang et dans les esprits, produise la même sympathie entre les convives et qu'ils deviennent un même corps, une même âme. »

On raconte aussi qu'un général athénien, à table avec ses enfants, leur disait souvent qu'un repas sage et bien entendu était un conciliabule des dieux propices. — *Mensæ deos adesse*, disait Ovide en ses heureuses chansons.

Le souvenir du double repas qu'il faisait enfant chez son père et sa mère, est resté d'autant plus dans la reconnaissance de M. Monteil, qu'il est peut-être l'homme de France, et à coup sûr l'écrivain de tous les temps qui ait mené la vie la plus sobre, et qui se soit abstenu plus entièrement de toute superfluité dans le boire et le manger. Il vivait de rien; il mangeait seul; il ne s'est pas assis deux fois, que je sache, à la table d'un ami. En vain on le priait, on le suppliait; en vain les femmes les plus charmantes lui disaient d'une voix tendre : « Soyez des nôtres! » il s'en allait, et dînait à sa guise, en marchant, d'un petit pain! Ah! le féroce! Après trente ans de séparation, il rencontre un jour, sur le boulevard de la Bastille, un sien ami, un philosophe de son espèce, un stoïque. Ils se jettent dans les bras l'un de l'autre, et, quand ils se sont embrassés tout à leur aise : « Ah çà! dit M. Monteil, tu déjeuneras dimanche à Passy, chez moi, avec moi? » L'autre accepte. « Mais, dit Monteil, ne viens pas avant neuf heures et demie, entends-tu? — C'est convenu. » Les deux amis se séparent, et, le dimanche suivant, l'ami retrouvé s'en va d'un pied léger à Passy. Il monte (en ce temps-là, M. Delessert, cet homme excellent, qui a laissé sur ces collines heureuses tant de bons et charmants souvenirs, n'avait pas aplani la vallée, abaissé la montagne, et la montagne était rude à franchir); il monte, il grimpe; il arrive chez son ami Monteil; et il était neuf heures et quelques minutes seulement. Porte close! En vain il frappe, il frappe à la porte de son ami, rien ne bouge! A la fin, notre affamé découvre, au coin du palier, un pot de grès qui pouvait bien contenir pour quatre sous de lait, et, sur ce pot, deux petits pains d'un sou chacun. « Bon! » dit-il. Il boit la moitié du lait; c'était son droit; il emporte un des deux pains de la fournée, et, sur la porte fermée, il écrit à la craie :

« Ami Monteil, ne vous dérangez pas, j'ai déjeuné ! » Sur l'entrefaite sonne l'heure et sa fraction. La porte s'ouvre, et M. Monteil, lisant l'inscription de son ami : « Le malheureux ! dit-il, il ne saura jamais ce qu'il a perdu !... » Il conservait, pour cette fête interrompue, un pot de cerises confites par sa femme, il y avait dix ans, *sous le consulat de Plancus*.

Pensez donc alors s'il se rappelait avec délices les gais et faciles repas de son enfance, quand, le père ayant salué la mère de famille, qui lui rendait gravement son salut, chacun prenait sa part de ces festins de l'âge d'argent en compagnie de ces cœurs de l'âge d'or. Quant à la carte de ces festins, elle était peu variée, et telle était la loi de ces tables frugales, que le même plat revenait invariablement chaque année, à la même heure et le même jour. Chaque année apportait à cette table indulgente ses biens de chaque saison, jusqu'au moment où le *mitron* se montrait à la ville enchantée, au son de ses sonnettes argentines. Ah ! le *mitron !* c'est le nom de l'âne aux montagnes du Rouergue. Quand l'heure arrivait du raisin frais, à demi caché sous la feuillée en octobre, arrivait aussi le mitron, la tête haute, entre ses deux paniers chargés des premières vendanges ; il arrivait, annonçant les fêtes des vacances prochaines, et *faisant sonner ses sonnettes*. Il faisait ainsi trois ou quatre voyages de la vigne à la ville et de la ville à la vigne, et, quand la maison de Rhodez était suffisamment garnie et approvisionnée de raisins dorés par le calme soleil (délicieuse espérance des goûters de l'hiver), aussitôt la famille entière prenait sa volée, aussitôt commençait la fête des vendanges définitives, la fête de l'espérance du vin nouveau. Pour les gens du Nord, ce n'est rien ce mot *vendange !* A ce souvenir, un homme du Midi sent battre son cœur, et soudain lui apparaissent en leur déshabillé charmant les belles heures de son enfance, — en pleine santé, en pleine abondance, en pleine sécurité de l'âme et d'un beau jour. De Rhodez même, on allait *aux vignes* en grand triomphe. Premièrement, on avait grand soin d'asseoir la mère de famille sur le dos d'une douce et paisible haquenée; les enfants, montés sur les ânes, faisaient cortége à leur mère; les domestiques et les vendangeurs suivaient à pied, le panier au bras; l'ovation amenait à sa suite un char rustique, attelé de deux bœufs; le char était rempli de pains savoureux et des grandes formes de fromage du Cantal. Quatre lieues séparaient la ville du vallon, quatre lieues sans fin, par un terrain étiolé, parsemé de prunelliers sauvages; mais plus la route est longue, plus le charme est grand, lorsque, tout à coup, à ces beaux regards impatients viennent s'ouvrir ces vallons de Tempé, chargés de vignes et d'arbres fruitiers! Et la vigne, et la pomme dorée, et le pampre ami des hauteurs, et la pêche balancée au vent du midi s'en vont franchissant ces douces collines de compagnie, et décorant de leurs splendeurs savoureuses ces longues expositions où la feuille verte de l'été, mêlée à la feuille jaunissante de l'automne, protége le raisin mûr contre les rayons du soleil. Oh! la joie! et les enfants de crier: *Terre, terre!* et de s'emparer de leurs domaines à la façon de Guillaume, ivre à l'avance de sa conquête.

Dans les vignes de Monteil le père, madame Monteil seule était sérieuse : elle restait d'ordinaire au logis, ne se sentant pas assez vaillante pour franchir les terrasses à travers ces ceps, pareils à des buissons d'épines; elle se plaisait dans le pré attenant à la maison, sous quelques arbres touffus dont elle aimait l'ombre et le frais; elle se promenait seule, en silence, et, quand par hasard son fils Alexis lui tenait compagnie, il sentait, au tressaillement de la main maternelle, que sa mère était heureuse! « Elle était elle-même si charmante! Un si tendre parler, un si doux sourire! » Sa conversation était remplie de peintures, de poésie et de sel, *comme les bons morceaux des romans de Le Sage.* — Elle se plaisait en mille causeries avec elle-même. — « On la voyait des heures entières à sa fenêtre et les yeux levés au ciel. « Ma chère femme, à quoi pensez-vous? » lui disait mon père. « A l'éternité! » répondait-elle de cette douce voix qui allait à l'âme. Cette noble tête se penchait sans épouvante au-dessus de ces abîmes sans fin, sans limites, au delà du temps, au delà de l'espace... dans l'éternité !

Il ne fallait pas moins de quinze grands jours pour venir à bout de cette vendange ; après quoi s'en allait chaque vendangeur, emportant pour sa peine une pièce de trente sous et son panier plein de raisins. Plus calme alors, la maison s'ouvrait aux bonnes amies de madame Monteil : la Laforeste, qui l'embrassait à l'étouffer ; la Derelate, une bonne et douce créature qui ne voyait qu'une fois par an ces belles choses : l'espace, la verdure et le soleil ! Il y venait aussi la jeune femme d'un vieux procureur, puis une belle artisane, monteuse de coiffes, qui parlait des modes de la ville à ces campagnes étonnées. Le père Grosset avait son tour ; c'était un janséniste tout ridé, qui s'était battu vaillamment contre la bulle au temps des grandes batailles théologiques. Il avait le mot pour rire, ce savant père ! De ces histoires, *j'en passe et des meilleures*, je n'ose pas insister sur ces enfantillages charmants, tant j'aurais peur de toucher d'une main maladroite à ces fibres du cœur humain où frémit encore en mille harmonies le son divin des jeunes années. La naïveté est un privilége que donnent l'âge, l'autorité, l'approbation, le consentement unanime, le génie ! Il faut être un enfant, ou, tout au moins, il faut être M. Monteil septuagénaire pour raconter ces choses enfantines. — Nous devons cependant consigner ici quelques-uns des préceptes de cet esprit ferme et juste. Madame Monteil disait qu'une mère de six enfants n'avait pas le droit de *se dépenser* au dehors ; elle disait aussi : « La route est longue ; allons droit devant nous ; une fois au but, nous aurons le droit de nous reposer et de nous plaindre. » Par exemple, elle enseigna à ses enfants qu'il faut rendre à Dieu ce qui est à Dieu, à César ce qui est à César. Elle avait un sien voisin qui était tout ensemble épicier et consul du faubourg : quand l'épicier se présentait chez elle dans l'exercice de ses fonctions, elle ne l'eût pas fait asseoir pour un empire ; mais, si, le jour suivant, le sérénissime consul se montrait dans l'exercice de sa charge, aussitôt elle retroussait sa robe comme à l'église, et elle dessinait ses plus belles révérences. « C'est le magistrat, dit-elle, il le faut saluer comme il convient. »

Elle mourut comme une sainte qui se souvient qu'elle est mère; elle emportait dans sa tombe honorée la fortune de cette famille dont elle avait été l'ange gardien. La maison se fût relevée peut-être après les misères de la Terreur, si elle eût retrouvé cette reine active et bienveillante du foyer domestique! elle était l'économie, elle était la règle, elle était le frein, elle était l'espérance, la consolation et le conseil de ce petit monde, soumis à sa loi bienveillante. « Elle est tombée en poussière, et notre maison est tombée avec elle! » Ainsi son fils, *son petit* Alexis, la pleurait à la distance de soixante et dix ans.

III

M. l'aîné. — L'évêque de Rhodez et le candidat en théologie. — Infortunes amoureuses et politiques de M. l'aîné. — La bande de Charrié. — Un héros malgré lui. — M. de Caveyrac, ou le gentilhomme pour rire. — Comment on venait du Rouergue à Paris, en ce temps-là. — Fin roturière du chevalier. — Maître Fontenilles.

Accipe Danaum insidias,... c'est-à-dire écoutez maintenant l'histoire des *Français et des Françaises des divers états* dont se composait la famille de Jean Monteil. — *M. l'aîné* s'appelait Jean-Baptiste-Jacques; il se vantait d'avoir vu les jésuites, mais là, de vrais, de purs, de sincères jésuites, des jésuites comme on n'en voyait plus. Il avait vu M. le duc de Richelieu, et il l'avait flairé en passant comme on flaire un brin de muguet. A Toulouse, il avait été un des six mille lions qui avaient assiégé le *capitole*; il aurait pu être un des quinze écoliers qui se firent tuer à l'assaut de cette roche Tarpéienne. *Malheur aux vaincus!* Cette fois, ce fut le Capitole qui écrasa les Gaulois.

M. l'aîné portait le chapeau galonné et l'habit d'un parfait cavalier ; moins l'épée ; il jouait de la guitare et donnait des sérénades aux jeunes pensionnaires de Sainte-Catherine. Évidemment, il était né pour la guerre ; il s'appelait lui-même *agathos* (bon, brave à la guerre), comme dans les *Racines grecques ;* c'est pourquoi il voulut se faire avocat. Comment il fut reçu avocat, on n'en sait rien, à moins qu'il n'ait trouvé, pour l'interroger, ce bon M. de Lusignan, évêque de Rhodez. M. de Lusignan, comme il présidait un acte de théologie, eut pitié d'un jeune clerc qui était resté court et ne savait plus que répondre au docteur qui l'interrogeait. « Vous le troublez, dit M. de Lusignan au maître des arts ; laissez-moi l'interroger, vous verrez s'il ne va pas répondre à merveille. » En même temps, il se tournait vers le jeune homme. « Mon ami, lui dit-il, quel âge avez-vous ? — Vingt ans, monseigneur. — Bon, cela ! Comment se nomme votre père ? — Il s'appelle Jean Leroux. — Très bien ! — Où logez-vous ? — A la ferme des Aunes. — A merveille ! Et combien avez-vous de sœurs ? — Trois. — De frères ? — Cinq. — Et, ce matin, qu'avez-vous fait ? — Je me suis levé... Je me suis habillé... J'ai fait ma prière !... » Alors le prélat, interrompant le jeune clerc : « Voilà ce qui s'appelle répondre, mon enfant ! Vous serez quelque jour un grand docteur. »

M. l'aîné fut donc avocat, musicien et poëte. Quand il fut reçu avocat, M. l'aîné voulut essayer son éloquence naissante sur un petit voleur de grand chemin, et son client ne fut condamné aux galères que pour toute sa vie. Alors, quand Jean Monteil vit que son fils était un avocat pour tout de bon, il songea à le marier avec une sienne cousine d'au delà des monts, dont le père était un riche agriculteur. Sur ce projet, voilà le vieux Jean Monteil qui franchit la montagne ; il arrive ; il est le bienvenu chez son cousin ; il fait ses offres, on ne lui dit pas non : « Seulement, lui dit-on, je veux rendre la réponse sur vos terres, mon compère. » Le fait est que, huit jours après la visite de Jean Monteil, celui-ci vit arriver chez lui son bon parent, le père de la fille à marier, lequel père était accompagné d'un certain M. de Montfol qui était bel et bien seigneur d'un fief, et le conseil de notre demi-manant. — « Qu'en dit M. de Montfol? » demandait à chaque instant le père de la prétendue ; et M. de Montfol répondait d'un geste équivoque. Il virent tout, la maison de ville et la maison des champs ; ils calculèrent ce que les meubles pouvaient valoir, ce que les vignes pouvaient rapporter ; ils s'informèrent discrètement du préciput et du *hors-part*. Seulement, ils oublièrent de demander où était le futur gendre, — l'aîné. M. l'aîné cependant donnait des sérénades aux filles du voisinage ; il comptait sur ses fleurs, sur ses grâces, sur ses distiques, chansonnettes et sonnets pour dompter le cœur de l'inhumaine... Et, comme il était en train d'aligner son *martyre* avec son *délire*, il se trouva que l'inhumaine épousa, à la barbe de M. l'aîné, un jeune cadet non apanagé qui parlait en bonne prose ; à ces causes, messire Jean-Baptiste-Jacques Monteil, malgré ses droits d'aînesse, fut avisé d'aller chercher fortune ailleurs.

Cet aîné eut le grand malheur de venir au monde au moment où tous les droits anciens, y compris le droit d'aînesse, allaient être absorbés par le droit nouveau. Il fut la victime du monde féodal, qui l'écrasa sous ses ruines. La Révolution lui fit peur autant que s'il eût porté un des grands noms du royaume de France, et il se sauva dans les montagnes du Gévaudan, où il se plaignait tous bas de ses grandeurs. « S'il vous arrive des malheurs dignes des fautes que vous avez faites, ne soyez pas assez injuste pour en accuser les dieux! » C'est le mot d'un sage, et notre aîné, en son gîte songeant, en était venu, lui aussi, à ne pas accuser les dieux de son infortune. Il s'accusait lui-même d'arrogance, d'orgueil, de vanité, d'imprévoyance. La nécessité en avait fait un homme brave. Dans ce Gévaudan, il arriva qu'un ex-notaire *royal* de village, un Monk en sabots, nommé Charrié, entreprit de rétablir la monarchie et le roi légitime. A la tête de cinq ou six mille paysans armés de bâtons, et portant au chapeau une cocarde en papier blanc, Charrié se mit en campagne, et bientôt il s'empara, sans coup férir, de Mende et de Marvejols. Puis, comme il voulait renforcer son armée de quelques braves gens, le grand Charrié fit de notre aîné un colonel. Le colonel Monteil ! cela sonnait bien, cela sonnait creux, cela sonnait l'exil ou tout au moins l'échafaud : comment faire? Accepter était dangereux, refuser était difficile. Ici, Charrié et sa bande, et là-bas le comité de salut public ! Il y avait bien un moyen terme : l'héroïsme ; on pouvait répondre aux proscripteurs un de ces mots dignes des vieux Grecs : « Les Athéniens te chassent de leur ville... Et moi, répond l'exilé, je les condamne à y rester. » Il y avait encore un beau mot à emprunter à l'histoire de ces républiques turbulentes qui punissaient de leur vertu même les plus grands citoyens. « Chère patrie, adieu ! disait Solon ; moi absent, et c'est ce qui me fâche, tu restes privée du dernier ennemi de Pisistrate ! » Il y avait aussi Anaxagore qui disait : « Je suis banni des Athéniens, dites-vous? Eh ! ce sont les Athéniens que je bannis loin de moi. » L'aîné des Monteil n'en savait pas si long ; il eut recours à une ruse qui consistait à porter une cocarde tricolore au dedans et blanche au dehors. Il en était quitte pour retourner sa cocarde du bon côté, du côté où souffle le vent, du côté des forts, des puissants, des vainqueurs. « Ayez le vent en poupe, et vous trouverez toujours de bonnes gens pour monter dans votre barque. » C'est un mot de Tacite : *Ubi sis ingressus, studia et ministras*. Quand enfin sa ruse eut été découverte, M. l'aîné se cacha dans le plus humble réduit de sa basse-cour. Un aîné, un colonel, au milieu des poules effarouchées ! C'est comme on a l'honneur de vous le dire, et trop heureux fut-il d'échapper au sort de Charrié, et de cultiver en paix, au milieu des guerres de l'Empire, les deux pommes de terre en crédit dans son canton, la noire et la jaune, le raisin blanc et le raisin noir, excellents raisins à brasser du vin de Gévaudan, s'il faut l'appeler par son nom...

   Et quo te nomine dicam,
   Rhetica ?.....

Douce piquette ! elle est vin d'été aux rudes gosiers des regnicoles de Marvejols.

Ce que c'est que de nous ! En dépit de ces hauts faits, notre aîné finit par dépérir comme un autre homme. A soixante ans qu'il avait ou plutôt à soixante ans qu'il n'avait plus, il ajouta un rhume, au rhume un catarrhe, et il mourut muni de tous les sacrements de l'Église ; *ce qui n'était jamais arrivé à aucun chevalier errant*, pour finir comme finissait je ne sais quel roman espagnol.

Quant au puîné de cet aîné des Monteil, toucher à cette biographie, à proprement dire, c'est remuer un nid de guêpes, et jamais, que je sache, l'aveugle déesse de la fortune ne traita ses jouets d'une façon plus incivile. On appelait ce gentilhomme Caveyrac, du nom d'un fief qui était un peu le fief des brouillards.

<blockquote>Et le doux Caveyrac, et Trublet, et tant d'autres...</blockquote>

C'est un nom de la satire ; le Caveyrac de la satire était un bandit, mais un bandit plein de foi, qui avait eu le malheur de faire l'apologie de la Saint-Barthélemy, et certes, Jean Monteil ne savait pas la honte attachée à ce nom, lorsqu'il en décorait monsieur son deuxième fils. Caveyrac était ce qu'on appelle un bon vivant, un plaisant. La première plaisanterie de Caveyrac fut de dédier sa thèse en latin à la ville de Rhodez : *Almæ parenti !* et, l'ingrate ! elle a oublié sans doute ce titre d'honneur. Cette plaisanterie annonçait en Caveyrac mille bonnes farces plus plaisantes celles-ci que celles-là. Toutes ses promesses furent tenues et un peu au delà. Quelle farce il a faite à ce vieil orfévre qui épousait une jeune femme sans le consentement de Caveyrac ! Quelle farce il a faite à cet autre marié qui voulait ramener d'Albi sa jeune femme sans payer aux jeunes gens de Rhodez les droits de la bienvenue ! En a-t-il fait de toutes les couleurs ce *Roger-Bontemps* de Caveyrac ! Grâce à lui, la ville de Rhodez a pu voir en un jour quatre représentations d'*Esther* jouée par des amateurs ! Rhodez n'avait vu jusqu'à ce jour que des comédiens venus de Lyon ou de Toulouse ; elle fut bien heureuse et bien fière en voyant un de ses fils représenter si dignement le roi Assuérus. Dans toute la ville, on ne jurait que par Caveyrac ; c'est lui qui frappait aux portes la nuit, réveillait la maison endormie : *Au feu! au feu!* c'est lui qui décrochait les enseignes, plaçant la *sage-femme* à la porte du cabaret, et le bouchon du cabaret à la porte du conseiller ! Aux processions, il agaçait les pénitents blancs dans leur sac de toile, et lui-même, à travers sa capuce froncée, il faisait aux fidèles d'horribles grimaces. Était-il drôle, amusant, et désopilant, cet être-là ! Était-il le bienvenu chez les marchands, chez les bourgeois, voire à l'église et parmi les tonsurés ! Et quand il partit pour se faire recevoir avocat au parlement de Paris, que de larmes ! que de regrets ! « Caveyrac ! » criaient les jeunes gens dont il était le prince et le modèle : *princeps juventutis!* L'écho répondait : « Caveyrac! »

Pleurez, amours ! grâces, pleurez !

En ce temps-là, qui osait se rendre de Rhodez à Paris, allait prendre à Clermont le coche de voiture et payait sa place quatre louis d'or. C'était beaucoup d'or, quatre louis, en ce temps-là ; aussi l'usage était d'acheter un cheval au plus bas prix possible, de le pousser autant que possible, et de l'amener à Paris mort ou vif autant que possible. Avec un peu de chance heureuse, vous vendiez votre monture pour une pièce de trente sous, et vous suspendiez la bride en guise d'*ex-voto*, à la muraille du chevalier Dieche, un gentilhomme auvergnat qui était le protecteur, l'ami, le conseiller, le répondant de tous les enfants du Rouergue.

Caveyrac, notre puîné, était digne, à tout prendre, de jouer le rôle du fils aîné dans quelque bonne maison d'autrefois. A force d'être bon à tout, il arriva qu'il ne fut bon à rien. Il eut des maux de nerfs comme un petit-maître, et des vapeurs comme une petite-maîtresse ; il voulait être avocat, il voulait être agriculteur, il finit par être arbitre-arpenteur. Il mourut de gras fondu, à l'âge de quatre-vingt-deux ans, très-estimé dans la ville de Saint-Geniès, dont il était l'ornement. On écrivit sur sa tombe l'épithète consacrée : « Bon père, bon époux, bon ami. *De profundis!* »

Le deuxième puîné, le dernier frère enfin, vous représente le fléau que renferme en son sein toute famille bourgeoise un peu nombreuse, soit que l'homme tourne mal, et se mette à déshonorer un nom honorable, soit que, l'honneur étant sauf, l'infortuné tombe à plaisir dans les abîmes du vice, de la paresse, de l'inconduite. On a vu les plus grandes maisons et les renommées les mieux méritées attristées ou compromises par ces misères inévitables, par ces hontes auxquelles toute la prudence humaine ne peut rien corriger. Par exemple, voyez ce Fontenilles (c'est le nom du troisième Monteil) : enfant, il apprend à peine un peu de latin, qu'il oublie à boire comme un sonneur en compagnie de cordeliers. A seize ans, il s'engage dans un régiment provincial ; soldat en 1792, rien ne lui était plus facile que d'arriver aux grandes choses, l'heure était bonne à coup sûr, et, parmi les gens de son âge, quelle ardeur à partir !

> ..... J'ai d'une lieutenance
> Tout récemment demandé la faveur ;
> Mille rivaux briguaient la préférence
> C'est une presse. En vain Mars en fureur
> De la patrie a moissonné la fleur :
> Plus on en tue et plus il s'en présente.
> Ils vont trottant des bords de la Charente,
> De ceux du Lot, de ceux du Champenois
> Et de Provence et des monts franc-comtois,
> En botte, en guêtre et surtout en guenille,
> Tous assiégeant la porte de Crémille
> Pour obtenir des maîtres de leur sort
> Un beau brevet qui les mène à la mort.

Maître Fontenilles n'avait pas tant de hâte ; il se fit mettre en prison, il en sortit ; il eut une dispute avec le régiment de Royal-

Vermandois, qui voulut le mettre en pièces. A chaque disgrâce, il revenait au colombier, comme font ces parasites des familles pauvres qui ne songent qu'à faire régulièrement leurs quatre repas par jour. *Fruges consumere nati!* La République heureusement se contenta de ce Fontenilles, et elle en fit... un tambour. Il alla ainsi, tambour battant, jusqu'à Nice, et ses chefs se plaignaient déjà de ses fantaisies. Un matin, comme il était en ses jours de flânerie, il arriva que notre tambour poussa sa reconnaissance imprudente au delà d'Oneille, et non loin de Gênes *la Superbe*. Il fut arrêté comme déserteur *sans bagages*, et conduit devant ses juges, Salicetti et Robespierre le jeune. Il se défendit comme un beau diable; on lui fit grâce, on le renvoya *dans ses foyers*, où il revint en haillons. Pendant vingt ans que ce héros se reposa de sa gloire, il dévora, sans rien faire, le blé de cette humble métairie; pendant vingt ans, il se promena de la vallée à la plaine et de la plaine à la vallée, à charge à tous, inutile à lui-même, sans souci de la veille, et pour le lendemain sans inquiétude. Tout inutile qu'était cet homme, il y a cependant un salutaire enseignement à retirer de sa mort. Voici la note que je retrouve à son propos dans les papiers de M. Monteil :

« La dernière fois que je le vis, je le rencontrai sur le pont du Pecq (30 décembre 1815) ; il allait à Saint-Germain; moi, j'allais à Paris; il était à pied, j'étais à pied; il s'obstina à rebrousser chemin; il avait, disait-il, affaire à l'hôpital. En vain je le prie et le supplie de venir s'installer dans ma chambre, où je le veux entourer des soins les plus tendres; il voulut absolument entrer à l'hôpital. Je le menai à l'hospice Saint-Louis, où il fut reçu dans le service même de M. Alibert. J'étais alors ce que j'ai toujours été, un homme pauvre et gagnant chaque jour son pain de chaque jour. J'habitais à Saint-Germain, j'avais une place à Saint-Cyr; je venais voir mon frère à Paris. Quand je retournai à Saint-Cyr, à l'époque des examens, je recommandai que toutes mes lettres me fussent envoyées à l'École militaire. Une de ces lettres fut égarée, et, le jour même où tout joyeux j'allais pour chercher et reprendre mon frère... il était mort! « Monsieur, me dit un malade, son voisin, *vous venez trop tard, on l'a passé cette nuit, à deux heures.* »

Il était mort, le pauvre Fontenilles, appelant son frère à son aide; au plus fort de cette agonie horrible, il racontait son enfance heureuse et les respects dont la maison maternelle était entourée. Dans une dernière convulsion, il se dressa sur son lit pour arracher l'étiquette funèbre où son nom était attaché. A ces affreux spectacles, on se rappelle, malgré soi, ce conseil d'un philosophe cynique : « Il faut se munir dans la vie, ou de raison pour se conduire, ou d'un licou pour se pendre. » Eh! oui, ceci est l'histoire universelle de tous les malheureux qui dépensent leur vie en ces incroyables négligences. Pas de milieu, le suicide ou l'hôpital. A quoi donc ont servi à cette famille, vous le voyez, tant de soins, tant d'exemples, tant de leçons du père et de la mère? A produire un vaniteux, un poltron, un paresseux, trois braves gens parfaitement inutiles, un fardeau, *inutile pondus!* Ce n'est pas ceux-là, même dans leur misère, que l'on peut comparer à ces *pièces tragiques mais éclatantes*, dont parle un poëte; la fin est tragique, mais le commencement et le milieu ont été sans éclat.

Pour se reposer de ces histoires lamentables, M. Monteil rencontre, il est vrai, quelques douces et touchantes figures, sa sœur Marie et sa sœur Nanette, grande et jolie : à dix-sept ans, elle fut mariée au jeune M. Salgues, officier des eaux et forêts; mais l'histoire des deux sœurs n'est pas faite pour arrêter un lecteur quelque peu gâté, comme ils le sont tous, par les grandes machines philosophiques et littéraires. De ces filles bien nées et bien humbles, l'histoire est la même en toute famille, à cette époque. Au départ, tout est beau et charmant; on n'entend que le doux concert de ces voix enfantines mêlées aux paroles maternelles; la chaste prière et les douces chansons remplissent de leurs plus divines mélodies ces premières bouffées du printemps qui guettent à l'orient le lever de l'aurore; à ce cantique intime des cœurs heureux, des âmes innocentes, la fleur mêle ses parfums, l'oiseau mêle ses chansons :

Narcissum et florem jungis bene olentis anethi...

Bientôt, hélas! s'en va cette fortune, disparaît cette abondance, s'éteignent en sanglots ces doux cantiques; l'âge mûr arrive, escorté de ses deux furies, l'ambition et la paresse. A cette limite fatale, s'arrêtent les grâces et les mignardises des belles passions de la vie; ici s'envole le charme, et, de tous ces enfants joyeux, dont les voix fraîches faisaient retentir l'écho de leurs franches gaietés, il vous reste... un infirme, un goutteux, une veuve, une mère de quatre enfants, un vieillard, des limbes... quelques tombeaux sans nom !

IV

Les auberts de M. Bonald. — L'abbé Causse. — Le *correcteur* du collège. — Un dragon de seize ans. — L'historien de la bourgeoisie française. — L'école militaire de Fontainebleau. — Le petit Rivié. — Son Altesse madame la baronne de Lugnas. — Sœur Marthe. — Lune de miel. — Travail et misère. — Les deux voisins.

Nous arrivons ainsi au chapitre important de cette biographie, intitulé *Moi!* Et, si jamais le *moi* cessa d'être haïssable, si jamais le *moi*, cette chose ridicule lorsqu'elle n'est pas stupide, prit une forme heureuse et charmante, à coup sûr ce sera dans ces lignes, écrites d'une main ferme et d'un courage viril, par ce vieillard dont la personnalité se compose uniquement du souvenir de sa femme et de son fils, deux êtres adorés qu'il a perdus dans la force de l'âge, et dont la mort l'a laissé seul, pauvre et nu, dans une vie austère où le travail et la pauvreté se mêlent et se confondent tout le jour et tous les jours.

Encore une fois, on n'étudie ici que l'homme isolé de ses œuvres; c'est un exemple et non pas une gloire que nous cherchons dans les fragments épars d'une vie si admirablement remplie par la science et le travail. Ce fut le 25 juin 1769 que vint au monde, en sa bonne ville de Rhodez, l'historien des *Français des divers états*. Un des premiers spectacles dont il se souvenait en remontant à sa première enfance, c'était d'avoir assisté au service commémoratif du roi Louis XV; il revoyait la haute pyramide ornée de fleurs de lis en papier d'argent; les premiers noms qu'il entendit prononcer, il ne les a jamais oubliés : Washington, la Fayette, le comte d'Estaing! « Ils étaient dans toutes les bouches, au fond de tous les verres! » Ces souvenirs de l'enfance ont l'honneur de vivre et de mourir avec nous. Tout compte alors dans ces débris des printemps envolés : les premiers mystères de l'alphabet, les premiers sourires de la grand'mère.

Il y avait dans la ville de Rhodez un vieux cloître, et dans ce vieux cloître, où se plaisait l'enfant, vivait le vieux boulanger de MM. les chanoines, M. Bonald.

La veille de chaque fête carillonnée, M. Bonald (c'était l'usage) pétrissait et mettait au four certains pains de seigle du poids de trois livres, à trois cornes, comme au temps du roi Dagobert. Ces pains, dont les enfants étaient très-friands, s'appelaient des *auberts*. Quand passait le boulanger du chapitre : « Monsieur Bonald, monsieur Bonald, quand nous donnerez-vous des auberts? » Et lui de répondre: « Dans un mois, dans trois semaines, mes enfants. »

Après M. Bonald se présentait, dans les souvenirs du vieil historien, l'abbé Causse, le pointeur des chanoines; c'était l'abbé Causse qui tenait la feuille de présence des offices de la cathédrale ; il était la terreur des vicaires, des hebdomadaires, des chapelains. Malheur à qui se présentait après l'*Introït!* il était noté sans rémission. En vain on le priait, on le suppliait. « Ta ta ta! disait M. Causse, il faut obéir aux *obits*, et je ne veux pas m'exposer, pour vous plaire, à la vengeance des fondateurs d'*obits* qui nous font vivre depuis tant de siècles. De quoi vous plaignez-vous, d'ailleurs? disait l'abbé Causse aux chanoines. Les *Matines* se disaient autrefois à minuit ; on les disait de mon temps à cinq heures ; et maintenant vous trouvez que c'est trop matin de les dire à sept heures et demie, au grand scandale de ce peuple qui n'est pas fâché que ses religieux veillent quand il dort ! »

Quand le petit Amans-Alexis eut l'âge d'aller aux écoles, il fut confié à un vicaire de la cathédrale qui tenait une petite pension et dont les sœurs étaient couturières. Le vicaire n'était pas toujours facile à vivre ; en revanche, ses jeunes sœurs et leurs jeunes ouvrières étaient de la meilleure humeur qui se pût voir, si bien que, lorsque les cloches de la cathédrale, *Martial*, *Marie* et *Jacqueline* (la petite cloche), appelaient mons le vicaire à l'autel, aussitôt l'école allait rejoindre l'atelier de couture, et c'étaient des rires aux éclats. Tant bien que mal, on finit toujours par arriver au *que retranché ;* ce fossé franchi, il fallut quitter la maison du vicaire, et passer au collège même, sous la loi de sept ou huit professeurs qui enseignaient de leur mieux la grammaire, la rhétorique, la théologie et la physique.

Chaque professeur, nourri et logé dans le collège, grâce à quelques rentes féodales et à quelques petits fonds de terre autour de la ville, touchait de cinq à huit cents francs chaque année. Ils étaient aidés, dans leurs augustes fonctions, par un *correcteur* qui donnait à MM. les écoliers plus que des férules. Tous ces braves gens, maîtres et disciples, étaient à l'œuvre, et l'on marchait d'un si bon pas, le *correcteur* aidant plus ou moins, qu'à seize ans, qu'il pouvait avoir, le jeune Alexis, fils de Jean Monteil, savait assez de philosophie et de logique pour s'engager dans un régiment de dragons, lequel régiment allait à Paris. Un dragon à seize ans ! Heureusement que notre guerrier avait au moins un nom de guerre : *Belcombe !*

> C'était échoir en dignes compagnons !
> Aussi *Belcombe*, ignorant leurs façons,
> Se trouva là comme en terre étrangère ;
> Nouvelle langue et nouvelles leçons.

La ville entière poussa un cri de douleur quand elle apprit l'escapade et l'engagement de son jeune bachelier. Il fallut courir après le régiment, qui relâcha volontiers ce jeune héros. Le voilà donc ramené chez son père en grand triomphe, et malheur au veau gras ! Ces pauvres veaux, gras ou non, les malheureux pères de famille en ont-ils fait des hécatombes ! Eh ! Dieu ! que de sacrifices inutiles !... M. Jean Monteil n'a pas pleuré, j'imagine, au retour de cet enfant prodigue ; il le savait tendre et bon, honnête et timide, chaste et loyal, et il l'abandonna à ses bons instincts. A cet âge de seize ans, quand les études sont achevées, à ce qu'on dit, la première et la plus facile de toutes les passions, c'est la lecture ; et qui de nous, qui avons tant lu et tant lu, dans tant et tant de livres, ne se souvient, avec un ravissement voisin de l'ivresse, des intimes extases que laissent après elles les premières lectures à l'ombre des bois en été, dans la chambre écartée en hiver, la nuit et le jour ? Charmante obsession, visions décevantes, chers fantômes des poésies fugitives ! A peine ouvert, le livre nouveau laissait échapper des rayons, des étoiles, des mondes, des fièvres. Il est si beau, si vaste et coloré de tant de feux plus brillants que les feux mêmes du firmament, ce monde éthéré des romanciers et des poëtes, des historiens et des philosophes, illustres génies, esprits fameux, obéissants ou révoltés, en plein doute..., en pleine croyance, qui nous ont révélé, pour la première fois, tant d'idées endormies au fond de nos âmes, tant de passions réveillées au fond de nos cœurs ! « J'ai lu tous les livres qui me sont tombés sous la main, écrit M. Monteil, et même l'*Histoire naturelle* de M. de Buffon... ; de tous les livres que j'ai lus, c'est le seul dont il ne me soit rien resté. »

A force de lire, il s'aperçut que c'était à peine s'il savait écrire lisiblement une page suivie, et il s'en alla demander quelques leçons d'écriture aux frères de la doctrine chrétienne. Ceux-là riront, qui, se rappelant avec respect l'honnête et sainte misère mêlée de propreté et d'orgueil, qui entourait le savant auteur de l'*Histoire des Français*, l'entendront raconter son entrée chez les frères : « J'étais poudré à frimas, je portais un habit couleur de rose, à boutons d'acier : on eût dit tous les diamants de la couronne ; le tout se complétait d'une paire de manchettes et d'une culotte de soie gorge de pigeon. » Aussi bien, la classe entière, éblouie à l'aspect de cet ancien dragon, de cet ancien philosophe de dix-sept ans, se leva dans un transport unanime, et M. de Belcombe fut salué jusqu'à terre. « Il me semble que j'y suis encore aujourd'hui, ajoutait M. Monteil, et puis cela m'amuse, cela me plaît de me moquer de moi-même... » Il disait vrai ; il avait le sourire facile à son endroit, et jamais on ne l'a entendu parler de lui-même que de la façon la plus simple et la plus naïve. Il n'est occupé que des siens dans cette biographie, écrite à la fin de sa journée. A peine a-t-il indiqué les endroits faibles de ses premières années ; il s'arrête, et vous ne trouvez plus que de longues pages blanches dans ce chapitre dont il devait être le héros. Tout le reste de ce livre, écrit avec la plume du testament, sera consacré à sa femme, à son fils, et vous n'entendrez plus de ce savant homme que ses gémissements et ses larmes. Il ne vous dira même pas par quel procédé, par quelle suite infinie de raisonnements et de recherches, il est arrivé à écrire, dans un système historique dont il est l'inventeur, son *Histoire des Français des divers états*, ces huit tomes si remplis de faits, de recherches et de découvertes, auxquels il a attaché son nom d'une façon impérissable.

A Dieu ne plaise que je veuille ici tenter une dissertation dans les formes, et remplacer par une déclamation historique le simple récit de cette vie honorable, honorée ! Il faudrait avoir certains droits que je n'ai pas pour porter un jugement définitif sur ce livre étrange et sans antécédents ; il est le seul de son genre et de son esprit au milieu de tant et tant de témoignages si divers que les siècles écoulés laissent après eux d'ordinaire. C'est, à proprement dire, le recueil des monuments, des petits et des grands métiers de l'ancienne France, et, pendant que le père Montfaucon, dans ses quatorze volumes in-folio, s'attache surtout au solennel témoignage de la grande histoire où les rois, les princes et les capitaines illustres sont appelés à jouer le rôle principal, l'historien des *divers états* s'attache aux débris plus humbles que laissent après eux, en passant sur cette terre vouée aux disputes, la bourgeoisie et le peuple de France.

Ouvrez, au hasard, un des tomes du père Montfaucon, vous rencontrerez, à coup sûr, l'image fidèle des pompes, du luxe et de la majesté des royautés d'autrefois : les couronnes, les armes, les devises, les blasons, les coupes d'or. M. Monteil, au contraire, dans ses *Monuments de la bourgeoisie*, s'attache à tout ce qui a vécu, à tout ce qui a servi, a tout ce qui a souffert bourgeoisement. Au-dessous des gloires, des pourpres et des trônes, dans l'univers qui travaille et qui se résigne, dans le peuple des artisans et des artistes, dans l'échoppe, dans le marché, M. Monteil a placé sa tente, il n'en veut pas sortir : là, il vit, il règne ; là, il entasse, avec un acharnement incroyable, toutes sortes de détails, de formules, d'accents, de formes, au milieu d'un monceau de chartes, de comptes, de fragments, de poussières. Tout compte ici : pas un feuillet qui n'apporte sa découverte, et pas une ligne qui ne soit une révélation ; — tout sert ici, même un parchemin roussi, un grain de sable, un fragment, un écho. Dans cette laborieuse reconstruction des temps d'autrefois, il n'y a pas une loi abolie, pas un usage oublié, pas un métier renversé, pas un droit périmé, pas un feuillet où la main d'un artisan ait tracé quelques lignes au hasard, qui ne devienne à la longue une précieuse trouvaille. C'est ainsi que M. Monteil a composé ses huit tomes de l'*Histoire des Français des divers états*, de ces voix, de ces rumeurs, de ces blasphèmes, de ces chartes déchirées, de ces lois en lambeaux, de ces tessons et de ces haillons du temps passé que la révolution de 1792 avait jetés aux quatre vents du ciel.

Ce fut de très-bonne heure, et avec une rare persistance, que M. Monteil, dans sa pensée et plus tard dans ses livres, déclara une guerre acharnée à ce qu'il appelait dédaigneusement l'*histoire bataille*, et ce n'est pas sans un certain plaisir que l'on voit cet implacable ennemi de l'*histoire bataille* installé dans la chaire d'histoire de l'École militaire au commencement de ces guerres terribles et de ce gigantesque empereur. M. Monteil, chose gaie à raconter, enseignant à ces maréchaux en herbe et en fleur la supériorité de l'outil sur l'épée, l'excellence du forgeron sur le capitaine, et la priorité du laboureur sur le maréchal de France, n'est-ce pas là, je vous prie, une bonne histoire? Et, si l'empereur s'était douté de l'enseignement de son professeur d'histoire, aussitôt quel éclat de rire et quel froncement de sourcil olympien! mais ces jeunes gens de l'École militaire écoutaient à peine les découvertes du jeune professeur, occupés qu'ils étaient au bruit des canons, au choc terrible des armées, à l'âcre odeur de la poudre enivrante. L'audace, l'ardeur et l'ambition de cette jeunesse étaient déjà bien loin des bancs de l'école : elles traversaient, à la suite de Bonaparte, ces montagnes abaissées, ces vallées aplanies, ces fleuves domptés, ces villes conquises. Dans son école, où il était le barbare, le jeune professeur se trouvait cruellement isolé : ces bouillants élèves ne voulaient rien comprendre aux étranges enseignements de leur maître; ils le regardaient comme un ancien oratorien à demi ressuscité, qui leur parlait d'Alexandre et de César. Fi ! Alexandre et César, à l'heure où l'univers à genoux ne parlait que de Napoléon Bonaparte! Insensé! à ces imberbes sous-lieutenants il racontait Bouvines, le lendemain d'Austerlitz!

Il paraît que ces premières années d'enseignement à l'école militaire de Fontainebleau furent longues et tristes à ce jeune homme, et qu'il y fit le rude apprentissage de la solitude et de l'isolement. Il était déjà un savant absorbé par la science; mais la science ne lui suffisait pas. Il regrettait la maison paternelle; il rêvait un meilleur avenir, l'avenir à deux! Un jour d'hiver, par un vent froid qui lui fouettait la neige au visage, il se rendait à la classe du matin; à l'angle même de la place, et non loin du château, il fit la rencontre d'un corbillard; le vent soulevait la tenture funèbre et laissait la bière à découvert. — Il arriva dans sa chaire encore tout ému, et la leçon commença. Comme on l'écoutait un peu moins qu'à l'ordinaire (quelque bulletin de la grande armée circulait dans l'école), il se hâta de conclure, et il revint en toute hâte à son logis. Une lettre l'attendait : son père était mort il y avait huit jours, à cinq heures du matin, paisible et *joyeux*, après une douce agonie, en prononçant le nom de son fils absent. Les uns et les autres, nous avons tous trouvé à notre porte, en revenant de quelque travail ou de quelque folie, la *lettre cachetée de noir*, et nous nous souvenons de cette heure d'étonnement, de pitié, de douleur, de reconnaissance, de respect; il vous semble alors que ce père, qui vous aimait tant et qui n'est plus, vous ne l'avez pas assez aimé. Heure terrible, où la mémoire et la reconnaissance, venant en aide à vos respects, vous montrent, dans un vif relief, tous les biens que vous avez perdus !

Peu de temps avant sa mort, M. Jean Monteil, songeant à son fils absent et se rappelant ce mot de l'Écriture : *Væ soli!* — malheur à celui qui vit seul! — avait songé à le marier, et il avait fini par rencontrer une douce et charmante créature, que l'on eût dit faite à l'image de feu madame Monteil. L'*histoire de ma femme* est simple et touchante, et j'ai grand'peur de la gâter. « Elle et moi, dit M. Monteil parlant de cette femme aimée entre toutes, le ciel nous avait faits l'un pour l'autre ; elle avait pour armoirie une aiguille, et, moi, j'avais une plume en sautoir de cette aiguille diligente. » En effet, la jeune et très-jolie madame Monteil ne remontait pas plus haut en sa généalogie qu'à son grand'père, maréchal... ferrant de son métier, mais sans contredit le plus riche et le plus heureux des maréchaux de France.

Il vivait, il forgeait au temps illustre de M. le maréchal général, vicomte de Turenne, et de M. le duc de Luxembourg. Il s'appelait le petit Rivié, lorsqu'un jour qu'il était en train de ferrer ses chevaux, il eut la chance heureuse de tirer d'affaire un très-beau cheval; le cheval appartenait à un colonel, et le colonel fit obtenir au petit Rivié l'entreprise des remontes du Royal-Dragons. Bref, à force de fournir des chevaux aux dragons, le petit Rivié fit son chemin dans le monde; il devint peu à peu le grand Rivié, et quand il eut trouvé plusieurs millions sous les pieds de ses chevaux (en dépit du proverbe), il voulut revenir au pays natal, à Severac-le-Châtel. Severac est une façon de petite ville en Bourgogne, autrefois chef-lieu du duché d'Arpajon, ville de peu de fumée et de peu de bruit, dans laquelle avait débuté, petit compagnon, ce même Rivié le grand, si habile à battre le fer quand le fer était chaud. Comme il passait devant la forge de son ancien maître, hélas! le fer était froid à demi, le soufflet était sans souffle, et l'enclume sans marteau. — Il avint que la chaise du grand Rivié se brisa net au milieu de l'essieu. Grand émoi dans la forge! Le maître de céans était seul. Que fait Rivié? Il met habit bas, et il forge... à la façon des Cyclopes dans l'*Iliade*. Alors le vieux forgeron, réveillé par ce marteau d'enfer qui lui rappelait l'accent vibrant des jeunes années : « Par saint Éloi! s'écria-t-il, qui forge ainsi? C'est le diable!... ou c'est toi, mon petit Rivié! »

On voit que le grand Rivié avait été mis au monde tout exprès pour y faire quelque bruit. Il y fit peu de bruit, il y fit beaucoup de bien. Pas un de ses parents qui n'eût sa part dans cette fortune. Chose étrange, et qui se voit pourtant assez souvent chez MM. les fournisseurs, plus le grand Rivié donnait, plus il était riche. Il finit par donner sa fille aînée à M. le marquis de Lusignan, et il faisait, certes, une belle parenté à la petite Rivié : d'un côté, la fée Mélusine; d'autre part, le royaume de Chypre; un peu plus loin, la couronne de Jérusalem; des princes partout. Malheureusement, cette Lusignan-Rivié mourut sans enfants, et elle fut si complétement absorbée en cette illustre famille, qu'il en fut de sa dot comme du royaume de Chypre et de Jérusalem, un souvenir, une ombre, un néant. Eh bien, voyez la misère des grandeurs humaines, l'humble dot de la jeune madame Amand-Alexis Monteil portait sur une ancienne constitution de rente qui provenait de cette Rivié-Lusignan ou Lusignan-Rivié, et jamais le petit ménage n'en put rien tirer. Souvent M. Monteil disait à sa femme : « Il faudra chercher votre fortune sur les brouillards de Chypre et de Jérusalem, ô vous, l'auguste alliée de tant de rois! » L'autre part de cette dot, qui eût fait tant de bien et rendu tant d'utiles services à ces pauvres gens, était placée (écoutez ceci) sur un sixième de l'ancienne baronnie de Lugnas, antique château, sur les rives mêmes de l'Aveyron. Hélas! la principauté, la baronnie et les deux royaumes,— autant de brouillards! Dans les moments de gêne (ils furent nombreux et cruels), M. Monteil écrivait à sa femme : *A Son Altesse madame la baronne de Lugnas dans son ex-royaume de Chypre et de Jérusalem*. Mais quoi! Il leur fallait si peu pour vivre! Il était le plus laborieux et le plus ingénu de tous les hommes; il trouvait dans cette jeune femme un sens droit, une âme juste, un esprit ferme. On eût dit que le Ciel l'avait destinée à cette vie austère, à ce dévouement de tous les jours. Elle avait été élevée au couvent, où chaque mère et chaque sœur la voulaient retenir; mais elle n'y voulut pas rester, pour avoir vu mourir et s'éteindre dans ses bras une innocente créature, belle comme les anges. Sœur Marthe avait à peine vingt-cinq ans, et — l'impatiente! — elle avait prêté l'oreille aux accents d'un jeune homme du voisinage, qui venait chanter ses peines à minuit, sous les murs du couvent. Elle fut surprise au moment où, par une échappée à la muraille, elle tendait la main au beau chanteur. Alors, pour la châtier par une grande peur, on cite la sœur Marthe au tribunal des révérendes et on la condamne à cette mort, d'une espèce particulièrement horrible, qui remonte aux premières gardiennes du feu sacré dans le temple de Vesta. Condamnée, on la vint prendre, la pauvre fille! et elle fut jetée au fond de l'*in-pace*, au chant funèbre du *De profundis!* Épreuve horrible, et, quand, deux ou trois heures après, on vint pour la tirer de son cachot... elle était folle! Elle disait souvent, dans sa folie, des mots sensés, des paroles véhémentes. Elle mourut enfin ; on l'enterra sous les amandiers du jardin, et la petite Annette, au fond de l'âme, se promit à elle-même qu'elle ne porterait pas le voile éternel.

Un matin, les portes de tous les cloîtres s'ouvrirent d'elles-mêmes ; la vie et le soleil envahirent ces sombres maisons ! Annette s'enfuit, légère comme une abeille ; elle vit, enfin, ce monde qui lui apparaissait si glorieux à travers les grilles de sa prison... Non, ce n'était pas là le monde enchanté de ses rêves ! Il obéissait, en ce moment, à toutes les mauvaises puissances ; l'anarchie avait brisé toutes les barrières ; l'improbité et le despotisme avaient fait de la société humaine une espèce de jeu de hasard, où chacun jouait avec des dés pipés son propre honneur et sa fortune contre la fortune et l'honneur de son voisin : époque funeste de batailles sans nom que se livrent des malheureux sur un sol miné de toutes parts ! Partout la nuit, le silence, l'horreur, le joug, la spoliation effrénée, et la faim et la peur. Annette alors regretta le cloître et la tombe des filles ensevelies sous l'amandier en fleur. Elle assista, cette enfant, à toutes ces morts violentes sur les échafauds ambulants ! Son père était riche, il fut pauvre ! Il habitait un magnifique hôtel, la maison même du grand Rivié, il fallut que le père de famille vendît ses tableaux, ses livres, ses meubles précieux ; il fallut vendre enfin la maison même, et se retirer avec ses neuf enfants dans une chétive métairie de deux charrues. On raconte que, dans ce petit coin de terre à l'abri de tant d'orages, sous ce chaume, il y eut comme une trêve de Dieu parmi ces pauvres gens, occupés de mille petits travaux assortis avec leur intelligence et leur jeunesse. Ils s'étaient partagé les travaux de cette maison rustique : les garçons tenaient la charrue, et les filles avaient soin du ménage ; Annette allait dans les champs, gardant les moutons ; elle avait alors ses dix-sept ans ; elle portait une robe qu'elle avait filée : « Annette était dans la prairie, et Lubin n'était pas loin, » dit M. Monteil. Lubin, c'était lui-même. Il obéit au dernier vœu de son père, et, chargé d'espérance, léger d'argent, il s'en vint chercher cette noble main, qui lui était promise. A peine marié, il fallut partir et quitter le lit nuptial, « dont la courtine était faite d'une robe de ma mère. » Adieu donc, ô solitudes aimées! adieu, gazon, fontaines, doux et riant soleil! « Quand nous fûmes parvenus à un certain détour que fait la route, au bout du champ Malfeu, entre la châtaigneraie et le ruisseau : « Voici, » me dit-elle, « les limites de nos domaines, je n'ai jamais été plus loin ; et maintenant allons où vous allez, mon cher mari!... » Et elle se mit à marcher d'un bon pas... »

Ils allaient ainsi, rêvant l'un et l'autre à ce vieux roman des heures choisies, *et conjuguant le verbe aimer pour la première fois*. Ils passèrent, toujours causant et devisant, par Issoire, et par Clermont, et par Moulins. A Pouilly, où le vin est bon et pétillant, un homme voulut embrasser Annette, et peu s'en fallut que cet impudent ne payât sa témérité de sa vie. Annette retint le bras de son mari : elle était si douce! il était si vif : on les pouvait comparer, elle et lui, aux armes d'Angleterre : une rose au repos, un lion en action. — Ils traversèrent Pouilly, Cosnes, Montargis, Nemours, et enfin les voici à Fontainebleau, « près de notre pain quotidien. » L'humble ménage ne savait pas qu'il n'avait guère qu'une année à passer à Fontainebleau, une douce et heureuse année, aux limpides clartés de la lune de miel, comme le bon Dieu en réserve aux honnêtes gens. Ou vivait de peu, on travaillait nuit et jour. Dans une note destinée à accompagner les livres qu'il mettait en vente aussitôt qu'il n'avait plus de science à en tirer, M. Monteil s'est rendu à lui-même cette justice, que pas une heure de sa vie n'a été perdue. « Ah! c'est que j'ai eu quarante ans d'une imperturbable santé et d'une imperturbable application. » Notez bien qu'il ne dit pas qu'il n'a jamais été jeune : il croirait, disant cela, blasphémer contre celui qui a fait la jeunesse et qui l'a gardée éternelle pour lui-même ; il a été jeune, surtout quand il s'est vu cette douce compagne de sa vie et de ses travaux.

« Nous avions acheté, nous dit-il, une propriété d'un demi-arpent qui entourait une maisonnette à deux lieues de la ville, et, chaque jour, au sortir de ma classe, je prenais bravement le chemin du mail de Henri IV. J'allais vite, car, à mi-chemin, sous un vieil orme de la forêt, j'étais sûr de trouver Annette, qui déjà avait mis notre couvert dans ce beau salon tout rempli de l'or des genêts fleuris et dont la voûte était supportée par des bouleaux sans nombre, en guise de colonnes d'argent. Elle aimait les fleurs, ma chère Annette, elle aimait l'espace, le silence, la solitude ; elle était jeune, de bonne humeur et de bon appétit. Que ces repas étaient charmants ! Quelle grâce à tout dire et quelle gaieté à tout entendre ! Elle devisait si bien de toutes choses ; elle voyait si beau l'avenir, elle supportait si gentiment notre humble fortune ! Elle était l'économie en personne. Hélas ! je la vois, je l'entends encore, à l'ombre heureuse de ces beaux arbres, m'apprenant qu'elle était mère. Une larme brillait dans ses beaux yeux, bleus comme le ciel. »

Vous pensez que cette humble félicité rencontra des envieux et des mécontents. La chaire du jeune professeur fut supprimée ; il fallut renoncer à la maisonnette, au jardin, au grand bois, aux genêts d'or. La ville immense allait absorber les deux modestes créatures ; que dis-je, la ville ? Un faubourg ! et, dans ce faubourg, une sombre maison, une chambre sans feu où leur enfant allait voir le jour !

Pas un ami, pas une espérance ! Chaque matin, le malheureux Monteil se mettait en quête d'un emploi qui le fît vivre à peu près ; chaque soir, il rentrait dans son grenier, plus malheureux et plus découragé qu'il n'était le matin. A la fin de l'hiver, et ne voyant rien venir, ces deux malheureux (ils étaient trois maintenant) : « Allons ! se disaient-ils, Paris ne veut pas de nous, revenons à notre canton. » Ils y revinrent à pied par les beaux jours du mois de mai, qui semblait les reconnaître ; ils vécurent de légumes et de laitage. « A nous trois, nous dépensions soixante francs tous les trente jours. » Déjà M. Monteil commençait à mettre en ordre les divers matériaux de son *Histoire du* XVe *siècle;* il en écrivait les premiers chapitres, vous pensez avec quel ravissement !

« Chère Annette, écoutez ce que je viens d'écrire. » Elle m'écoutait à me ravir. Son esprit, inquiet non pour elle, inquiet pour notre enfant, voyait déjà, grâce à mon livre naissant, s'entr'ouvrir quelqu'une de ces splendides cavernes remplies de diamants et de perles dont il est parlé dans les féeries. « Va, » reprenait-elle, « et bon courage ! Nous mangerons maintenant du pain dur, nous » aurons du pain blanc pour notre fils. » O pauvre femme ! elle n'a mangé comme moi que le pain amer ; le pain blanc n'est venu pour elle, ni pour moi, ni pour notre fils ; le grain que nous avons semé ne lèvera que sur nos tombeaux ! »

Ils ont vécu (c'est un beau mot) d'espérance et d'eau fraîche. Il avait pour se sauver l'enthousiasme de son travail, elle avait l'enthousiasme de son mari. De l'an 1808 à l'année 1812, ils furent pareils à deux oiseaux sous la feuillée. Ils vivaient de quelque tâche qui se présentait de temps à autre, et, pour peu que le dîner du lendemain fût assuré, il se remettait à rêver la gloire et la fortune à travers les pages de ce livre fait et refait si souvent ; car, et ceci n'est pas une observation vaine, le lecteur peut être sûr que plus l'artiste est pauvre, inconnu, oublié, solitaire, plus il entoure son œuvre naissante de ses déférences paternelles. « La foi, dit l'apôtre, soulève des montagnes ! » la foi de M. Monteil a soulevé des montagnes de papier et de parchemin ramassés dans les chartriers, dans les ruines et dans les cendres de quarante mille maisons à tourelles et à créneaux qui étaient les reines et les impératrices de toutes les autres maisons du royaume de France. Il s'attachait à ces fragments épars, comme tant d'autres hommes s'étaient attachés à la terre même des victimes de la révolution française. Ce qu'il a retrouvé dans ces papiers lacérés par tant de mains ignorantes ou spoliatrices ne pourrait se calculer. Ce qu'il a réparé dans ces lambeaux, lui-même il ne le savait pas. A la flamme, au naufrage, à l'Océan il eût disputé ces fragments qui étaient tout son livre. Les vents de la Tamise, un jour, ont jeté dans les flots de la Seine une masse de vélin brûlé à Westminster... Chose incroyable et inouïe pour qui ne connaît pas M. Monteil, il a fait son profit de cette bouillie écrite en lettres saxonnes dans une langue dont il ne savait pas le premier mot!

Dans ces fragments précieux de tous les âges de notre histoire, il a trouvé toutes les parties de son livre; il a rencontré, dégagés du souci de la guerre, des luttes parlementaires, des querelles religieuses, de l'envahissement du pouvoir royal, la nation ignorée, la nation des agriculteurs, des artisans, des commerçants, des magistrats, la noblesse au dernier échelon, la bourgeoisie et le bas clergé. Il exaltait les choses ignorées; il glorifiait les forces méconnues; il racontait les œuvres dédaignées; lui aussi, il aurait pu dire en toute sécurité de conscience : « A chacun selon ses œuvres ! » Il avait sur le visage, il avait au fond de son âme le contentement et la bonne humeur de l'honnête homme qui accomplit dignement la tâche de chaque jour *à travers les âges successifs de la vie*, et, rien qu'à le voir, il était impossible de ne pas se rappeler cette parole d'un de ces grands capitaines dont il ne voulait même pas prononcer le nom : « qu'il était impossible de se servir d'un homme mélancolique. » A quoi peut être bon, d'ailleurs, un homme qui est mauvais pour lui-même? et quel contentement peut-on espérer d'un particulier qui n'est jamais content de lui?

C'était pourtant une rencontre singulière et un étrange voisinage, ce grand ennemi de l'*histoire bataille* devenu le voisin de campagne de Sa Majesté l'empereur Napoléon Ier, l'un si pauvre et si gai, l'autre à ce point gorgé de gloire et d'ennui. Il s'ennuyait à poursuivre dans les bois un pauvre cerf, ce roi empereur qui voulait traquer dans ses neiges l'empire énorme de Pierre le Grand et de Catherine II, pendant que, sur la lisière de sa forêt, madame Monteil attendait, effrayée et contente, que le hasard conduisît au seuil de sa cabane cet homme qui, d'un mot, les pouvait faire si heureux et si riches... Un emploi de quinze cents francs à la bibliothèque de Fontainebleau, et voilà toute une famille à jamais sauvée.

Certes, l'empereur et roi a manqué là une belle occasion de réconcilier tout au moins madame Monteil avec l'*histoire bataille*. Il ne vint pas, et cette maison qu'il aurait dû visiter, il fallut bientôt la lui vendre. Oui, cette humble limite des plus humbles désirs, ces vignes et ces pêchers, la chicorée et les œillets, il fallut vendre en bloc tous ces biens, et l'empereur les acheta au prix de cinq mille francs en bel or des *contributions de tous les États de l'Europe*. « Par-devant nous et mon collègue, notaire à Fontainebleau, il a été convenu ce qui suit entre dame Monteil et Sa Majesté Napoléon le Grand, empereur des Français, roi d'Italie, protecteur de la Confédération du Rhin... » Tout ce passage rappelle ce beau mouvement des *Mémoires* de M. de Chateaubriand, laissé pour mort dans les rues de Bruxelles et s'écriant soudain dans une espèce de *Te Deum*: « Au nom du roi, laissez passer M. le vicomte de Chateaubriand, pair de France, ambassadeur du roi près le saint-siége apostolique. » Et M. Monteil de faire bon marché des grandeurs de sa femme; M. de Chateaubriand, de ses propres grandeurs.

La maison vendue, Annette voulut revoir une dernière fois ces beaux lieux qu'elle avait tant aimés, et la voiture qui les devait emmener partit sans les attendre. En vain courait Annette, son frais chapeau à la main, et montrant à l'aquilon ses belles joues que frappaient les giboulées de mars : il fallut revenir à pied, le père, la mère et l'enfant, et de rire. « Elle prenait si facilement du bon côté les peines de la vie! elle était si courageuse et si forte! » Hélas! cette plante un peu frêle, qui avait besoin de vivre à l'air pur et dans la libre campagne, à peine à Paris pour la seconde fois, on la vit bientôt languir à l'ombre funeste de ces hautes maisons semblables à des tours qui ne réparent pas leurs brèches. Annette était une fille des champs ; elle aimait à retrouver au fond des grands bois les visions décevantes de sa jeunesse à peine envolée, et, maintenant qu'elle se voyait face à face avec la réalité, elle ne comprenait rien, l'infortunée, à cette vie orageuse des belles lettres, impuissantes à donner à son mari et à son fils leur pain de chaque jour. Ainsi s'éteignit cette douce paysanne intelligente ; elle se mourait sans une plainte, et son pâle sourire encourageait encore les efforts stériles du malheureux attaché à cette glèbe savante dont la moisson reculait toujours. Enfin, quelques heures avant l'heure suprême, elle fut prise de ce mal violent, le mal du pays, le cher souvenir des plaines d'Argos, et elle voulut absolument revoir une dernière fois les villages, les hameaux, les jardins, dont elle savait encore toutes les histoires, qu'elle racontait à son foyer sans feu. Ah! bon père Monteil, qui êtes allé rejoindre enfin votre Annette et votre Alexis, que de fois l'avez-vous pressée de vous raconter ces histoires, si souvent écoutées, pour l'unique plaisir de prêter l'oreille à cette voix fraîche, accentuée, et d'un timbre si doux ! Elle revoyait, dans ses heures sombres, tous les drames et tous les héros de ses campagnes ; elle revoyait l'abbé Boiron se promenant le long du ruisseau, son bréviaire à la main, le vieux Pierre à la porte de sa maison blanchie à la chaux vive et saluant les passants d'un coup de vin nouveau, et le braconnier Peyrabonne appelant à haute voix M. Dulac. « Vous me donnez bien ce fagot, monsieur Dulac? » criait Peyrabonne. Et, comme Dulac absent n'avait garde de répondre : « Qui ne dit mot consent, » reprenait le Peyrabonne ; et il emportait la bourrée à son feu, au grand dommage de M. Dulac. Tels étaient les souvenirs, les refrains de cette chanson printanière, tableau frais et charmant, visions décevantes. La mort planait au-dessus de ces beaux rêves qu'elle emportait un à un. En même temps s'en allait l'argent du petit domaine. Il n'y avait plus, sous l'humble toit des Monteil, d'autre travail que le travail de cette lente et souriante agonie. Après bien des hésitations et bien des larmes, Annette partit enfin, et elle arriva dans la maison paternelle juste à temps pour y mourir.

« Il y a trois endroits où je ne passe jamais sans me rappeler ma chère Annette : — la rue de Seine, au point où s'arrête la rue de Tournon : en cet endroit, ma pauvre femme, si légère et si vive, se prit à boiter, piquée au pied par le rhumatisme : « Ah! » dit-elle, « voici mes derniers pas heureux. » Une autre fois, en vue du pont Royal, la musique passait, suivie de ces beaux gardes du corps. Annette me dit : « Je n'y vois plus guère, un nuage est sur mes yeux. » Hélas! mon dernier souvenir l'accompagne jusque dans la cour des Messageries royales, où je la vis disparaître. Elle me disait encore : *Adieu! adieu!* de sa douce voix. Chère sainte! ô mon cher amour!... Et songer que je ne devais plus la revoir! »

Elle mourut, en effet, loin de son mari, loin de son jeune enfant, et cette mort laissa un vide immense autour de ce pauvre homme qui n'avait jamais aimé que cette femme, et qui ne devait pas en aimer d'autre. Une chose rare, savez-vous, dans la turbulente biographie de ces hommes qui vivent par les émotions, par les gloires et par les désespoirs que les belles-lettres amènent avec elles, c'est de rencontrer un homme à ce point dégagé de toute autre passion, et qui n'a connu dans toute sa vie que les tendresses légitimes. Cet homme était pourtant le contemporain de ces poëtes, de ces philosophes, de ces hommes d'État, de ces capitaines qui, à la fin de l'Empire et dans les premiers jours de la Restauration, s'abandonnaient sans remords et sans peur à toutes les passions, à tous les hasards de ces gloires et de ces fortunes passagères. M. Monteil a vécu au milieu de ces deux mondes, le monde au delà et en deçà de la République, et, dans les bruits, dans le luxe et dans les fêtes de la toute-puissance, il est resté calme et silencieux, content de voir sourire sa femme et son enfant, et ne demandant au ciel que le pain nécessaire à l'accomplissement de la tâche qu'il s'était imposée. Si bien que les faiseurs de *mémoires d'outre-tombe* auront beau expliquer, à force d'esprit et d'éloquence, les événements et les faiblesses de leur cœur, ils n'arriveront pas, que je sache, en dépit de toutes ces amitiés si charmantes et de toutes ces passions si naturelles, et tout couverts de deuil de ces beautés souveraines qu'il faut ensevelir de ses mains, au simple effet de ces dernières paroles de M. Monteil, se souvenant de sa femme expirée et de cette tombe lointaine remplie avant l'heure. Hélas! cette unique et charmante créature avait sauvé deux fois la vie à M. Monteil. Un jour, comme il lisait Grégoire de Tours, sous un des chênes de Fontainebleau, une vipère le menaçait de son dard; Annette, arrivée à temps, tua la vipère. Une autre fois, comme il se baignait à la jonction du Loing et de la Seine, il fut emporté par le courant rapide; Annette se jeta à l'eau et le retira des bords de l'autre monde. « Elle était là quand j'écrivais, suivant d'un regard attentif les mots échappés à ma plume; elle me disait souvent : *C'est bien!* Elle m'encourageait en toute chose; elle était là... elle n'y est plus! »

V

Déménagement. — Fleurs et parchemins. — Le père et le fils. — Le *memento* du roi Louis XIV. — L'*Histoire des Français des divers états*. — Le rêve et le réveil.

Désormais, il restait seul au monde avec son fils Alexis, un noble enfant qui donnait déjà les plus belles espérances; et cet enfant, devenu un savant jeune homme, disparut à l'instant même où il allait tenir toutes ses promesses. Ceux qui ont eu l'honneur de connaître M. Monteil et le bonheur d'en être aimés, se rappellent encore et se rappelleront toujours avec quelle émotion il parlait de son fils; deux grosses larmes roulaient à ce nom chéri dans ses yeux à demi éteints par le travail. Il perdait tout ce qui lui restait d'Annette en perdant cet enfant de leurs chastes amours; il perdait, en perdant son fils, un ami, un camarade, un disciple, une force, un appui ; il avait élevé avec le plus grand soin ce fidèle compagnon de ses travaux, ce constant associé de sa fortune, et, quand enfin l'œuvre et l'enfant grandis ensemble allaient combler l'ambition et les vœux du père de famille, arrive la mort qui, d'un coup de sa faux dédaigneuse, tranche, en passant, cette humble destinée. On frémit rien qu'à penser à ces douleurs. « Mon petit Alexis était né au mois d'août 1804. Il disait souvent qu'il était né républicain. « Ce n'est pas la peine d'en parler, citoyen Alexis, » lui disais-je en riant ; « le jour même de ta naissance, l'orfévre mettait la dernière main à la couronne impériale du consul. » Cet enfant, élevé par ces deux êtres sérieux, eut à peine une enfance ; il sentit de bonne heure le poids de la vie. A l'âge de treize ans, il était déjà d'un grand secours ; il était bon, laborieux et juste ; il avait en lui toutes les qualités et toutes les vertus de l'honnête homme. « Ame loyale, esprit chaste, il m'aimait comme si j'eusse été le bon Dieu. »

M. Monteil était alors, en dédommagement de sa place perdue à l'école de Fontainebleau, bibliothécaire archiviste de l'école de Saint-Cyr. Là, il éleva son fils jusqu'à l'âge de quatorze ans, et ils vivaient en paix l'un et l'autre à l'abri quelque peu bruyant de cette pépinière héroïque, lorsque la suppression de l'École, en 1819, les força de chercher fortune ailleurs. Ils portaient ainsi, sans l'avoir mérité, tout le poids du tumulte et des tapages de tant de jeunes capitaines, ces deux êtres cléments et dociles ; on les traitait, le père et le fils, comme des révoltés, et ils s'en allaient se tenant par la main, privés de mille cinq cents francs qui les faisaient vivre, et cherchant dans la campagne un logis en belle exposition, avec un jardin, le tout pour deux cents francs de loyer tout au plus. Jardin et soleil, fleurs et maison pour deux cents francs, difficile problème ! ils tournèrent trois mois autour de ce problème et autour de Paris.

« Après avoir visité tant et tant de maisonnettes dont le prix était encore trop élevé pour notre humble fortune, nous revenons à Versailles, mon fils et moi, lorsque au pied des hauteurs de Chaillot : « Si nous grimpions là-haut ? » me dit mon fils ; « que sait-on ? « tel cherche bien loin ce qui est sous sa main. » Nous montons. A force de monter du côté de Passy, nous arrivons à une masure exposée au midi ; la maison était délabrée ; et le jardin était inculte. On nous demande justement nos deux cents francs, ni plus ni moins. — Tope là ! et, huit jours après, maîtres de nos domaines, nous labourions, nous semions, nous cultivions. Qui nous eût vus, nous eût pris pour deux jardiniers à la tâche et qui ne veulent pas perdre une heure de la journée. Il en fit tant, le pauvre enfant, qu'il tomba malade, et peu s'en fallut qu'il ne fût enlevé par la pleurésie ; ô ciel ! je n'avais plus guère que quatorze ans à jouir de sa chère présence ! On lui défendit la bêche ; il reprit la plume, et je fis comme lui ; nous vivions un peu au hasard, de quelques écritures, de quelques leçons, de quelques trouvailles aussi, car nous étions deux grands fureteurs dans les débris que la révolution française a laissés après elle, et, quand mon fils eut compris les trésors que pouvaient renfermer ces vieux papiers, ces parchemins jaunis, et que ces dépouilles des siècles étaient, en effet, la parure et l'ornement de l'histoire, il apporta à cette quête une ardeur juvénile. Il avait le tact, il avait le flair de l'antiquaire ; il n'était jamais si content que lorsqu'il avait découvert, dans quelque arrière-boutique, un morceau de charte, de palimpseste, des documents inédits voués à l'opprobre de l'épicier ; alors vous l'eussiez vu de toute son ardeur fouiller dans ce monceau de témoignages où le droit féodal, le droit monastique et les municipalités envahissantes avaient laissé leur empreinte à demi effacée. Dans cette poursuite de l'inconnu à travers les titres de noblesse de l'ancienne France, il a fait de merveilleuses trouvailles. Il a sauvé, le sait-on ? d'une ruine complète les cartulaires de Saint-Vincent (Metz), de Saint-André, de Saint-Séverin (Bordeaux), et celui de l'abbaye de Vendôme. On lui doit le recueil des décrétales du VIIIe siècle, et les comptes perdus de tant de villes, de seigneuries, de châteaux, de bibliothèques, et grande quantité de vieux titres dont se sont enrichis, plus tard, le ministère de l'intérieur, le ministère de la marine et celui de l'agriculture. »

Tel était leur travail. Dans cette chasse ardente, où le succès de la veille annonçait le succès du lendemain, ils trouvèrent, un beau jour, au fond d'un vieux coffre, une suite de petits morceaux de papier chargés de notes au crayon. C'était le *memento* de chaque jour du roi Louis XIV. Le grand roi avait l'habitude d'écrire sur ces feuillets épars la chose qui le frappait au moment même et dont il voulait se souvenir. Ces fragments précieux, où se retrouve, en effet, un roi occupé de ce grand art du gouvernement, le plus glorieux et le plus difficile de tous les arts, furent cédés par les inventeurs à la bibliothèque royale pour le prix de cent pistoles! Nos deux chercheurs d'anciens mondes ont eu assez souvent de ces bonnes fortunes; ils ont indiqué à plus d'un gentilhomme ignorant le véritable nom de ses ancêtres; interrogez les Bellisle, les Mailly, les Maillé, les Chevreuse, les Montmorency; demandez à la maison de Condé, à la maison d'Orléans, quels services les deux Monteil ont rendus à leur chartrier et quelles lacunes ils ont remplies! Ce fut le beau moment de ce père vieillissant et de ce fils qui était en pleine possession de sa jeunesse. Il s'aimaient tant! Il se suffisaient si bien à eux-mêmes! Le savant M. Daunou, qui l'avait vu à l'œuvre, appela le jeune Alexis dans la section historique des archives du royaume, et le père et le fils, en ce moment, virent les cieux entr'ouverts.

Au même instant, paraissaient enfin les premiers tomes de l'*Histoire des Français des divers états* : un grand étonnement et bientôt un vif intérêt s'éleva autour de ce livre; en pleine Sorbonne, et du haut de la chaire écoutée où M. Guizot parlait en maître, il fut lu un passage du *quinzième siècle*. Il n'en fallait pas tant pour ramener tous les songes au bercail. Ajoutez une autre fête de cette humble maison, la fête éternelle, éternellement passagère, L'AMOUR! comme l'écrivait M. Monteil en grosses lettres majuscules. Il arriva, en effet, que le jeune Alexis, dans ses promenades avec son père (ils allaient dans les champs, au hasard), lui raconta, en le tutoyant, qu'il était amoureux, et qu'avant deux ou trois ans il espérait venir à bout de sa conquête. « Elle est jeune et jolie, elle est gaie et bonne, elle me sourit, elle danse avec moi ; tu la verras, mon père, tu l'aimeras ! Elle est aussi pauvre que nous, elle est laborieuse comme toi ! » Et le père écoutait, ravi, ces chastes transports. Dans les choses de l'amour, il était aussi peu avancé que l'était son fils, et il lui semblait que son fils allait vite en besogne. Une fois dans ces confidences, il est difficile d'en sortir ; le nom revient toujours, toujours la même beauté, le même charme. Alexis n'avait pas encore dit un mot de tendresse à la jeune fille qu'il aimait, et, l'aimable garçon, il est mort sans qu'elle se fût doutée de sa tendresse et des vastes projets du père et du fils. Quelle belle maison ils ont bâtie en pleine Espagne à cette fille charmante ! Avec quels soins ils cultivaient le petit enclos de cette habitation, éclairée par ses beaux yeux ! Que fallait-il, en effet, pour acheter, près de Fontainebleau (toujours Fontainebleau !) un petit domaine où ils pourraient vivre sans trop de luxe et sans trop de privations? « Avec le produit des trois ou quatre premières éditions du *quatorzième siècle*, on verra le bout de nos domaines, n'est-ce pas, mon père? — Oui, mon fils, et je doterai ta femme, ma fille, du produit de notre *quinzième siècle*, et le *seizième siècle* sera bien malheureux, s'il ne nous aide pas à élever ton fils aîné. Pour notre petit cadet, je réserve le siècle suivant ; à ma paisible vieillesse appartiendra le siècle des bruits et des tempêtes. Allons, courage, Alexis ! tu le vois, notre fortune avance ; il faut te déclarer, mon enfant. — Demain, mon père, oui, demain ! » disait le jeune homme. Et, de jour en jour, timide, il différait sa demande en mariage, au grand chagrin de son père, qui l'appelait un poltron, et qui n'était guère plus rassuré que lui.

Il n'y eut pas de promesse de mariage, il n'y eut pas d'autres fiançailles que les fiançailles de la mort ! Cet enfant succombait sous les atteintes d'un mal inconnu. Il avait souffert sans se rendre compte de ses souffrances; il se mourait sans savoir qu'il était malade. Il revint, un dimanche de septembre, à la maison paternelle; il avait froid, il était mouillé jusqu'aux os; il se sécha au poêle en grelottant. Le froid amena la fièvre, et la fièvre emporta, en trois jours, tout l'espoir et tout le bonheur de ce père infortuné. « Je le perdis le 21 septembre 1833, à onze heures du soir. Je lui fermai les yeux. O plainte! ô douleur! ô mon enfant! ô mon cher Alexis! ma seconde âme! entends-tu, de là-haut, les larmes et les cris de ce malheureux qui fut ton père? Reconnais-tu la voix de ce vieillard que tu aimais tant, qui t'aimait tant, que tu laisses seul sur la terre, la tête couverte de cheveux blancs et les bras vides? »

VI

Le prix d'un tombeau. — Un préfet peu lettré. — Historien et poëte. — Le dernier asile du philosophe. — Le professeur La Romiguière. — La médaille d'honneur de Cély.

Ici s'arrêtent les derniers bonheurs de cet homme excellent entre tous les hommes qui, de nos jours, se sont fait un nom dans les lettres. Il avait fondé, sur cet enfant de son âme, toutes ses espérances, et l'enfant n'était plus. Adieu donc aux beaux rêves, aux vastes pensées, aux transports des noces prochaines, aux petits enfants joyeux dont le père et le fils s'entretenaient dans leurs promenades solitaires! Adieu à cette grande métairie où la famille entière devait se cacher quand l'*Histoire des Français* serait complète... Il faut à cette heure acheter, non pas une métairie, mais un tombeau! Savez-vous cependant que c'est chose hors de prix que ces six pieds de terre perpétuelle qui se vendent aux cimetières publics? Or, ce père infortuné ne pouvait pas, en ce moment, trouver dans sa bourse épuisée un de ces domaines funèbres où le mort enfoui peut, du moins, reposer seul. Alors, pour que son fils échappât à cette misère, qui est regardée en notre pays d'égalité comme une honte, il fallut que ce malheureux père écrivît une humble supplique au bureau des pompes funèbres dans laquelle il représentait qu'il était impossible de laisser disparaître au fond de l'horrible fosse, la *fosse commune*, un jeune homme qui avait usé sa jeunesse et sa vie à rechercher les titres de noblesse de cette partie de la nation qui travaille et qui porte la chaleur du jour. Il avait consacré déjà tant d'années à la première histoire où le peuple ait joué son rôle ! Sa lettre écrite, M. Monteil la porte au bureau de la préfecture de la Seine, et, chose étrange, il ne se trouva pas dans cette administration si paternelle de la ville de Paris un jeune homme assez instruit pour savoir quel était ce M. Monteil, ou, tout au moins, une âme assez bienveillante pour s'enquérir de la réponse à faire à cette humble et éloquente supplique. Il reçut donc une de ces réponses banales qui conviennent à tous, et qui ne sont faites pour personne. « On regrettait... on ne pouvait pas ; on n'avait pas de fonds !... » Ah ! maladroits surnuméraires, maladroits et sans pitié, qui brisez d'un trait de plume une sainte espérance ! Il faudrait, pour votre juste châtiment, afficher la lettre de M. Monteil à la porte des ministères et des préfectures ; elle servirait de leçon aux employés à venir. Cependant M. Monteil ne se tint pas pour battu, et il s'en alla porter son humble prière à M. le préfet de la Seine, un homme certes affable et bienveillant, mais peu versé dans la connaissance de certains livres, et qui ne se doutait guère de toutes les peines et de tous les travaux que peut contenir un seul chapitre. Donc, notre historien, quand il se présenta, tête nue, au premier magistrat de la cité, l'aborda d'un seul mot : « Je suis Monteil ! » Dans sa pensée, à ce mot-là : *Je suis Monteil*, M. le préfet devait se dire : « Allons, soyons justes. J'ai sous les yeux un homme qui a consacré ses nuits et ses jours à un livre que personne n'avait entrepris avant lui. » *Je suis Monteil!* c'est-à-dire je suis ce père infortuné qui vous implorait hier, afin d'obtenir, dans tout cet espace des campagnes dévastées que la ville de Paris vend aux morts opulents, un petit coin réservé où je pusse enterrer mon fils unique! A ce cri parti de l'âme et des entrailles de ce malheureux, le préfet interdit ne sut que répondre. « Ah! s'écria le vieillard, qui s'attendait à être reçu les bras ouverts, je suis perdu! Vous ne savez pas qui est Monteil! » Et il descendit l'escalier de l'hôtel de ville, tenant sa main tremblante sur ses gros yeux pour cacher de grosses larmes qu'il ne pouvait pas contenir.

Il fallut donc obéir absolument à cette nécessité si cruelle, M. Monteil vit son fils disparaître au fond de cet abîme. Infortuné! quelques-uns de ses meilleurs disciples l'accompagnèrent, en pleurant, à cette tombe immense; ils ont signé leur nom ami sur ce livre qui tient lieu de pierre funéraire au jeune Alexis Monteil. Voilà, je pense, une terrible et touchante histoire, une tombe lettrée aussi triste que tous les tombeaux de tant d'écrivains que nous avons menés déjà à leur dernier asile, où ils restent seuls et à peine abrités sous un monceau de fleurs d'immortelles tombées en poussière! A ce vaste charnier de la mort s'arrêtent les mémoires de M. Monteil : il n'a pas eu la force d'en écrire davantage. A compter de ce jour funeste, il s'est replié plus que jamais sur lui-même, dans le travail, dans la pauvreté, dans l'abandon, dans le silence. A peine, de temps à autre, le soir venu, vous le rencontriez dans quelque allée du bois de Boulogne aux environs de Passy, où il occupait une masure. Il allait seul, rêvant à ses histoires et à ses morts, pendant que, dans l'allée opposée, une autre ombre allait aussi, silencieuse et calme, à la poursuite d'un poëme commencé. Dans cette allée errait M. Monteil; dans l'allée opposée se promenait Béranger, son voisin, et je ne crois pas qu'ils se soient jamais adressé la parole en passant. Ils étaient faits cependant l'un et l'autre pour s'aimer et pour se comprendre, et jamais peut-être la gloire éclatante du poëte ne se fût trouvée plus à l'aise que dans la douce obscurité de l'historien philosophe. — Enfants du peuple l'un et l'autre, amis du peuple tous les deux, Béranger chantait les heures de repos de ce travail que M. Monteil indiquait dans ses livres ; il était le poëte de ces esprits dont M. Monteil était l'historien. Lui aussi, s'il n'avait pas supprimé dans ses poëmes, comme le faisait son voisin dans ses livres, les rois et les puissants de la terre, il leur faisait une guerre impitoyable ; disons tout, en dépit de l'apparence, le poëte était moins bonhomme que l'historien des *Divers états* ; Béranger aime la lutte, il la cherche, il l'appelle ; il est habile à l'attaque, ardent à la défense ; au contraire, M. Monteil n'attaque guère, il ne se défend pas, il poursuit obstinément uue idée arrêtée à l'avance dans son cerveau.

Il a langui ainsi bien longtemps, cherchant le repos et ne l'attendant plus guère que de l'extrême vieillesse. A cette heure, il avait bien rabattu de ses premières prétentions, et, pour tout domaine, il se contentait d'un toit de chaume, entre deux jardins, non loin de ce Fontainebleau, où le ramenait le souvenir de sa chère Annette. Il trouva à Cély, qui est un petit hameau sur le grand chemin, une maisonnette à sa convenance ; il acheta la maison de Cély au prix de 8,000 francs, tout son avoir. Ainsi, après trente-cinq ans d'un travail assidu et d'une vie indigente, il avait perdu 2,000 francs du capital que son père et sa mère lui avaient laissé.

Notez bien que, malgré ses huit tomes de l'*Histoire des divers états*, M. Monteil n'était que cela : *propriétaire à Cély*. Des justes honneurs réservés à la science, aucun ne lui avait semblé mériter les humiliations et les souffrances par lesquelles il faut passer avant de les obtenir. Il se répétait souvent cette parole de Sénèque, qu'il était pour lui-même un assez grand théâtre, obéissant en ceci à ce vrai sage, à cet éloquent M. La Romiguière, qui était son meilleur ami. « A quoi bon ces vanités qu'on te refuse, ami Monteil? disait M. La Romiguière; en quoi viendront-elles en aide à ta vie? et qu'en feras-tu à ta mort? Vivons cachés; vivons sans récompense, et contentons-nous du petit bruit que font nos livres sans y ajouter des bruits factices et des titres menteurs. » M. La Romiguière et M. Monteil s'aimaient d'une amitié tendre et dévouée; ce fut même une ruse de celui-là qui fit trouver un libraire à celui-ci. M. La Romiguière, en secret, répondit du premier livre de M. Monteil. Le banc de pierre du jardin du Luxembourg, sur lequel ils avaient coutume de s'asseoir, a survécu à la double pairie, aux pairs du roi Charles X, à ceux du roi Louis-Philippe. La mort de M. La Romiguière fut une grande perte pour M. Monteil; il en resta effarouché pour le reste de ses jours; son ami absent, il a vécu dans un isolement complet. Une distraction, une fête, un plaisir, une soirée, un désir d'ami, une belle voix qui chante au piano, une réunion de beaux esprits et de femmes ajustées à ravir, les discours, les causeries, l'ironie et la vie à cinq ou six amis qui, de temps à autre, s'abandonnent au plaisir de faire bonne chère et de boire à petits coups des vins choisis, ces heures légères durant lesquelles il est impossible de vieillir, M. Monteil ne les a pas connues. Il a vécu seul, sans être misanthrope; il a mangé du pain, il a bu de l'eau fraîche, sans être un anachorète. Dans ce petit village de Cély, où les soins les plus tendres lui ont été prodigués par ses neveux et par sa nièce adoptive, il s'abandonnait à mille rêveries utiles; il était comme ces grands collectionneurs qui, après avoir ramassé les plus belles estampes des premières écoles, finissent par recueillir des images. Après avoir écrit l'histoire entière de la France industrieuse, il se met à écrire, à ses heures, l'histoire du village en général, et particulièrement l'*Histoire de Cély*, un livre qui eût été certes son plus beau livre, et dont il ramassait les divers matériaux avec autant de soin que s'il eût voulu raconter de nouveau tout l'établissement du moyen âge.

In tenui labore, at tenuis non gloria, si quis...

c'est du Virgile, et M. Monteil le savait par cœur. Il aimait le village, il aimait principalement le village de Cély ; il en savait les mœurs, les habitudes, les fêtes, les travaux, les plaisirs. Il avait recueilli les gais noëls villageois et les noms inscrits sur les croix du cimetière ; il savait les dettes de la commune, il en connaissait les ressources ; il vous montrait d'un doigt intelligent ses diverses limites au nord, au sud, à l'orient : « L'église est au midi, le château est au nord. » De l'église, il vous disait tous les curés ; du château, il vous disait tous les maîtres, à dater de l'an 1626, sous le roi Louis XIII, surnommé *le Juste* parce qu'il était né sous le signe éclatant de *la Balance*, à finir par madame la marquise de Boisgelin, héritière de la maison de Harley. Dans ces traces effacées, il avait retrouvé la trace savante de M. de Thou et les pas légers de M. de Cinq-Mars. Pas un champ de blé et pas un arpent de bois dont il ne racontât la généalogie. Ceci, à la princesse de Talmond... Cela, à Jean Lecard. Il s'attachait surtout aux plantations, aux semailles, aux récoltes, aux vendanges ; il interrogeait les bergeries et les étables ; il décrivait à la façon d'un homme pratique les outils et les instruments aratoires, reconnaissant à chaque pas les forces et les grâces que la main de Dieu peut semer en un si petit espace : arbres et rochers, bois et prairies, vignes et jardins. Il s'éveillait au claquet du moulin, au bruit du soufflet de la forge vigilante ; il s'endormait au dernier chant de l'oiseau célébrant la fin d'un beau jour. Les villageois le saluaient comme un bonhomme dont ils honoraient la pauvreté et la vieillesse ; il leur avait taillé, dans les registres de la paroisse, une généalogie à leur usage ; il avait retrouvé un Jean Brossard, dixième du nom ; un Jacques Rousseau, qui remontait, non pas sans étonnement, à son trisaïeul. Arbre généalogique écrit sur les bouleaux et sur les saules de ces campagnes. C'était un essai que faisait M. Monteil, un avancement d'hoirie à ces braves gens, qu'il voulait récompenser avec un peu de cette gloire posthume qui éclaire à peine les tombes illustres. Un peu de bruit après soi dans ce monde où l'on passe, il n'y a pas de plus douce et de plus utile récompense ; c'est pourquoi M. Monteil écrivait l'*Histoire du village de Cély*, afin que, sur le plan de cette histoire modèle, ou pût dresser quelque jour l'histoire universelle des quarante-deux mille communes de France. *Cœli enarrant gloriam tuam!* lui disions-nous dans un jeu de mots qui le faisait rire. Il a vécu jusqu'à la fin dans ses rêves, « et jamais, disait-il, je ne suis plus dispos que le matin, assis à ma table de travail, lorsque je vois ma pensée et le rayon d'en haut colorer mes rêveries des plus fraîches couleurs de l'espérance. »

Avant de mourir, il voulut réaliser un peu de cette joie à laquelle il avait rêvé toute sa vie. Il était bien pauvre, et cependant il a fondé dans son village de Cély, qui le croirait ? une médaille d'honneur, et pour la fondation perpétuelle de cette médaille d'argent, « ledit sieur Monteil, habitant du village de Cély (canton sud), consent à la vente de deux ares quatre centiares (quatre perches) de bois taillis, essence de chêne... ; » lui-même, du fond de sa tombe, il désigne aux récompenses à venir l'homme qui aura desséché une mare du village, celui qui aura planté les plus belles treilles autour de sa maison ; il donne une médaille au plus habile laboureur, une médaille à la bonne garde-malade, une récompense à la bonne servante, à la villageoise conteuse de la veillée ou du lavoir qui ne dit que des fables décentes, une médaille au berger qui traite avec douceur les animaux confiés à sa garde et *qui se rappelle que nous avons tous le même Créateur.* C'est ainsi que ce galant homme ajoutait l'exemple au précepte, le bien faire au bien dire. — Et nous qui l'avons connu, qui l'avons aimé, nous qui étions dans le secret de ses ennuis et de ses espérances, nous ne pouvions pas le laisser disparaître dans l'ombre et dans le silence, entre deux révolutions, comme on fait justement pour les gloires inutiles, bonnes tout au plus, après tant de tumultes et d'écume, à compléter la poussière et le néant des futiles grandeurs de chaque jour !

ARMAND CARREL

INAUGURATION DE SA STATUE DANS LE CIMETIÈRE DE SAINT-MANDÉ

Nous aussi, nous nous sommes rendu à ce triste pèlerinage; nous n'avons pas voulu laisser passer ce funèbre anniversaire sans apporter le tribut de nos regrets à cet homme mort si misérablement et si jeune. Celui-là était l'honneur de la presse périodique; car cette presse que l'on insulte, que l'on accable de pamphlets et d'outrages, elle a cependant ses grands hommes et ses héros, elle a ses orateurs, plus éloquents mille fois que les orateurs de la tribune ou du barreau, ou même de l'Église chrétienne, quand la parole du missionnaire parlait plus haut que la parole même du législateur. Cette presse que l'on accable de pamphlets et qui porte même dans son sein des renégats sans talent qui mordent leur nourrice, elle a eu cependant ses jours de gloire et de triomphe, ses luttes ardentes et périlleuses, ses héros morts au champ d'honneur. Les plus grands noms de la France se sont fait inscrire sur cette longue liste des écrivains périodiques, et, grâce à cet accord unanime, à ce besoin de la publicité sans cesse renaissant, le journal est devenu l'égal de toutes les autres puissances, que ces puissances tiennent l'épée ou le sceptre, qu'elles règnent par la croyance ou par la peur.

Mais nous autres, dans cette ovation posthume de l'écrivain que nous avons tant admiré et tant aimé, nous avons laissé passer la foule de ses amis et de ses admirateurs. De toutes les nobles passions qui animaient Armand Carrel, il en est une seule que nous ne comprenons pas, la passion politique ; car nous sommes avant tout des artistes et des poëtes, nous recherchons la paix et le calme, comme tant d'autres recherchent la foule et le bruit ; nous autres, qui ne comprenons guère à quoi bon ces mouvements furieux qui renversent les trônes et les villes, le tumulte de la place publique ne nous convient guère, le choc des partis nous épouvante, et, dans la plus solennelle réunion politique, nous ne voyons guère qu'une chose, la forme des discours qui se prononcent du haut de la tribune. Si cette forme, en effet, est belle et grande, si cette parole est sonore et nettement accentuée, alors nous applaudissons volontiers à l'orateur, quelle que soit sa bannière, quel que soit son nom propre, Thiers ou Fitz-James, Guizot ou Berryer. Pour nous, il n'y a que les luttes du talent qui soient dignes d'attention ou d'intérêt. Que nous importe, en effet, le fond éternel et monotone de ces disputes sans fin ? C'est la forme qui leur donne toute leur importance. Ces disputes-là seraient mortes depuis le commencement du monde, si tant de grands orateurs, tant de grands écrivains ne s'étaient pas rencontrés sans fin et sans cesse, pour rajeunir ce canevas usé d'aristocratie et de démocratie, pour mener les deux camps à ces batailles acharnées et sans résultat, pour tenir en éveil l'attention du monde, pauvre dupe, qui ne s'aperçoit pas, tant le talent sait rajeunir toute chose ! que l'humanité tourne sans cesse dans le même cercle vicieux de révolutions accomplies et à refaire ! Voilà pourquoi nous venons d'ordinaire tout seuls, et quand les partis ont fait silence, apporter notre hommage sincère et recueilli aux hommes illustres de chaque parti. Notre opinion, à nous, c'est le talent, c'est l'éloquence, c'est le génie. L'autre jour, nous regrettions M. le duc de Fitz-James, comme l'un de ces rares gentilshommes, le soutien des trônes qui se défendent, la dernière protection des monarchies qui ne sont plus. Aujourd'hui, voilà que nous allons au tombeau d'Armand Carrel pour reconnaître, à cette place, un des plus grands écrivains qui aient porté dans la presse les inspirations toutes-puissantes d'un rare talent, d'une vive intelligence, d'une passion infatigable, en un mot, toutes les excellentes qualités qui en auraient fait plus tard un grand orateur et un admirable chef de parti.

Nous pouvons en parler, nous autres, car nous l'avons connu et nous l'avons bien aimé. Comme il connaissait, tout en la pardonnant, notre indifférence politique, il ne nous parlait guère que des passions qui nous étaient communes, à savoir : de belle prose et surtout de vers, des drames qui le faisaient pleurer, des livres qu'il trouvait bien écrits, des comédiens qui allaient à son âme, des tableaux qu'il aimait le plus, des grands artistes et des grands ouvriers dans tous les genres. Car cet homme, tout rempli des plus nobles emportements, dont l'indignation était si féconde, dont la colère était si terrible, et qui, d'un trait de plume, soulevait tant d'idées politiques, il était, dans ses moments de loisir, le plus aimable et le plus charmant des hommes. Il aimait la belle forme avec une passion qui se retrouve dans toutes les pages qu'il a écrites ; toutes les inspirations lui convenaient pourvu qu'elles partissent d'un cœur honnête. Malgré le dévouement qui le portait à la cause qu'il avait adoptée, il comprenait très-bien que l'on pût s'occuper exclusivement des beaux-arts qui charment la vie, et, lui-même, il se sentait pour les arts de la paix un vif penchant. Que de fois nous l'avons rencontré admirant les tableaux de la galerie du Louvre ! que de fois nous l'avons rencontré au Théâtre-Français, quand le théâtre était désert, prêtant l'oreille aux tragédies de Corneille, pour lequel il avait l'admiration la mieux sentie ! Et, quand la tragédie était achevée, vous étiez sûr de le rencontrer encore au foyer du théâtre, contemplant en silence la tête souriante et mélancolique du Molière par Houdon. Deux jours avant sa mort, il y était encore, et c'est à cette place que nous l'avons vu pour la dernière fois. Qui nous eût dit que cet homme si puissant par la pensée, par la parole, par le style, était un homme mort? Hélas !

Entre autres délassements de ce noble esprit, il y avait un comédien qui le faisait rire aux éclats, mais de ce gros rire de dix-huit ans, qui ne se montre qu'à de rares intervalles, et qui devient plus rare à mesure que vous vieillissez davantage ; ce comédien-là, c'était Odry. Armand Carrel allait plus d'une fois à l'orchestre du théâtre des Variétés, pour entendre ses admirables bêtises. Puis, quand le rire avait cessé, il retournait à son journal, et, là, il reprenait quelques-unes de ces dissertations puissantes auxquelles toute la France était attentive le lendemain. Noble jeune homme, quel grand cœur il avait ! comme il était heureux de peu, content de peu ! Qui de nous ne se souvient de l'avoir vu parcourir, au galop, le bois de Boulogne ou le Champ de Mars? Alors sa tête s'animait de plus belle ; l'homme politique disparaissait ; vous n'aviez plus sous les yeux que le jeune capitaine qui songeait à vivre, à être heureux. Comme tout cela s'est perdu, vous le savez. Ce fut là un grand deuil pour tous ceux qui avaient pu juger, non-seulement le présent, mais l'avenir de cet homme. Grande pitié, en effet, et grand dommage de voir tant de belles et nobles qualités de l'esprit et du cœur, un talent si rare, une éloquence si naturelle, un si beau style, une intelligence si vaste, un historien qui eût été le maître de l'histoire contemporaine, tout cela détruit d'un seul coup ! tout cela mort et à jamais perdu ! Cette perte a été grande pour les uns et pour les autres; les amis politiques d'Armand Carrel ont perdu, ce jour-là, le plus digne chef qui pût les mener d'un pas plus ferme et plus loyal à la conquête de ces destinées nouvelles que tant de bons esprits regardent comme des fables impossibles. L'autorité d'Armand Carrel était si grande dans son parti, qu'il pouvait s'opposer, jusqu'à un certain point, même aux violences imprévues dont aucun parti n'est exempt dans ce malheureux pays de France. Quant aux hommes d'imagination et de loisir qui, par la nature de leurs travaux et de leurs études, ont voulu rester neutres dans ces tristes débats, ils ont perdu, en perdant Armand Carrel, un ami bienveillant, un juge éclairé de leurs travaux et de leurs efforts, un protecteur assuré contre les cruautés de ce qu'on appelle la presse avancée. Ils ont perdu leur intermédiaire officieux contre des passions qu'ils ne pouvaient ni comprendre ni partager.

Donc, l'autre jour, à la nuit tombante, nous avons fait notre visite au cimetière de Saint-Mandé. Après tous les grands bruits de cette multitude recueillie qui se pressait autour des orateurs, le cimetière était redevenu silencieux et désert. A cette heure, un jour ordinaire, le cimetière eût été fermé jusqu'au lendemain, jusqu'à l'heure où la porte s'ouvre de nouveau pour laisser entrer les nouveaux morts de chaque jour ; cependant, nous avons traversé lentement ces tombes modestes, dont la plus opulente est chargée d'une pierre. Déjà l'oubli a passé sur toutes ces poussières ; il n'y a plus que les tombes les plus récentes qui soient chargées de fleurs à demi fanées. Ces croix de bois, toutes fragiles que vous les voyez, ont encore duré plus longtemps que la douleur éternelle qui les éleva à cette place. Ne vous fiez pas aux larmes des hommes ; ne comptez pas sur leur deuil ; estimez-vous heureux si leurs regrets durent plus d'un jour. A peine mort, on se partage vos dépouilles, votre renommée se divise, votre gloire s'en va par mille parcelles inaperçues ; l'enfant que vous avez élevé vous oublie ; la femme que vous avez nourrie passe à un autre ; la génération que vous avez charmée de vos vers les récite sans se souvenir du poëte ; le peuple, que vous avez défendu, passe son chemin sans demander même si vous êtes mort. Triste spectacle, un cimetière ! Là, surtout, vous comprenez toute la vanité des choses humaines. N'avons-nous pas vu dernièrement le dernier prince de Condé étendu dans son cercueil? Le cercueil était posé sur des tréteaux ; il était seul. Une lampe funèbre devait éclairer ce dernier asile d'un prince si puissant et si riche ; la lampe s'était éteinte faute d'un peu d'huile. Ainsi, ce vieux Bourbon, qui était le maître des plus beaux domaines de ce monde, n'a pas conservé de quoi entretenir une lampe à son cercueil !

Oui ; mais, quand par hasard le deuil du premier jour se conserve intact, quand les fleurs de la première douleur ne sont pas tout à fait fanées au bout de vingt-quatre heures, et qu'une main pieuse, les trouvant penchées sur leur tige, les relève ; bien plus, quand, après trois ans de mort, trois siècles pour l'oubli, sur cette terre encore humide, car on y a pleuré la veille, vous voyez se dresser tout à coup le monument de marbre ou de bronze, oh ! alors, vous pouvez bien vous dire qu'il y a en effet, sous ce bronze ou sous ce marbre, un homme qui n'était pas un homme vulgaire : car cet homme a été pleuré au delà de toutes les limites vulgaires de la douleur. Que ce soit sa femme, que ce soit son fils, que ce soit tout un peuple, que ce soit seulement un parti qui pleure ainsi cet homme mort, tenez-vous pour assuré que c'était véritablement une créature à part ! Aussi, vous ne sauriez croire l'effet produit par cette statue posthume, élevée tout d'un coup à cette place, au milieu d'un cimetière de campagne, entre ces modestes tombeaux !

Il vous souvient de la statue du Commandeur quand elle est remontée sur son piédestal, dans le cimetière de Séville? Dans le cimetière de Saint-Mandé, l'effet est le même. — Retrouver ainsi, non loin du champ où il tomba, ce jeune et glorieux écrivain, debout sur sa fosse et dans l'attitude solennelle d'un homme qui parle et qu'on écoute, le front inspiré, le regard pensif et tout noir, le visage tout animé de cette conviction puissante qui produit les belles passions et les beaux ouvrages, n'est-ce pas que cela est étrange dans ce siècle où rien ne finit, où rien ne s'achève? Ce monument est tout à fait digne du sculpteur qui l'a élevé. M. David (d'Angers) s'est souvenu avec un rare bonheur de l'homme qu'il devait représenter : il a montré Armand Carrel paraissant à la barre de la pairie, et lui demandant : « Qu'avez-vous fait du maréchal Ney? » C'était tout comme si l'on eût demandé à Macbeth : « Qu'as-tu fait de Banco? » Malheureusement, à cette représentation presque héroïque des grandes actions du courage civil, il y a chez nous des obstacles presque insurmontables. Le costume surtout, cet habit étriqué et sans grâce, cet horrible pantalon, mal fait toujours, ces bottes difformes, rendent impossible, sinon l'héroïsme, du moins la statue ou le tableau qu'on veut représenter. Nous comprenons très-bien l'héroïsme de l'uniforme, du manteau royal, de la cuirasse brillante, de la toge traînante, l'héroïsme des diamants et des perles, et des robes de soie, des têtes féminines et couronnées. Nous comprenons très-bien l'héroïsme de l'homme à cheval ou dans le conseil du roi ; bien plus, nous comprenons jusqu'à un certain point l'héroïsme des haillons, de l'agonie, des bras nus, des visages noircis par le soleil et par la poudre. Mais ce qui est bien difficile à comprendre, ce qui est presque impossible à représenter, c'est un héros vêtu d'un habit noir, les pieds dans des bottes, le cou emprisonné dans une cravate, un héros habillé comme tout le monde. Vous avez vu, au musée de Versailles, plusieurs batailles des barricades dans les trois jours; l'un de ces tableaux est d'Horace Vernet, et, sans nul doute, vous avez remarqué, au milieu des pavés, ce jeune bourgeois en habit de velours vert-émeraude, qui fait le coup de fusil au milieu du peuple. Eh bien, il n'y a jamais eu, le 27, ni le 28, ni le 29 juillet, d'homme en redingote vert-émeraude; c'est une pure invention du peintre; mais le peintre avait besoin de ce vert-émeraude et de ce velours, et il a bien fait de l'inventer. Nous ne voyons pas pour notre part que ce ne soit pas là un des droits du peintre ou du sculpteur, d'habiller ses héros avec des habits convenables pour l'histoire. Certainement, M. de Voltaire n'était pas vêtu comme Houdon le représente. Il n'a jamais eu cette robe traînante, ces larges souliers ; il portait, au contraire, la plus belle culotte de son siècle, et il avait sans cesse la tabatière à la main. Cependant, le Voltaire de Houdon est devenu le Voltaire véritable. Aujourd'hui, le Voltaire en culotte courte et la tabatière à la main, ne serait plus qu'une horrible charge.

Or, voilà une des difficultés que M. David, quand bien même

il l'eût voulu, ne pouvait pas tourner. Armand Carrel est trop près de nous pour qu'on puisse lui donner d'autres habits, une autre attitude ; et, comme, d'ailleurs, il avait les mains très-belles, le visage à la fois inspiré et pensif, le cou très-beau, le geste très-hardi, le sculpteur, en homme habile, s'est attaché à reproduire les signes particuliers de son modèle. Il faut donc laisser de côté le peu de grâce de ce vêtement, pour ne regarder que ces heureux détails et cette ressemblance incroyable ; mais aussi, personne de nos jours, plus que M. David, ne s'est dévoué corps et âme à la représentation des têtes historiques. Il a donné à la sculpture moderne un caractère sérieux et monumental, pour lequel la sculpture moderne n'avait guère de penchant, tant elle était encore éprise des déesses païennes et des amours de la mythologie antique. Les plus grands poëtes de l'Europe moderne, Gœthe et M. de Chateaubriand, ont posé devant M. David, et ils ont été bien étonnés l'un et l'autre, au sortir de ses mains, de se trouver la tête encore plus grande que celle que leur a donnée la nature : c'est que l'artiste avait mis en dehors ce qui était en dedans ; à force d'approcher de ces rares intelligences et d'en étudier l'enveloppe, et de voir tout à l'aise comment ces âmes d'élite se manifestent par le regard, par le sourire, par le froncement du sourcil, le sculpteur a fini par deviner plusieurs des mystères de ces rares natures ; il a fini par comprendre que de très-grandes âmes peuvent, en effet, animer de petits corps ; et bientôt cette exagération a fait place à une représentation plus simple et plus naturelle. La statue d'Armand Carrel est tout à fait dans ce dernier système ; le sculpteur n'a rien exagéré, il n'a rien agrandi ; il a fait de celui que nous avons tous vu, connu et aimé, le même homme si simple et si beau, si calme même dans ses plus grands moments d'éloquence, si rempli d'imprévu surtout, et qu'il fallait saisir à la hâte si on voulait le bien voir tel qu'il était. Et voilà justement pourquoi ce bronze produit un effet si puissant : il est simple, il est vrai ; la tête est étudiée avec un soin admirable ; seulement, nous aurions voulu, sur ce beau visage, quelque peu de cette tristesse si touchante à laquelle il était impossible de résister.

Pendant que nous étions à considérer cette image, qui ajoutera beaucoup à la renommée de son auteur, nous pensions aussi à tous les travaux, à toutes les luttes que cet homme placé là a évités par sa mort. Que de choses se sont passées depuis, auxquelles Armand Carrel ne fût pas resté étranger! que de batailles il eût livrées! que d'assauts il eût soutenus! que d'esprits égarés il eût arrêtés sur le penchant de leur ruine! que d'émeutes il eût comprimées! que de malheurs il eût arrêtés! La vie de cet homme était utile, parce qu'il était intelligent, parce qu'il savait prévoir. Sa passion était respectable, parce qu'elle savait s'arrêter et se souvenir. Il n'eût pas réuni, croyez-le bien, autour de sa tombe illustrée, toutes les sympathies qui l'entourent encore, s'il n'eût été qu'un grand chef de parti ; il était mieux que cela : il était un homme de bien, un homme de cœur.

Cependant, le jour s'avançait, la nuit tombait peu à peu, le fossoyeur avait achevé son œuvre ; il avait fermé tout à fait la nouvelle tombe ; il avait laissé l'ancienne fosse tout ouverte, attendant un nouveau mort. Autour du monument, on mettait tout en ordre, on étayait les jeunes cyprès qui doivent l'ombrager ; un maçon, armé d'un ciseau criard, frottait la pierre du piédestal comme si le temps n'était pas là pour la polir et pour lui donner bientôt l'éclat du marbre. Sur la tête de la statue, le vent du soir agitait une couronne d'immortelles. Nous sortîmes du cimetière dans le même recueillement que nous y étions entrés, et nul n'aurait pu deviner, à nous voir revenir seuls et dans ce grand silence, que nous venions d'accomplir le même pèlerinage que cette foule immense qui était venue, le matin même, pour entourer de ses respects la tombe glorieuse d'Armand Carrel.

LA SORCIÈRE DU XIXe SIÈCLE

Elle est morte, c'est un fait sûr, personne n'en doute; elle est partie comme nous partirons tous, sans tambour et sans trompette. Pas un balai n'a manqué dans sa maison, et, d'ailleurs, si elle eût voulu aller au sabbat, elle y fût allée en fiacre ou en demi-fortune, sa fortune le lui permettait. Cependant, est-elle bien morte? n'est-elle pas allée autre part, fatiguée qu'elle était d'entendre répéter depuis quelques vingt ans, à son oreille peu charmée, les mêmes ennuis, les mêmes histoires, les mêmes amours? Certes, voilà ce que personne au monde n'oserait affirmer. Toujours est-il que son nom, tour à tour charmant ou terrible, est couché à cet heure sur les registres des morts du onzième arrondissement de Paris. Bien plus, on a vu passer une bière toute blanche; cette bière était entourée de jeunes filles en voiles blancs, la tête couronnée de roses blanches; ces frêles mains portaient des cierges en chantant des cantiques. C'était l'enterrement de la sorcière du XIXe siècle!

> Elle a pris dans le ciel sa gaillarde volée,

comme disait Dubartas.

Donc, soyons circonspect, parlons peu, et prenons garde qu'elle ne nous entende; portons le respect convenable à cette frêle machine pleine d'un monde : *parvam machinam gravidam mundo;*

non, elle n'est pas morte, ou, du moins, elle n'est pas partie bien loin ; hier encore, par cette clarté blafarde que projetait dans le nuage la lune dont parle Nostradamus :

    La lune au plein de nuict planant sur le haut mont,

il m'a semblé entrevoir la magicienne à travers les vitres de son cabinet. Elle était assise, comme toujours, dans son fauteuil de velours d'Utrecht ; elle regardait les astres, les yeux fermés, et dans l'attitude d'une bonne femme qui se serait endormie en pensant à son déjeuner du lendemain. A ses côtés dormait un jeune chat, qui n'était même pas un matou, et plutôt blanc que noir ; autour d'elle circulaient, sans doute, tous les génies réunis et désormais oisifs, qui, depuis tant de siècles, n'ont pas eu d'autre profession que de prédire l'avenir : le démon familier d'Apulée, et le démon de Socrate, et le mauvais génie de Jamblique, et le bon génie de Porphyre, — vieux lutins à la barbe blanchie, qui n'avaient plus d'autre demeure que cette demeure. Là, ils s'étaient retirés comme les poëtes émérites se retirent à Sainte-Périne ; là, ils vivaient, comme dans un hôtel mal garni, des miettes qui tombaient de la table de l'enchanteresse. — Pauvres sorciers passés de mode, dont toute la science était de ne rien savoir :

    Fuit hæc sapientia quondam,
Scire nihil.

Sorcière ou non, que sa magie fût blanche ou noire, qu'elle sût lire couramment dans le *pentalpha*, qu'elle eût ou non deviné le *tohu* et le *bohu*, l'*eusoph* et l'*agla* de toutes choses, cette créature cabalistique était, à coup sûr, la femme parmi toutes les femmes de l'Europe qui a montré le plus d'esprit. Dites-moi, je vous prie, parmi tous les poëtes féminins de ce monde, un poëte plus occupé ; parmi toutes celles qui font des drames, une tête plus dramatique ; et, parmi les tricoteuses de romans, une main plus habile à nouer et à dénouer le fil d'une intrigue !

Au milieu de toutes les intrigues, de toutes les passions, de toutes les terreurs parisiennes, elle s'était placée comme fait l'araignée, au milieu de sa toile, et, là, elle attendait ce que lui amenait le hasard : — des amours trompés, des ambitions déçues, des espérances, — vaine fumée, — tous les timides battements des plus tendres cœurs. C'était là sa proie de chaque jour. Elle vivait de tous ces mystères; elle se désaltérait de toutes ces larmes. En effet, songez à cette joie, à savoir que, chaque jour, chacun viendra vous conter les peines les plus cachées de son cœur. Ne rien dire, et tout entendre, et tout deviner, comme si on était un confesseur! Régner par le regard et par le toucher : *visu et tactu!* Et régner ainsi pendant quatre-vingts ans! Tel a été le bonheur de mademoiselle Lenormand. Comparées à cette heureuse et innocente mégère, que deviennent, je vous prie, les plus fameuses devineresses : Circé, Médée, Canidie, et les Thessaliennes d'Apulée, et même l'Angélique de l'Arioste, et l'Armide du Tasse, et la Mandrague de l'*Astrée?* Magiciennes d'un jour!

De cette femme, on peut dire, à bon droit, ce que disait Néoclès à la louange de son frère Épicure, que, « lors de la génération, la nature avait assemblé tous les atomes de la prudence dans le ventre de sa mère. » Enfant, elle avait été soumise *à toutes les causes externes de l'air du pays des astres*. Aussi bien, l'esprit qui était en elle, n'avait-il pas longtemps attendu avant de se révéler aux mortels. Elle était encore un nourrisson au berceau, qu'elle prédisait, deux ou trois fois chaque jour, par un geste imperceptible de ses lèvres, que le lait était remonté au sein de sa mère. Elle n'était pas au couvent depuis six mois, qu'elle pouvait prédire, à une minute près, à quelle heure elle aurait le fouet ou le bonnet d'âne. Au premier son de la cloche, elle disait tout de suite : « C'est le dîner! » ou bien : « C'est le goûter! » Elle se plaisait à ces tours de force, qui ont bien étonné ses condisciples et madame la supérieure des Ursulines. Déjà on la mêlait à tous les récits diaboliques de loup-garou, du moine bourru de Paris, de la bête du bailli de Pontoise, toutes créatures fantastiques dont on ne parle plus aujourd'hui, depuis que nous avons à notre service tant de tables qui parlent et de journaux qui ne parlent pas.

Jeune fille, cette faculté divinatoire ne fit qu'augmenter et grandir. Quand elle eut dix-huit ans, comme son œil était vif et noir, sa peau blanche et veloutée, elle se prédit à elle-même qu'elle aurait beaucoup d'amoureux ; mais, en même temps, elle n'avait pas de dot, et elle se prédit qu'elle ne trouverait pas facilement un mari. Enhardie par l'accomplissement de ses prédictions, elle commença à faire un peu de politique, et, voyant passer sous ses yeux les tombereaux de 93 tout chargés de nobles victimes, elle prédit que la France, toute lâche qu'elle était, ne se laisserait pas traîner ainsi en masse à l'échafaud. Rien qu'à voir Robespierre, elle prédit que Robespierre mourrait de la mort de Danton. La France battit des mains, vous savez avec quelle joie! à cette prédiction de la sibylle! De ce jour commença la popularité de cette femme. Les victimes voulaient savoir ce que deviendraient leurs tyrans. Aux tyrans et aux esclaves, elle prédit qu'un homme viendrait pour imposer silence à tous ces tumultes.

Cet homme vint en effet, et il lui dit comme il est dit dans la Bible : « Ne savez-vous pas bien qu'il est facile aux grands princes et seigneurs comme moi de consulter les devins et les augures? » Et elle prédit à cet homme, le lendemain même du 18 brumaire, qu'il serait, avant peu, l'empereur Napoléon. Cet homme se mit à sourire et à croire la prophétie tout aussi bien que s'il n'eût pas été un esprit fort. *Qui cito credit levis est corde*, dit l'Ecclésiaste. Mais justement notre Circé comptait sur la légèreté du cœur des mortels.

Et surtout du cœur des femmes ! Elle savait que la femme, plus oisive que l'homme encore, est impatiente de l'avenir. Pour ces pauvres âmes en peine, le présent n'est jamais assez rempli ; le passé n'est plus qu'un rêve ; l'avenir est tout, et, dans l'avenir, elles regardent comme si elles y devaient voir autre chose que les rides, les dents absentes et la vieillesse, des horreurs! Pauvres créatures naturellement malades et tremblantes! les hommes les ont cruellement négligées sous l'Empire : à peine amoureux, ils s'en allaient à la bataille; à peine à genoux devant la personne aimée, et à l'instant où on allait leur dire : « Relève-toi! » soudain le tambour battait aux champs, et il fallait partir avant d'avoir entendu le *oui* charmant. Dans cette redoutable rivalité de la gloire, à qui tenir? à quoi tenir? à quels saints pouvaient-elles se vouer, ces pauvres femmes? Elles allaient toutes frapper à la porte de la pythonisse, et alors il fallait bien leur venir en aide, — rassurer ces âmes tremblantes, — panser ces pauvres cœurs qui saignaient, — ramener un peu de sommeil à ces beaux yeux qui suivaient, mais en vain, les jeunes capitaines de Napoléon dans un épais nuage de poudre et de fumée. Par charité et par pitié, une honnête femme se fût faite devineresse. La nôtre l'était depuis longtemps, et combien elle en a sauvé, de ces malheureuses, par la douche salutaire de ses innocents mensonges, l'*aspersio mendaciorum* de saint Augustin !

Ainsi peu à peu elle se vit forcée par le malheur et par l'abandon dans lesquels se trouvaient tant de pauvres femmes, de devenir sérieusement une pythonisse, une pythonisse calme, sérieuse, peu bruyante. Elle évoqua *les ombres des idées*, comme dit Salomon, et à chaque désespoir elle donna de bonnes paroles. C'est si rare et si doux, l'espérance! Et, chez notre magicienne, l'espérance était à si bon marché! Il y en avait pour toutes les fortunes, pour toutes les imaginations, pour tous les esprits. On en pouvait acheter pour cinquante écus à la fois, et pour dix francs en détail. Pour dix francs d'espérance... c'est bien peu, c'est tout ce qu'il faut souvent pour calmer ces âmes agitées. Dix francs! que peut-on avoir avec dix francs? A peine un livre tout rempli des amours d'autrui. à peine une place dans quelque théâtre où s'agitent des passions si peu semblables à nos propres passions !

Au contraire, la sibylle complaisante vous disait, pour dix francs, toutes sortes d'absurdes prédictions et de bonnes paroles. Elle vous disait, madame, qu'il ne fallait pas pleurer, car les pleurs gâtent le visage ; qu'il fallait dormir toute la grasse matinée, car l'insomnie rougit les yeux et flétrit la beauté. Et puis, qui sait? voici un roi de cœur bien conquérant ; vous le reverrez avant peu, et il vous reviendra avec *l'étoile des braves !* Oh ! oh ! le valet de pique ! Prenez garde, madame : c'est un mari brutal et qui vous surveille !

Ainsi la sorcière mêlait habilement le conseil à l'espérance ; en a-t-elle assez averti ! en a-t-elle assez sauvé ! Ceci entendu, on revenait chez soi d'un pas plus calme ; on pensait un peu moins au roi de cœur, un peu plus au valet de pique. Alors, bien prévenue, on le calmait, on l'endormait, on lui ôtait le soupçon, ce ver qui ronge ; bref, on finissait soi-même par s'endormir dans ces beaux songes qu'on avait achetés dix francs. Cela durait jusqu'à une nouvelle maladie, et alors la prophétesse, voyant venir la malade, se gardait bien de faire reparaître le roi de cœur. — Le roi de carreau, à la bonne heure, quelquefois même l'as de trèfle tout pimpant et qui sortait à peine de l'École militaire de Saint-Cyr.

Sérieusement, être sorcier, la chose n'est pas difficile, sorcier dans les conditions dont je parle. Cette pauvre espèce humaine est ainsi faite, qu'à tout prendre, l'âme de tous les hommes est malade des mêmes maladies. Divisez la vie en trois ou quatre parties : la jeunesse qui aime, l'âge mûr qui intrigue, la vieillesse qui se dévore le cœur faute d'aliments, et déjà vous avez accompli une bonne moitié de l'art des devins. Vous êtes assis au coin de votre feu, l'appartement est peu éclairé, vous-même vous tournez le dos à la lumière ; soudain, sans se faire annoncer, par la porte entr'ouverte, d'un pas ému et tremblant, une femme entre chez vous. Sans être un grand sorcier, rien qu'à voir entrer cette femme, vous savez déjà qui elle est. Cependant elle est assise, là devant vous, sous la lumière, vous restant dans l'ombre. Elle parle, — vous la reconnaissez à sa voix. Vous avez cent moyens de la connaître : — ses pieds, sa chaussure, — rien qu'à la façon dont son bas est tiré sur sa jambe, — vous savez qui vous parle ! — Et l'œil, et le regard, et le port ; — moins que cela, l'odeur errante autour de ce corps bien ou mal vêtu ! Il y a des odeurs cabalistiques : le benjoin, la violette, le nénufar, la rose même, pourvu qu'elle soit cueillie au mois de mai, le matin, par la rosée, dans le premier quartier de la lune. — Ces odeurs vous guident à merveille. Ce n'est pas tout encore ! il faut que cette femme inconnue se déshabille devant vous, car, le gant ôté, la femme est nue, — et alors elle vous tend sa main ; — cette main, vous la tenez dans les vôtres, — vous en suivez lentement les contours. Cette main, à qui sait lire, même sans avoir étudié *la Chiromancie de maître Jehan de Indagine*, elle va tout dire, — l'âge de cette femme d'abord, et ensuite ses travaux, ses agitations, ses chagrins, ses impatiences, son courage.

Plus n'est besoin, pour se retrouver dans ces lignes qui s'entre-croisent, de savoir quelles constellations répondent à ces lignes mêlées. Sans être un grand sorcier, vous allez dire à coup sûr : Voici la ligne de vie, — et la ligne de la fortune, — et la ligne qui conduit à la maison des parents, — et celle qui mène au berceau de l'enfant, — et celle qui pousse dans les voyages ; la ligne qu'on appelle *la joie du soleil,* et, en un mot, toutes les traces que laissent à la main laborieuse ou inoccupée l'aiguille de la mère de famille, la harpe de la baladine, et même le sceptre des reines. Triste sillon qui se projette depuis le zodiaque de vie jusqu'au palais des chartres et des prisons !

Eh bien, cette femme qui vient de disparaître dans *l'essence des essences,* pour parler comme saint Thomas d'Aquin lui-même, elle poussait, au plus haut degré, cet art de la divination à première vue. D'un coup d'œil, elle savait qui venait pour l'interroger. Elle reconnaissait les esprits forts à leur assurance, à leur air protecteur, et, pour ceux-là, elle était impitoyable. D'un geste indifférent et d'une voix monotone, comme si elle eût dit bonjour à son porteur d'eau, elle leur prédisait tant de malheurs, tant de catastrophes, tant de misères; elle en faisait si bien des gens ruinés, perdus, abîmés, égorgés même, que nos esprits forts s'en retournaient la pâleur et l'épouvante sur le visage.

Pour les naïfs, au contraire, elle était indulgente et humaine; elle semait leur vie de diamants et de fleurs; ce n'étaient qu'harmonie, tendresse, succès, riants aspects. Aux gens sérieux elle annonçait positivement le succès. Rien que cela, *le succès!* mais ce mot-là, dans son rayonnement universel, contient le monde. Ainsi elle était avec les hommes; elle était timide et mal à l'aise, et comme honteuse pour ces mâles esprits qui n'avaient rien de mieux à faire qu'à venir couper des cartes de la main gauche, chez une vieille femme de quatre-vingts ans. Aussi plus d'une fois a-t-elle traité ses pratiques mâles comme Théophraste Paracelse, qui était vraiment le zénith et le soleil levant de tous les alchimistes, traite messieurs ses lecteurs, c'est-à-dire avec des noms d'un sens bien difficile : — *Ens pagyocum, leffas, jesadaels.* Elle n'était à l'aise, elle n'était elle-même, elle n'était dans son génie qu'avec les femmes. Elle les connaissait jusqu'au fond du cœur. Certes, M. de Balzac est un grand anatomiste; George Sand tient le scalpel d'une main ferme; M. Eugène Sue n'y va pas de main morte; Frédéric Soulié ne se fait pas faute d'ouvrir le cœur pour voir ce qu'il contient... Pas un de ceux-là ne pourrait lutter pour la connaissance des secrets que contient l'âme des femmes avec cette petite vieille ratatinée, à l'œil inerte, à la joue flasque, aux dents jaunies, à la main sèche, à la voix sourde, saccadée, sans énergie et sans accent.

Les pauvres femmes! la sorcière les recevait au coin de son feu, au bruit de son pot, dans le plus ignoble des négligés; les bandelettes sacrées étaient remplacées par une perruque rousse; la verveine poétique par un bonnet sale, l'encens et la myrrhe par une odeur d'oignon brûlé. Il était impossible d'avoir renoncé davantage aux mystères et aux splendeurs de son art. A peine étiez-vous assise, elle déroulait ses cartes, et, d'un doigt mal lavé, sur la crasse de ces hiéroglyphes mal peints, elle lisait couramment la destinée de la malheureuse qui l'interrogeait. Avec un tact parfait, elle devinait l'âge, la condition, et les mille petites douleurs de la vie oisive, de la vie pauvre, de la vie riche ; elle reconnaissait toutes les passions à certains signes qui ne la trompaient jamais.

Une fois lancée, elle allait, elle allait toujours ; on l'écoutait bouche béante ! — Autant de couleurs, autant de douleurs (*tot dolores, quot colores*), dit Tertullien, c'en était assez pour que cette femme préjugeât bien des choses. On pâlissait, — on rougissait, — on s'étonnait, — on s'épouvantait, — on eût voulu l'arrêter à ce passage, — on eût voulu lui fermer la bouche à ce moment terrible. — Elle allait, elle allait toujours ; — puis soudain la voix tombait, — les cartes se repliaient sur elles-mêmes, — le jeu était fait. Elle ne vous voyait plus, elle n'entendait plus rien ; c'était au tour d'une autre pratique. Elle vous laissait là, éperdue, étonnée, tremblante, inquiète, malheureuse... Mais vous aviez joué votre petit drame ; mais on vous avait parlé de votre passion ; mais vous aviez été un instant le point de mire de cette femme qui savait si bien lire dans le livre intitulé : *de Secretis mulierum* (des Secrets de la femme), un livre qui a mérité le titre de sorcier au grand Albert.

Ainsi par les mains de cette sorcière calme et froide, ont passé, tremblantes, timides, obéissantes, toutes les femmes de ce temps-ci. La femme de l'Empire, oisive et désolée, qui pleurait son amant ou bien qui pleurait son fils ; — la femme de trente ans nouvellement découverte, un pied dans l'abîme ; — la femme émancipée, le philosophe porte-jupon et culotteur de pipes qui brise, en se jouant, les liens les plus sacrés, *les liens de la chair et de l'esprit ;* — la femme méconnue, qui rêve, qui crie, qui appelle, qui se débat dans le vide ; — la lionne, cet homme manqué ; — et toute cette infinie variété d'esprits mal faits, d'âmes éperdues, toutes ces variations lamentables de l'oisiveté et de l'ennui.

Elle a tout vu, elle a compris toutes ces misères, elle a touché toutes ces plaies, elle les a guéries autant qu'elle a pu les guérir ; elle a murmuré à leurs oreilles toutes les paroles bienveillantes qui les pouvaient calmer; elle a été comme l'*empsalmator*, qui endormait toutes les douleurs au murmure des psaumes. Certes, c'est grand malheur que les paroles d'une tireuse de cartes aient remplacé les consolations de la poésie biblique, que la curiosité imprévoyante ait remplacé la prière ; mais qu'y faire? D'où vient le mal? Le mal ne vient pas du jeu de cartes de la sibylle, le mal vient de l'ennui qui tue toutes ces pauvres âmes, le mal vient de la contagion de l'exemple. — *In nugas tam prona via est!* est-il dit dans le *Zodiaque de Vie;* singulière manie! et qui nous rappelle d'une triste façon ce que raconte Pétrone de cette ville des licences et des désordres, *où il serait plus facile de rencontrer un dieu que de rencontrer un homme.*

A propos de cette fameuse devineresse, mademoiselle Lenormand, nous possédons une histoire qui vous prouvera combien ce métier de devineresse est facile, et en même temps combien peu cela leur coûterait, à ces enfants perdus des passions folles, de se confier tout simplement à leur mère, cette divine enchanteresse de toutes les douleurs de l'enfant; ou, tout au moins, d'implorer l'aide et la protection d'honnêtes gens de bon conseil, — et comme elles seraient facilement sauvées, les malheureuses malades, si, au lieu de faire venir l'empirique, elles appelaient le médecin.

La maison de la devineresse est située dans une très-belle rue de Paris; rien ne l'indique au dehors, sinon une enseigne de libraire; — enseigne inutile, car c'est là une de ces portes mystérieuses si nombreuses à Paris et que l'on se montre d'un geste étrange, en passant. — Du reste, la rue est des mieux habitées par d'honnêtes gens, dont bien peu se sont doutés que le sabbat et la cabale fussent si près de leurs maisons. Un matin, un jour d'hiver froid et pluvieux, une bonne vieille dame, madame Lenormand, dont le nom restera attaché à jamais à la fondation du *Journal des Débats*, madame Lenormand, la femme du premier éditeur de M. de Chateaubriand, riche, honorée et bienfaisante, entourée de louanges et de respects unanimes, voit entrer chez elle une jeune personne qui pouvait avoir dix-sept ans, qui peut-être en avait seize. Dans son trouble, cette enfant croyait entrer chez mademoiselle Lenormand. « La magicienne ! » cria-t-elle. Elle était si agitée et si tremblante ! — Ses grands yeux étaient pleins de larmes, — ses cheveux blonds tombaient le long de ses joues ; — elle avait ses deux mains jointes et suppliantes. « Madame !... madame !... » s'écriait-elle. Les sanglots lui coupaient la parole. Cependant la vieille dame, qui est une femme d'un noble cœur, se sentit émue de pitié. A coup sûr, elle ne connaissait pas cette enfant, elle ne l'avait jamais vue ; mais une mère est la mère de toutes les jeunes filles qui ont l'âge de sa fille, — à plus forte raison une grand'mère ; — elle a transporté sa tendresse une génération au delà, et elle ne demande pas mieux que d'aimer, de protéger, de secourir.

Donc, sans demander son nom à cette jeune fille, la vieille dame lui prit les mains ; elle la fit asseoir là, à ses côtés ; elle lui dit toutes sortes de paroles encourageantes ; elle attendit que ce pauvre cœur se fût apaisé dans cette poitrine agitée, et enfin, enfin elle apprit — jugez de son étonnement et de son effroi ! — que cette belle personne, si naïve et si pure, était sur le point de se tuer. Elle voulait mourir, elle l'avait juré, elle l'avait promis. Elle avait un amoureux qui l'attendait, afin de mourir. Cependant elle n'avait pas voulu mourir sans consulter l'avenir ; elle voulait savoir quelle eût été sa vie, si elle avait vécu, à quels bonheurs elle renonçait et quel sacrifice elle faisait à l'amour. Ainsi elle parlait, et plus elle parlait de cette douce voix, doucement voilée, d'une enfant qui va devenir une jeune fille, plus la vieille dame, émue, épouvantée tout à la fois, la serrait dans ses bras, sur son cœur.
« Malheureuse enfant ! disait-elle, mais tu n'as donc pas de mère ?

Oh ! tu as bien fait de venir à moi, je te sauverai malgré toi-même ! »
Disant ces mots, elle se levait, elle s'habillait, elle faisait mettre
les chevaux à sa voiture, elle ramenait l'enfant égarée dans la
maison paternelle, déjà plongée dans le trouble et l'épouvante ! —
La mère pardonna à l'enfant. — Le jeune amoureux, qui était de
bonne foi, et qui déjà préparait ses pistolets pour mourir, consentit
à attendre cinq ans, et, pour que la patience lui vînt, il se mit tout
de suite au travail. Ainsi fut sauvée la vie de cette enfant, l'honneur de cette famille, ainsi fut sauvé ce jeune homme... par un
bon conseil ! par une charité généreuse ! La dame resta la seconde
mère de cette jeune fille. « Tu vois bien, lui disait-elle, qu'il
n'est pas besoin de tant de jeux de cartes pour deviner toutes ces
petites douleurs qui vous tueraient, pauvres âmes ! et que, moi
aussi, j'étais sorcière sans le savoir. »

Trop heureuse cette enfant de s'être trompée de porte ! trop
heureuse d'être tombée sur cette philosophie sagace qui vient du
cœur ! Les plus grands enchanteurs de ce monde n'ont pas d'enchantements plus puissants qu'une parole consolante, un sourire
maternel. Quoi de plus providentiel qu'une âme honnête ? Quel plus
divin augure que la bonté ? Et en bonne morale, cela ne vaut-il pas
mieux d'avouer franchement les tourments de son cœur, que de
chercher à les lire dans le marc de café ou dans un jeu de tarots ?
C'est là ce que le poëte appelle ajouter l'obscurité à ses vices, le
mensonge à ses fautes.

Noctem peccatis et fraudibus addere nubem.

A ce métier de prédire l'avenir, de flatter la passion, de promettre l'espérance, mademoiselle Lenormand avait gagné une très-grosse fortune. Elle avait le *mens aurea*, l'esprit d'or dont parle
Virgile : **in summo mens aurea vivet Olympo**, et cette fortune, elle
l'a faite sans peine, sans chagrin, de la façon la plus piquante,
payée pour entendre des révélations, pour deviner des secrets, pour
assister à des drames qui se payeraient au poids de l'or. Pour

savoir les caractères de ce siècle, elle était mieux posée que Molière, mieux que La Bruyère. — Elle était mieux posée que l'usurier lui-même, cet avide et infâme moraliste qui, lui aussi, peut dire sa mésaventure à quiconque ose pénétrer dans son antre. Du reste, nul esprit (je ne parle plus de l'usurier, je parle de mademoiselle Lenormand), nulle éloquence, rien d'inspiré, rien du cœur, rien de l'âme; pas un mot de l'histoire moderne; rien que de très-vulgaire, de très-niais, de très-plat; l'habileté d'une portière, la bonne grâce d'une marchande à la toilette, la rapacité d'un huissier.

Même en présence de ses pratiques, elle ne se prenait pas au sérieux. Elle vous ânonnait sa leçon comme un enfant stupide qui récite les *Racines grecques*. — Elle ne savait rien du monde extérieur; elle se tenait dans son bouge, accroupie et entourée de toutes sortes de livres qu'elle avait écrits dans le style des sibylles : des livres tout imbus de la contagion de son art. Voilà, pourtant, la femme qui a été consultée, avec toutes sortes de terreurs et de respects, par les plus hardis courages et les intelligences les plus avancées de ce temps-ci, à commencer par l'impératrice Joséphine! — par le premier consul Bonaparte! — « Le peuple de Florence n'est pas bête, disait Machiavel, et cependant frère Jérôme Savonarole, a bien fait croire au peuple de Florence qu'il prédisait l'avenir! »

Elle était avide. Elle aimait l'argent de ses pratiques, encore plus qu'elle n'aimait leurs secrets. La dernière fois qu'elle est sortie de son trou, ce fut pour aller voir la sibylle qui paraît dans la *Lucrèce* de M. Ponsard :

> Je suis la sibylle de Cumes...
> Et prends mes trois cahiers pour deux cents pièces d'or!

Seulement, elle n'a pas dû approuver la conclusion de la scène : « Brute, *je te les donne* » Elle appelait cette sibylle de Cumes un *gâte-métier*.

La mort de cette femme complète bien des pertes qu'a déjà faites l'empire vermoulu de Napoléon Bonaparte. Cette femme a été tout le mystère, c'est-à-dire toute la poésie de cette époque. On croyait en mademoiselle Lenormand, même un peu plus que l'on ne croyait à l'empereur. Après l'avoir couronné, elle l'a détrôné avec aussi peu de cérémonie que si elle eût prédit à Roustan le mameluk qu'il perdrait son emploi dans huit jours. A ces causes, cette femme tient déjà sa place dans le drame moderne, en attendant qu'elle la tienne dans l'histoire; car, vue à longue distance, nul ne peut dire qu'une auréole ne sera pas placée sur le front de cette magicienne; si l'avenir ne confondra pas dans son admiration et dans son enthousiasme, l'empereur Napoléon et celle qui lui dit la première ce que disait la sorcière à Macbeth : — *Tu seras roi, Macbeth!*

JOSEPH MICHAUD

DE L'ACADÉMIE FRANÇAISE

M. Michaud, qui vient de mourir dans un âge avancé, mais encore tout plein de cet esprit fin et délicat qui n'a jamais manqué à sa conversation non plus qu'à ses livres, était, à tout prendre, un des hommes les plus distingués de ce temps-ci. Sa renommée n'était pas une de ces renommées bruyantes, avides d'éclat et toujours sur la défensive; mais, pour être modeste et cachée, elle n'en était peut-être que plus réelle et plus sûre. Cet homme, qui a pris sa place, et une place des plus remarquables, parmi les défenseurs de l'ordre, de l'autorité et de la croyance, descendait cependant en ligne directe de Voltaire, le roi du siècle passé. Il appartenait, par son style, par son ironie facile, par sa moquerie ingénieuse, par ce coup d'œil net et rapide jeté sur les hommes et sur les choses, à l'école voltairienne ; seulement, dans la grande lutte qui a partagé et qui partage encore la société européenne, M. Michaud avait pris parti pour la vieille royauté, pour la vieille croyance, pour les vieilles mœurs, pour tout le passé poétique, chrétien et convaincu de la France. Jusqu'à la fin de sa vie, il a été fidèle à sa noble vocation ; il a défendu sa cause avec loyauté et courage. Dans ce parti royaliste, dont il était un des chefs les plus considérés, il s'est placé naturellement du côté des vaincus ; mais ceci a besoin de quelques explications.

Ce parti royaliste, dont les prémisses sont si belles, si grandes, si glorieuses, mais dont les conclusions sont souvent insensées et funestes, malheureuse opinion qui s'est perdue par la vanité et par l'ambition, se divise ou plutôt se divisait naturellement, sous la Restauration, en deux fractions bien distinctes, les vieux royalistes et les nouveaux : les vieux royalistes, qui avaient été mis au monde avec des droits, des devoirs, des préjugés, que rien ne leur avait fait oublier, ni l'exil, ni même l'échafaud ; les nouveaux royalistes, gentilshommes bâtards, improvisés de la veille, inconnus à l'Œil-de-bœuf de Versailles, sans nom, sans patrimoine, sans épée, mais non pas sans intrigue, sans ambition et sans talent.

Les uns et les autres, quand la maison de Bourbon fut remise en honneur dans cette France impériale qui savait à peine le nom de ses nouveaux maîtres, se mirent à assiéger ce trône nouvellement rétabli et si fragile ; les uns demandèrent leurs anciens privilèges, leurs vieux honneurs, le rétablissement des dignités perdues, s'appuyant sur l'antique histoire, réclamant les privilèges de leur blason ; pendant que les autres, les royalistes de la veille, ne s'inquiétaient que de fortune et de puissance. Ces derniers étaient les habiles ; ils auraient donné tous les tabourets de l'antique Versailles pour une place au conseil des ministres; ils auraient échangé le cordon bleu contre un sourire du roi Louis XVIII. En gens d'esprit qu'ils étaient, ils savaient fort bien que les anciens colons d'Hartwell, les émigrés de Coblence, les hommes qui n'avaient conservé que de grands noms, se contenteraient des vanités du pouvoir; pour eux, ils visaient au solide. A l'abri de ce trône qu'ils n'avaient pas relevé, ils aspiraient à gouverner la France, et, par la France, l'Europe. L'ambition de ces gens-là, qui sont les mêmes sous tous les régimes, a tout perdu; mais ceci n'est pas de notre sujet, et nous en avons dit assez pour expliquer l'honorable position de M. Michaud dans le cœur des royalistes qui n'étaient que fidèles, qui auraient rougi d'être habiles.

Cet homme de tant d'esprit et de loyauté avait été de bonne heure tout ce qu'il fallait être pour se porter le défenseur immédiat des regrets, des prétentions, des droits, si vous voulez, de la vieille cause royaliste. Il était né d'abord poëte; mais, à l'instant même où cette jeune imagination allait s'ouvrir à toutes les influences poétiques, à cette heure solennelle de la langue française, où la langue, fouillée et travaillée dans tous les sens par Voltaire, par Diderot, par Montesquieu et par eux tous, promettait aux écrivains à venir des destinées encore nouvelles, il arriva tout à coup que, dans cette société de France, le mouvement marcha si vite, que ce mouvement devint tout simplement une révolution. Le XVIIIe siècle, qui se croyait le maître de l'univers, s'arrêta tout à coup, étonné de se voir remplacé par quelque chose qui n'était pas lui, qui était quelque chose de mieux que lui, peut-être. A coup sûr, c'était plus que Voltaire, c'était Mirabeau; c'était plus que *le Contrat Social*, c'était plus que *l'Esprit des Lois*, c'était la Constitution de 1789, c'était l'Assemblée constituante. Alors le moyen d'être un poëte, je vous prie? Mais, plus tard encore, quand cette vieille société se mit lâchement à tendre la tête au bourreau; quand tous ces hommes qui avaient porté si glorieusement le sceptre et l'épée, la couronne et la mitre; quand toutes ces femmes, dont le sourire était une loi, n'eurent plus d'autre courage que le lâche courage de l'échafaud, alors encore, dans ce moment-là, essayez donc d'être un poëte! Dites donc à la Terreur qui hurle dans les carrefours : « Fais silence, et laisse-moi chanter mes amours ! » Hélas ! le plus grand poëte de cette affreuse époque, le plus grand poëte des temps modernes, André Chénier, l'a tenté vainement ; vainement il a voulu élever sa voix chaste et pure au milieu de ces orgies sanglantes ; le bourreau a brisé de ses mains cette lyre antique ; André Chénier est mort, comme Roucher est mort, comme ils sont morts les uns et les autres, égorgés par la même main parricide, tous ceux qui avaient dans la tête une idée et de la probité dans le cœur.

Eh bien, telle était la conviction poétique de M. Michaud, que, même au plus fort de ces annales sanglantes, il obéit à l'inspiration qui le poussait. Vous pensez que ce jeune homme, honnête et bon, d'une famille honorable, élevé par des parents royalistes et chrétiens, pénétré des saines doctrines que le XVIIe siècle a léguées à la France comme son plus bel héritage, devait, lui aussi, partager à son tour l'honneur de ces proscriptions qui n'épargnaient que les bourreaux. Lui aussi, il fut donc décrété de conspiration ; sa tête fut criée sur les places publiques, comme un objet de prix que le Comité de salut public avait égaré; ce fut dans ce moment de terreur générale et de proscription pour lui-même, au moment où il n'y avait plus dans le royaume ni roi, ni reine, ni le trône, ni l'autel, au moment où lui-même pouvait être dénoncé aujourd'hui et jugé, c'est-à-dire condamné demain, que le jeune proscrit se mit à écrire, dans un vieux château respecté par les démolisseurs, sous de vieux arbres que la hache n'avait pas tranchés, — plus heureux en ceci que la maison de Bourbon, — le *Printemps d'un Proscrit*, ce beau poëme si calme, si recueilli, d'une poésie si pure et si intime, qui serait à la première place parmi les poëmes de Delille. Et, à ce propos, admirez, je vous prie, les consolations de la poésie, et combien elle donne, à ceux qui l'aiment dignement, de résignation et de courage ! Au plus fort des réactions sanglantes du triumvirat, Cicéron met la dernière main à son plus bel ouvrage. Sénèque meurt en corrigeant, dans son bain, les derniers chapitres de sa philosophie. Lucain, ce grand poëte, aimé à bon droit de Corneille, se hâte de lire la *Pharsale* avant que le tyran lui envoie l'ordre de mourir. Le *Satiricon* de Pétrone a été écrit dans un bain d'eau chaude et de sang. André Chénier a dicté ses plus beaux vers à la Conciergerie, une heure avant l'échafaud, Oui, la poésie est une toute-puissante consolatrice ; elle est comme une religion bienfaisante, elle est la modération des jours heureux, elle est le courage des jours de deuil, elle est plus que la puissance, elle est la force. Aussi, quand une nation succombe, plaignez-les, tous ces malheureux éperdus qui lèvent les mains en criant : *Domine, salva nos, perimus!* « Seigneur, sauvez-nous ! nous périssons ! » Plaignez le roi ! plaignez la reine ! plaignez l'enfant royal, qu'un savetier tue à coups de pied ! plaignez les victimes ! plaignez surtout les bourreaux ! mais ne plaignez pas les poëtes !

Dans ce temps-là, chose honorable à dire pour les gens d'intelligence, pour ces héros de la paix et des guerres civiles, pas un d'eux, même sous le couteau fatal, même dans la prison, même dans l'exil, n'a interrompu son œuvre commencée. L'un, qui s'appelait Lavoisier, condamné à mort, demande quelques jours pour achever ses expériences sur la lumière : on le tue. L'autre, qui s'appelait Bailly, écrivait encore le jour de sa mort. Celui-ci, inoffensif s'il en fut, tendre et galant berger de la peinture de Watteau, méditait une idylle sur les amours de Tircis et de Chloé, à l'instant même où le crieur public — il y en avait jusque dans les campagnes — cria sous ses fenêtres sa condamnation à mort. Alors le chalumeau tomba des mains de notre berger, et il mourut au milieu de sa pastorale commencée ; celui-là s'appelait Florian. J'en vais citer un autre, nommé Condorcet ; c'était un philosophe, mais aussi c'était un grand seigneur. Il voulait l'égalité, mais à condition que tous les hommes auraient les cheveux bien peignés, et les mains également bien lavées. Proscrit, comme c'était son droit d'homme de goût, de politesse et de bon sens, M. de Condorcet avait consenti, enfin, à mettre une carmagnole, à couvrir sa belle tête d'un bonnet rouge, à s'affubler d'une horrible culotte, qui en faisait un *sans-culotte;* en un mot, il avait dépouillé tant qu'il avait pu le vieil homme; toutefois, dans cette abnégation profonde, il ne put se séparer du dernier ami qui lui restait, du plus fidèle de tous et qui l'a trahi pourtant, — cet ami, c'était Horace ; — le *sans-culotte* Condorcet, assis à une table de cabaret, et mangeant le pain bis de la liberté, se mit à fouiller dans les guenilles dont il était couvert, et il en tira un beau petit livre dans lequel il se mit à lire cette belle ode du poëte latin à sa république :

. . . . O navis!
Referent in mare te novi
Fluctus ! O ! quid agis ?...

Il en était là de sa lecture, quand ces terroristes de cabaret lui arrachèrent des mains son beau livre, et le jetèrent dans un cachot, où il fut trouvé mort le lendemain. Il s'était empoisonné en répétant le *Justum et tenacem* de son poëte favori.

Donc, sachons bon gré à M. Michaud d'avoir obéi si jeune encore, et sans arrière-pensée, à l'inspiration poétique qui s'éveillait en lui. Son poëme ne serait pas un si beau livre, que ce serait encore l'œuvre d'un grand courage. Au milieu de toutes ces lâchetés étranges, incroyables, de tout un peuple qui tend le cou au bourreau, comme l'agneau ne le tend pas au boucher, c'est une grande consolation, savez-vous, que de voir quelques hommes isolés protester par leur esprit contre ces lâchetés lamentables! Ainsi M. Laya faisant représenter *l'Ami des Lois;* M. Legouvé écrivant *le Mérite des Femmes* et *la Mort d'Abel;* Delille bravant avec le courage d'un homme qui a peur les proscriptions de son époque; ainsi, la vieille Comédie-Française jetée en prison tout entière pour être restée dévouée aux gentilshommes de la chambre, ses protecteurs et ses soutiens naturels, ce sont là autant de faits qui honorent la littérature de ce siècle. Bien plus, songez donc ! au moment où la terreur était partout, un jeune gentilhomme, nommé Chateaubriand, au milieu des forêts de l'Amérique, sous la hutte d'un sauvage, apprenant par hasard la mort du roi Louis XVI, accourait en toute hâte du fond de ce riant exil, pour apporter à la cause de la civilisation le généreux appui du plus immense talent poétique. Tels ont été les travaux généreux de la poésie moderne; ainsi elle a été fidèle à sa mission divine de foi, d'espérance et de charité.

Dans le nombre de ces heureux poëtes qui ont osé chanter durant ces horribles époques, il faut placer au premier rang M. Michaud. Son livre, tout rempli du calme et silencieux amour de la campagne, révèle pourtant, à chaque vers, la triste préoccupation de cette époque sanglante. On comprend que, si la terreur n'a pas pénétré dans cette âme si innocente et si jeune, elle a pénétré cependant sous ces beaux ombrages, au bord de ces flots limpides, dans ces jardins remplis de fleurs, dans ces sillons verdoyants d'où s'élance l'alouette matinale, en chantant cette chanson éternelle qui ne prévoit ni les révolutions ni les tempêtes. Bien plus qu'aucun des poëmes écrits à ce moment de funèbre mémoire, *le Printemps d'un Proscrit* se ressent de cette tristesse partie d'un cœur honnête, d'une âme innocente; même dans ses plus heureux instants d'enthousiasme, nous retrouvons dans cette jeune poésie quelque chose du malheur des temps. Ainsi s'explique, indépendamment du mérite de ce vers net, rapide et bien pensé, le grand succès de ce beau poëme; cette fois, la douleur était sans emphase, et surtout sans imprécation et sans colère. Elle était naturelle et simple comme toute douleur qui vient du fond de l'âme; elle était dégagée de toute vengeance et de tout remords. C'était là véritablement la plainte touchante et éloquente d'un jeune homme qui ne sait pas pourquoi il est proscrit, mais qui accepte la proscription comme une conséquence nécessaire de cette révolution qu'il ne comprend pas encore. La modération même de cette poésie en a fait le succès. La France l'a écoutée comme une consolation inespérée; elle s'est reposée, en lisant ces beaux vers, des vociférations de la tribune; elle a trouvé dans ce poëme beaucoup moins de malédictions que d'espérances; et véritablement telle était la fatigue dans laquelle ce malheureux pays était entré, à force de douleurs et de misères, qu'il ne demandait pas mieux que d'oublier. Seulement, chacun cherchait l'oubli à sa manière : ceux-ci dans l'exil, ceux-là sur les tombeaux renversés de leurs ancêtres; les uns à la guerre, où ils se montraient parmi les plus braves; les autres dans les saturnales du Directoire; quelques-uns dans la religion, à laquelle ce malheureux peuple revenait déjà; d'autres enfin se consolaient par la culture des beaux-arts. Ils se réfugiaient dans la philosophie ou dans les belles-lettres, comme dans un port assuré. Il relisaient les vieux poëtes, ils ramassaient dans la poussière de nos révolutions les rares débris de nos bibliothèques et de nos musées; enfin, ils protégeaient de leurs vœux et de leurs louanges les jeunes poëtes demeurés fidèles au culte des vrais dieux. A ce compte, ils ont protégé et encouragé de toutes leurs forces *le Printemps d'un Proscrit*. Et, à ce propos, nous ne pouvons pas laisser ainsi mourir le poëte sans citer quelques-uns de ses vers. Il faut bien que la mort ait ses priviléges; il ne faut pas refuser à la tombe d'un poëte, sa plus belle oraison funèbre. Écoutez donc le proscrit chantant tout bas les premiers beaux jours de l'année; car, il faut le dire à la honte du printemps, même sous Robespierre le chèvrefeuille a fleuri, l'aubépine a blanchi, le rossignol a chanté; même sous Robespierre il y a eu un printemps :

> Ce sol, sans luxe vain, mais non pas sans parure,
> Au doux trésor des fruits mêle l'éclat des fleurs.
> Là croit l'œillet si fier de ses mille couleurs;

> Là naissent au hasard le muguet, la jonquille,
> Et des roses de mai la brillante famille,
> Le riche bouton d'or, et l'odorant jasmin ;
> Le lis, tout éclatant des feux purs du matin ;
> Le tournesol, géant de l'empire de Flore,
> Et le tendre souci qu'un or pâle colore.
> Souci simple et modeste, à la cour de Cypris,
> En vain sur toi la rose obtient toujours le prix ;
> Ta fleur, moins célébrée, a pour moi plus de charmes.
> L'Aurore te forma de ses plus douces larmes.
> Dédaignant des cités les jardins fastueux,
> Tu te plais dans les champs ; ami des malheureux,
> Tu portes dans les cœurs la douce rêverie ;
> Ton éclat plaît toujours à la mélancolie,
> Et le sage Indien, pleurant sur un cercueil,
> De tes fraîches couleurs peint ses habits de deuil.

Tel était l'homme qui devait représenter par l'esprit, par la grâce, par l'atticisme du langage, cette race incorrigible et charmante de grands seigneurs et d'exilés, qui n'avaient rien voulu apprendre de la vieille histoire. Mais les temps du retour étaient encore bien loin; nul ne songeait, en ce temps-là, ou du moins bien peu, que la maison de Bourbon remonterait un jour sur ce trône brisé, et refait à la taille de l'empereur Napoléon. Seulement, pendant que tant d'obstinés de Coblence refusaient de croire à la majesté du nouveau César, il y avait en France des hommes qui, sans la nier, cette majesté de la gloire, y restaient comme insensibles. Quand toute l'Europe entonnait l'*hosanna* impérial, ceux-là gardaient un silence obstiné. Quand la gloire du maître rayonnait sur tous les fronts, les fronts de ceux-là restaient sombres et sévères, et, comme ces quelques hommes dont nous parlons étaient à eux seuls plus intelligents que tout le camp de Coblence, ils inquiétaient singulièrement l'empereur ; ils le gênaient dans son triomphe, ils lui gâtaient sa victoire ; ils étaient pour lui comme le vieux Mardochée à la porte du roi Assuérus. Ce long intervalle entre la Restauration et l'Empire, M. Michaud l'employa à préparer un grand ouvrage, qui était encore une façon détournée de remettre en honneur le vieux passé de la France. Je veux parler de l'*Histoire des Croisades*, ce grand livre où l'Orient se montre enfin dans toute sa majesté, dans tout son éclat. Le sujet, qui était vaste et le plus beau qu'un historien pût choisir, avait été singulièrement négligé par les historiens. Il est vrai que le sire de Joinville l'avait admirablement indiqué ; mais le sire de Joinville avait été absorbé par son héros, Louis IX. Il n'avait vu que le roi de France dans cette réunion politique autant que guerrière de l'Europe chrétienne ; et, quand le roi de France fut mort, non pas seulement comme un saint, mais encore comme un héros, le sire de Joinville avait abandonné à lui-même ce grand mouvement historique dont il ne pouvait prévoir ni la durée ni les conséquences. Avec un rare bonheur et une science bien grande, le nouvel historien des croisades a rattaché à cette entreprise gigantesque de l'Europe, tous les progrès de la civilisation moderne ; il a deviné, avec une rare intelligence, l'influence de ce long voyage armé au delà des mers, pendant lequel tant de peuples, inconnus les uns aux autres, ont appris à s'estimer, à se comprendre, à s'aimer, à se haïr.

Cette *Histoire des Croisades* est la plus féconde que nous sachions, soit par le nombre des héros, soit par la variété des événements, soit par la grandeur des conséquences ; et telle a été la sagacité de l'écrivain, qu'il a deviné, pour ainsi dire, les moindres aspérités de ce grand théâtre sur lequel le Christ et Mahomet, la civilisation et la barbarie, se sont battus avec tant d'efforts désespérés de part et d'autre. Quelques mois avant la révolution de Juillet, M. Michaud, voyant son *Histoire des Croisades* adoptée de toute l'Europe, voulut s'assurer par lui-même des moindres accidents de cette terre qu'il avait si souvent décrite. Il alla prendre congé du roi Charles X, dont il était le lecteur, et qui l'honorait d'une amitié et d'une estime toutes particulières. Ce roi-là, affable et bon comme il était, ne vit pas sans attendrissement ce vieux soutien de sa cause qui, à son âge, avec une santé délabrée, allait s'exposer à tant de dangers et à tant de fatigues, pour revenir pas à pas sur les différents chapitres de son histoire. Il y eut alors, entre le vieux roi et son vieux et fidèle serviteur, un touchant adieu, comme s'ils eussent compris l'un et l'autre qu'ils ne devaient plus se revoir. M. Michaud partit donc le premier; il accomplit lentement ce pèlerinage qui avait été le pèlerinage de toute sa vie; il revit, pour la première fois, ces lieux solennels qu'il avait si bien devinés, et, au bout du voyage, il se trouva que l'historien avait été aussi exact que le poëte, que l'*Histoire des Croisades* n'avait rien à envier à la *Jérusalem délivrée*. A peine, dans sa *Correspondance d'Orient*, M. Michaud a-t-il relevé quelques erreurs de détail de l'*Histoire des Croisades*, des erreurs que, lui seul, il pouvait reconnaître. Heureux voyage, mais triste retour! car, pendant que le savant historien considérait là-bas toutes ces ruines, ici même, ce trône pour lequel il avait tant combattu, s'écroulait sans faire plus de bruit qu'une vieille masure qui croule. Et sur ces ruines, encore une fois, le poëte n'eut qu'à pleurer.

Ce n'est pas à nous à faire l'histoire de la vie politique de M. Michaud. Cette vie tout entière est écrite dans le journal qu'il a fondé, la *Quotidienne*, un noble et imprévoyant recueil, qui réunit à toute la loyauté de véritables gentilshommes, toutes les déceptions d'une opinion qui n'a jamais été même un parti. Ce journal, écrit en dehors de toutes les affaires humaines, est certainement le rêve le plus heureux qu'aient jamais pu faire d'honnêtes gens qui se réunissent, pour se raconter les uns aux autres des histoires plus étranges que celles des *Mille et une Nuits*. Cependant, au bout de toute cette rêverie sans portée et sans but, remarquez, je vous prie, que d'esprit, que de loyauté, que de bonne et facile ironie! Si ces gens-là consentent à être leur propre dupe, ils ne sont jamais la dupe de personne. De ce monde politique, dont ils font partie à peine, ils comprennent en souriant la lâcheté, l'égoïsme, l'ambition, la mauvaise foi, les rancunes sanglantes, les trahisons cachées. Que d'esprit ainsi perdu à deviner les choses humaines, uniquement sous leur côté ridicule! Que d'intelligence mal dépensée à ne comprendre jamais qu'une partie de la question! Quel malheureux emploi des plus grands noms, des plus grandes fortunes, des plus généreuses inspirations, et, disons-le sans crainte, des plus beaux esprits de ce temps-ci! Heureux encore si ce rêve d'un passé impossible avait pu durer! heureux si l'on s'était éveillé enfin, une fois dans l'abîme! Mais non, même après ces grands coups de tonnerre, le rêve dure encore, sommeil plus obstiné et plus incroyable que celui de la Belle-au-bois-dormant.

A ce propos, on se demande comment un homme de l'esprit de M. Michaud a pu rester ainsi dans cette idée fixe que représente le journal qu'il a fondé, et dont il a été jusqu'à la fin l'âme, le conseil et l'orgueil? A cette question, la réponse est facile: M. Michaud a tout simplement voulu être conséquent avec lui-même, sauf à se perdre de compagnie, sous les débris de ce trône que rien ne pouvait plus défendre. Il eût pu facilement faire partie des royalistes ambitieux : il a mieux aimé rester avec les dévoués. Il pouvait être le premier dans le parti des gens d'affaires : il est resté à la tête des rêveurs; d'ailleurs, son caractère s'accordait à merveille avec cette position qu'il s'était faite. Tout en prêchant l'ordre et l'obéissance, il était lui-même un de ces esprits indisciplinés qui ne savent jamais obéir bien longtemps. Il n'en voulait ni à l'autorité, ni à la puissance, ni à la fortune, ni à la renommée; mais il était jaloux de son crédit sur les âmes honnêtes et sur les consciences timorées dont il était l'arbitre souverain. Il aimait mieux être parmi les dupes que de tenir sa place parmi ces arbitres chanceux de la royauté, qui d'un trait de plume l'ont perdue. Il y a quelque chose de l'Aristippe antique dans ce dévouement d'un sujet à son souverain; M. Michaud, à aucun prix, n'aurait conseillé ni signé les fatales ordonnances; mais, une fois signées, il se serait placé devant le roi, et il aurait crié : *Vive le roi!* comme cela se fait quand un vaisseau touche l'écueil.

Cet homme était véritablement un de ceux dont la presse française s'honore à bon droit, et qu'elle montre avec une égale confiance à ses amis et à ses ennemis. La presse est, de nos jours, une espèce de pouvoir aussi immense, aussi spontané, aussi incroyable que la puissance de Napoléon le Grand lui-même, et il ne tient pas aux ennemis coalisés de ce nouveau pouvoir qu'il n'ait aussi son Waterloo, et qu'il ne succombe sous le faix de sa grandeur. Car voyez ce qui arrive seulement depuis que le journal a complété, en trois jours d'émeute, cette révolution à laquelle il travaillait depuis quinze années, sans trop savoir ce qu'il faisait. Victorieuse de tous côtés, au delà même de ses espérances, et ne trouvant plus rien à combattre ni personne, la presse française a tourné contre elle-même ses propres armes ; elle s'est dévoré le cœur, comme fait le vautour de Prométhée, avec cette différence cependant, qu'une fois dévoré en entier, ce noble cœur ne renaîtra pas de sa blessure. La presse française, à défaut d'autres victimes, a déversé sur elle-même la bave et l'injure, l'outrage et le sang. Ces tyrans, qui n'ont plus rien à dominer, se jettent entre eux leur joug de fer.

Le journal n'est plus à cette heure qu'une immense mêlée où les vaincus de la veille regardent avec une incroyable joie couler, par tant de blessures qu'ils se sont faites entre eux, le sang et la bonne renommée de leurs vainqueurs. Oh! l'épouvantable chaos que celui-là! Oh! la furibonde mêlée qui s'entre-choque pendant la nuit, et qui se pique avec des armes empoisonnées! Oh! que le journal paye cher sa lamentable victoire des trois jours! Ceci est l'histoire du monstre tué par Cadmus. Il sema les dents du monstre dans la terre, et de cette horrible semence sortit une armée dont tous les soldats s'entr'égorgèrent sur la place même, jusqu'à ce qu'il n'en restât plus debout que cinq ou six. Mais, avec cette armée de six hommes, Cadmus devait conquérir un royaume. C'est ainsi que dans cette effroyable nuit des journalistes qui s'égorgent les uns les autres, dignes enfants du même monstre, le journal sera sauvé, peut-être, par cinq ou six hommes dont la bonne renommée restera debout aussi bien que le talent, comme pour attester qu'on effet la presse de ce pays, le troisième pouvoir dans l'État, n'était pas uniquement une puissance de calomnie et de ténèbres ; qu'elle se servait de l'épée aussi bien que du poignard, de la vérité aussi bien que du mensonge, de la justice aussi bien que de la calomnie. Oui ! voilà qui est vrai ! Ne jugez pas d'une noble armée par les goujats, par les pillards, par la plèbe sans nom qui accourt sur les champs de bataille, comme les corbeaux, pour dépouiller les morts. Jugez de cette armée-là par ses chefs, par ses maîtres, par les braves gens de tant de persévérance et de courage qui sont restés trente ans sur la même brèche, à défendre les mêmes principes par la parole, comme Turenne et Condé les auraient défendus par l'épée. Il y a, en effet, un grand courage des deux parts : s'exposer aux haines envieuses de la multitude en défendant l'autorité, sans laquelle il n'y a pas de société possible ; ou bien s'exposer à toutes les rancunes du pouvoir établi, de la royauté constituée, en protégeant l'insouciante et ingrate multitude. Œuvre immense des deux côtés ; soit que la presse détruise, soit qu'elle défende, soit qu'elle fonde ! Et quand on pense qu'il y a des hommes dont toute la vie s'est usée à conduire au but une phalange d'écrivains si divers, on ne peut s'empêcher de prendre ces hommes en pitié. Il faut, en effet, bien plus de sang-froid, de persévérance, et un plus grand coup d'œil pour conduire un de ces grands journaux sur lesquels reposent l'opinion et la paix de l'Europe, que pour gagner une bataille. Vingt-quatre heures ont suffi pour gagner la bataille d'Austerlitz, la plus difficile de toutes ; et ce n'est pas assez de la vie d'un homme pour mener à bonne fin cette grande entreprise d'un journal. Ceci est une bataille à livrer chaque jour contre toutes les volontés du pouvoir, contre tous les caprices de la multitude. On a sous ses ordres des espèces de soldats indisciplinés, qui tiennent une plume et qui n'obéissent guère. Or, si l'on veut tirer quelque parti de ces combattants armés à la légère, il faut qu'ils obéissent sans s'en apercevoir; il faut qu'à toute heure du jour ils comprennent la pensée intime du général qui les mène, et sans que celui-ci ait jamais l'air de donner le mot d'ordre. Nul ne pourrait dire quel est le travail immense du rédacteur en chef d'un journal, qui prend sur lui-même toute la responsabilité de ce grand coup de canon tiré chaque matin, presque au hasard et à bout portant, dans les passions bonnes ou mauvaises de la multitude la plus intelligente et la plus mobile de l'univers. Le rédacteur en chef est la puissance invisible de l'armée; il en est la pensée intime; il la fait remuer à son gré; il la précipite, il la modère, il la calme, il l'excite quand il veut, comme il veut. Mais malheur à lui, si un seul des soldats enrégimentés sous ses lois vient à s'apercevoir qu'il n'est pas le maître de sa propre pensée, que sa conviction doit céder à une autre conviction, que son style même se doit plier à des exigences que personne ne lui explique!

Ce que nous disons là est si vrai, que nous pourrions citer tel journal parisien qui a déjà usé trois générations de publicistes et de critiques, sans que, dans son public, qui est immense, pas un lecteur s'aperçût de ses révolutions intérieures. Mais aussi plus l'œuvre est grande, plus elle demande d'instinct, de science, d'esprit et de cœur. L'homme qui se voue à cette tâche difficile, s'il en est vraiment digne, n'a plus que cela à faire dans le monde. Hélas! à ce métier, que de nobles intelligences ont succombé déjà! Armand Carrel est mort le premier, et, ce jour-là, est mort un grand écrivain, qui eût été plus tard un grand orateur. L'autre jour encore, nous menions à sa dernière demeure le rédacteur en chef du *Courrier français*, M. Châtelain, un de ces énergiques patriotes dont la conviction même est triste et sévère, qui n'ont jamais souri de leur vie; nobles esprits, naturellement inquiets et mécontents, qui font porter, sans s'en douter, à toute une époque, la peine de toutes leurs inquiétudes sans cause. Aujourd'hui, c'est le tour de M. Michaud; mais remarquez cependant, et voilà pourquoi le journal me semble immortel, en dépit même de ses excès et de ses folies, remarquez que voici trois hommes dont pas un n'a la même opinion, le même style, le même talent; pas un d'eux ne va à son but par le même sentier. Armand Carrel marche au pas de course dans la carrière épineuse qu'il s'est tracée. Il ressemble au cheval pâle de l'Apocalypse, et, comme le cheval de Job, il frappe du pied la terre en s'écriant : « Allons! » Il traîne après lui toutes sortes de passions, de démences et de courages, sauf à les trier ensuite, et à faire à chacun sa part, quand il sera entré dans ces royaumes ténébreux de la liberté. Châtelain, au contraire, marche d'un pas lent et réservé, dans une voie moins altière. A chaque pas, il se demande s'il a bien fait d'avancer ainsi. Il regarde de côté et d'autre pour savoir quels sont ceux qui marchent avec lui, et quand, dans cette foule, il rencontre une tête inconnue, il hésite, il se trouble, il veut savoir le nom de cet homme avant de faire un pas de plus. L'un et l'autre cependant succombent à la tâche, ils meurent, ils sont pleurés de tous les partis, quelle que soit la couleur du drapeau.

De son côté, bien loin de toutes ces passions qui n'appartiennent qu'à l'avenir, et dont le présent même ne veut pas, comme un bon bourgeois qui espère bien mourir tranquille dans sa maison, voici le fondateur de *la Quotidienne* qui se rejette dans le passé : il ne croit pas à l'avenir; il n'accepte pas le présent; il passe devant les Tuileries de l'empereur Napoléon sans daigner y jeter seulement un coup d'œil; mais il va frapper d'une main loyale à la porte du Versailles de Louis XIV. Dans le silence mortel de ces demeures royales où le vent populaire a passé, une voix se rencontre pour répondre au vieux royaliste que le grand roi est parti avec toute sa cour, on ne sait où, emmenant avec lui Bossuet et Racine, mademoiselle de la Vallière et Condé. N'importe! le vieux royaliste entre toujours. S'il ne trouve pas le grand roi assis sur son trône dans la grande galerie des Glaces, du moins il trouvera l'ombre de cette majesté, et il s'agenouillera devant cette ombre auguste, en lui présentant les nobles et vieux débris de ce qui reste sur la terre de France, de tous les grands noms, de tous les vieux souvenirs de notre histoire. Maintenant donc expliquez-moi pourquoi celui-là, qui vivait dans le passé et pour le passé, tout comme Châtelain vivait dans le présent, tout comme Carrel vivait dans l'avenir, à peine est-il mort, se trouve aussi pleuré, aussi entouré de louanges et de regrets unanimes, que Châtelain, que Carrel lui-même, que tous ces héros glorieux de la faveur populaire? Si vous ne le savez pas, je vais vous le dire. C'est que tout simplement cet homme était, lui aussi, un homme probe, loyal, courageux, dévoué à l'opinion qu'il avait choisie; c'est qu'il a parlé toute sa vie avec conviction, avec éloquence. C'est qu'à tout prendre, telle est la beauté, la grandeur et la majesté souveraine de cette puissance qu'on appelle le journal, qu'il y a, en ce monde, de la vénération et du respect pour tous les gens qui acceptent cette lourde tâche, quel que soit leur parti. Voilà, je vous l'avoue, ce qui nous doit rassurer sur l'avenir du journal en France : c'est le respect unanime de tous pour tous les écrivains qui ont accompli leur devoir.

Vous parlerai-je maintenant des qualités privées de M. Michaud? Un mot me suffira. Ses amis le comparaient, pour la simplicité et pour la facilité de son commerce, au bon la Fontaine en personne. Rien n'était charmant comme de l'entendre causer et sourire. Sa bienveillance était inépuisable comme son esprit; il aimait avec enthousiasme la belle littérature du siècle d'Auguste, et, dans ses travaux littéraires, on n'aurait pas dû oublier ses notes excellentes sur le *Virgile* de l'abbé Delille, dont il s'était fait l'humble éditeur, lui qui était son égal. Au besoin, celui qui écrit ces lignes, avec une douleur profonde et une conviction bien sentie, pourrait attester toute l'amitié que cet excellent homme portait à la jeunesse. Il m'avait rencontré, comme j'étais en train d'essayer follement le peu de style et d'esprit que le ciel m'a pu donner, et tout de suite il m'avait offert un asile dans son journal, à côté d'écrivains de talent dont la mémoire me sera chère toujours. J'ai vécu ainsi sous la conduite de cet excellent homme jusqu'à l'heure fatale où le ministère Polignac vint signaler, pour un instant, le dernier triomphe de la vieille opposition royaliste. Alors, comme cette dernière victoire m'autorisait, et au delà, à quitter, moi obscur et inconnu, cette armée triomphante, M. Michaud me laissa partir, disant que j'étais dans mon droit et qu'il était impossible de quitter son journal dans un moment plus opportun. De ces premiers instants de ma vie littéraire, je n'ai rien oublié, ni ces écrivains ardents et convaincus, dont quelques-uns sont morts déjà sans avoir rien compris à la révolution qui les emportait; ni la verve intarissable de Laurentie, cet homme tant attaqué, si savant, si spirituel et si bon ; ni l'indulgence affable de M. Michaud et ses conseils pleins de goût et de sagesse. Surtout, ce qui m'est resté de ces premières années, c'est un respect inaltérable pour le vieux roi, pour le vieux trône, pour l'antique monarchie, pour tout ce passé devenu impossible, et qui n'a plus d'avenir que dans l'histoire.

M. Michaud s'est éteint, et sans trop souffrir, dans une modeste retraite qu'il s'était faite à Passy, non loin du poëte Renouard, son confrère, qui est enterré dans le même cimetière. Il avait pour conduire son deuil M. de Chateaubriand en personne, celui-là même qui sera comme le Bossuet de la maison de Bourbon, et qui tombera le dernier dans la vaste fosse qui contiendra toute la monarchie de Charles X.

On peut dire de M. Michaud, que, grâce à la modération de sa vie, à la facilité de son esprit, à sa philosophie pleine de résignation, il a été un homme heureux.

Sa vieillesse, honorée de tous, a été rendue bien facile par la présence d'une femme jeune et belle qui eût pu être sa petite-fille, et qui l'a entouré, jusqu'à la fin, d'une piété presque filiale. La raison et l'aménité de cet homme ne se sont pas démenties un seul instant; depuis dix ans qu'il était séparé de son roi légitime, pas une plainte n'est sortie de sa bouche, toute sa douleur est restée dans son cœur; il aurait été bien malheureux s'il avait pu haïr.

Comme c'est l'usage, à peine M. Michaud est-il mort, que déjà l'on se dispute ses dépouilles. Hélas! à cette curée des places et des honneurs, M. Michaud ne laisse pas grand'chose : une place à l'Institut, et puis c'est tout. Mais cette place, voici que déjà les partis littéraires se la disputent. Pour remplacer M. Michaud, pour louer convenablement l'*Histoire des Croisades*, pour apprécier dignement l'étendue et la finesse de ce rare esprit, il y a derrière M. Michaud un homme aussi savant que lui, un pauvre savant aveugle qui a jeté une si grande clarté sur les ténèbres de notre histoire, un écrivain qui a produit un chef-d'œuvre : j'ai nommé M. Augustin Thierry et l'*Histoire de la Conquête de l'Angleterre par les Normands*.

HISTOIRE D'UN LIBRAIRE

(LADVOCAT)

LADVOCAT! Il me semble que je vois briller encore en toutes lettres, au beau milieu d'une immense enseigne, en plein Palais-Royal, ce nom prophétique, ce nom précurseur de toutes les gloires de ce siècle, ce nom qui restera éternellement attaché à tous les chefs-d'œuvre de notre âge! A ce nom de Ladvocat, nous nous inclinions les uns et les autres, quand nous avions seize ans! Il brillait à nos yeux comme une flamme; il était un phare poétique, il flamboyait comme une espérance! Il était un but, il était un rêve! Il était tout pour le jeune homme impatient de se produire, de devenir enfin *quelqu'un* à son tour! *Si vis esse aliquis!* disait Juvénal.

En ce temps-là, le Palais-Royal n'était pas, comme aujourd'hui (grâce à M. le duc d'Orléans), une longue suite de merveilleuses galeries éclairées de toutes parts, moitié salon, moitié comptoir, moitié jardin! C'était, au contraire, un amas confus, immonde et bruyant, où grouillait incessamment, à travers mille boutiques en désordre, une incroyable agglomération de toutes les oisivetés et de tous les vices. C'était un pandémonium obscène et très-curieux, où, nuit et jour, se promenait un sérail public qui, la tête haute et le sourire provoquant, allait dans ces domaines dignes de lui, à travers ces ruines inexplicables. Tout ce qui était la marchandise avariée et sans nom, l'oisiveté béante et la promenade sans but, gargouillait dans cet espace abominable; le musc annonçait le passage de la courtisane, la fange gardait l'empreinte de son pied. C'était un piége, et c'était un antre, et c'était une caverne, ce Palais-Royal hanté par les Grâces fardées, par les capitaines de rebut, par les étrangers que la conquête avait laissés parmi nous, encore insolents de 1814, dont la plaie était vive et saignante. Et dans cet abîme, et dans ce désert tout rempli des licences permises et défendues, où le jeu faisait entendre son bruit d'or et d'argent, où le suicide avait ses autels, où la goinfrerie étalait ses tentations les plus violentes; dans cette vapeur de vin, d'ambre et de tabac, parmi ces trônes et ces dominations de restaurateurs, se pavanait dans ses haillons tachés de graisse et dans ses trous recousus de ficelle, une guenille à sa tête, une savate à ses pieds, l'hôte assidu, le juif errant du Palais-Royal, *l'homme à la longue barbe*, Chodruc-Duclos, pour tout dire. Il allait, il venait; il venait, il allait!

régulier comme la pendule d'un forçat, promenant sa misère et son orgueil au beau milieu de ces vitchouras souillés, de ces jupons traînants, de ces plumets qui s'agitaient au-dessus de la foule, et qu'on retrouvait certainement sur le chemin de la honte ! Et le haillon et le velours, et le lacet et la ficelle, et Chodruc et Margot, et Diogène et Lasthénie, s'arrangeaient de façon, ô contraste ! à se servir l'un à l'autre d'attrait et de repoussoir.

Tel était le théâtre et tel était le boulevard, à l'abri des poutres vermoulues et sous les regards des marchandes éhontées, dont l'arrière-boutique était un cabaret, où Ladvocat le libraire avait porté ses dieux et sa fortune. En vain les timides et les sages représentaient à ce jeune homme que le lieu était mal choisi pour y vendre un livre honnête et glorieux ; en vain lui disait-on que la librairie, en ce lieu malsain, ne pouvait être qu'une pornographie, et qu'il n'y avait rien à vendre là que des pamphlets et des livres grivois, la calomnie ou l'obscénité, les deux sœurs (remarquez, en effet, que le misérable qui calomnie argent comptant ne demande pas mieux que d'être un écrivain de la borne pour les Faublas du carrefour). — En vain disait-on encore à cet obstiné libraire que la fameuse Lodoïska étalait naguère avec ses appas, en ce lieu maudit, les *Aventures de Faublas et de M. Louvet,* son mari, et que la petite Lolo (à l'enseigne de *la Frivolité*) y vendait, en plein jour, *Angola* et *les Bijoux indiscrets* à cette même place où il ouvrait sa librairie : il répondit qu'il avait son idée, et qu'il voulait tourner à son profit ces bruits, ces obscénités, ces fanges, ces parfums, ce froufrou de la poésie érotique et du taffetas vénal ! La librairie aux doctes sommets de la montagne Sainte-Geneviève avait peu de charme pour cet aventurier du poëme et du roman ; tant il savait, par pressentiment, les peines et la difficulté de vendre un livre au public. Ah ! le public, c'est comme le goujon : pêchez-le où il se trouve, et vous serez encore un homme habile s'il mord à l'hameçon.

Ainsi il ouvrit sa boutique au beau milieu de ce tumulte ; et voyez la chance heureuse! Il a rencontré, là, tout de suite, un poëte inspiré, un poëme admiré, ou plutôt une suite de poëmes d'un ton si vrai, d'une douleur si grande et si charmante, que, soudain, à cette boutique à peine ouverte, accourut la foule, implorant ces poëmes consolants qui soulageaient sa douleur et consolaient son orgueil. M. Casimir Delavigne et ses *Messéniennes* entre les mains du libraire Ladvocat ont été, pendant ces premiers jours de répit que nous laissèrent les armées étrangères, un événement, une consolation, un bienfait. Avec quel charme infini nous nous bercions, enfants, de ces beaux vers qui sortaient de la source vive! A les lire, il nous semblait que nous vengions nos pères morts ou désarmés! Vous les rappelez-vous, ces plaintes touchantes qui touchaient à toutes les fibres de cette nation : *Waterloo, Jeanne d'Arc, Parthénope et l'Étrangère?*—*Les Messéniennes* (la première publication de Ladvocat) ont été notre premier événement poétique; elles ont été l'aurore du grand jour de M. de Lamartine! O fête incroyable en ces temps malheureux, un poëme où chacun peut dire ses espérances et retrouver ses douleurs! O miracle, une voix si jeune au milieu de ces débris, de ces ruines, de ces misères, de ce peuple en deuil de sa gloire, au milieu de cette nation éperdue et qui ne sait plus si son étoile est restée au milieu du ciel!

> D'un vainqueur insolent méprisons les injures,
> Et, fiers des étendards conquis sur nos rivaux,
> Nous pouvons à leurs yeux dérober nos blessures,
> En les cachant sous leurs drapeaux!

Et voilà comme il est glorieux d'être un poëte... et glorieux d'être un libraire! Il a de grands priviléges, le libraire! Il assiste à l'enfantement de l'œuvre; il l'expose le premier à la douce clarté du jour; il dit à son peuple : « La voilà! » Lui-même, il ajoute son nom au nom du poëte, au nom de l'historien et du romancier. Si le livre est célèbre, à la bonne heure, il en partage la renommée; au contraire, il n'a rien à voir à la chute. Et puis, aussitôt que les écrivains ont découvert que cet homme-là réussit, ils vont se placer à son ombre ; inconnu le matin, ce même libraire, une heure après, n'a qu'à choisir dans la famille des esprits celui qui lui convient le mieux. Et quel choix merveilleux à faire en ces premiers jours de la France poétique ! Un libraire intelligent se tenait une heure ou deux sur le pas de sa porte ; il voyait passer un beau jeune homme, assez mal vêtu, l'air radieux, et tenant par économie, à sa main blanche, un vieux feutre, si bien qu'à travers sa chevelure bouclée, on pouvait entrevoir le front même de l'inspiration. « Arrêtez-vous ici, jeune homme : entrez, venez à moi, disait le libraire. Dans votre poche entr'ouverte, il me semble que je vois se gonfler un manuscrit attaché par une faveur bleue !... Allons, çà ! du courage ! déroulons ensemble ce manuscrit et dites-moi ce que ça chante. Oh ! oh ! *les Odes et Ballades* ! *Les Amours des anges* ! pardieu ! *Le Giaour* ! *Thérèse Auber* ! *L'Histoire de Cromwell*... Allons, vite, donnez-moi ça, jeune homme, je vous prie, et disons mieux, vendez-le-moi, je l'achète ! »

Et il l'achetait ! Et tel jeune gaillard qui était sorti le matin à jeun de son taudis, à peine couvert d'un habit frileux, portant, comme Bias, toute sa fortune avec lui-même... un manuscrit ! s'en revenait en triomphe ! O bonheur ! il avait rencontré, au Palais-Royal, dans ce tas d'immondices, un jeune homme, un libraire, qui courait, chose incroyable ! après les manuscrits des jeunes gens, qui les arrêtait au passage et qui les imprimait tout vifs !

Eh bien, ce Mécène en boutique, et cet enchanteur qui devinait les sources cachées, cet homme à part qui recherchait la jeunesse pour la jeunesse même, il avait l'âge à peine du plus jeune de ces jeunes gens, et s'appelait Ladvocat !
« Monsieur Ladvocat ! »

C'est ainsi qu'après les premiers vers de M. Casimir Delavigne, il a publié les premiers vers de M. Victor Hugo ! *Les Odes et Ballades* remplacèrent *les Messéniennes* ; et comme, avant tout, ce libraire admirable voulait rencontrer des partisans de sa marchandise, il avait grand soin de couper lui-même, avec un beau couteau d'ivoire, cinq ou six exemplaires de ses poëtes nouveaux, de ses poëtes favoris. « Prenez et lisez ! » Et quiconque osait s'approcher de cette académie, ouverte à tous les curieux, prenait le livre et le lisait en toute liberté. Quels étranges événements c'était là pour nous, jeunes gens qui étions encore attachés aux études savantes ! Quelle merveille inexplicable : *les Odes et Ballades !* Que c'était loin de l'abbé Delille et de Despréaux ! Que ça ressemblait peu à *l'Art poétique*, au *Lutrin*, aux *Fables* de la Fontaine, à la langue de *Mérope*, à la langue de *Britannicus !* Nous étions en pleine révolte, évidemment, et si, par malheur, eût passé le professeur de rhétorique : « Ah ! bandits que vous êtes, se fût-il écrié, voilà donc le fruit de mes leçons ! »

Eh bien, ce fait même d'une révolte littéraire ajoutait à l'enchantement que nous causaient ces poétiques nouveautés. « Que n'est-ce un péché de manger une pêche ! » disait une raffinée à son directeur. Elle avait raison. Un brin de péché ajoute un certain charme à certaines voluptés innocentes. Le péché de Victor Hugo ! le péché de M. Alfred de Vigny ! le péché de lord Byron ! Bientôt, en effet, le libraire Ladvocat publia l'œuvre entière de lord Byron, et Dieu sait les exemplaires qu'il a sacrifiés à faire des prosélytes à ce grand homme ! Ces poëmes de lord Byron, on les lisait de toute son ardeur dans cette *galerie de bois* et de flammes, et cependant on sentait frémir autour de soi toutes ces licences, on respirait toutes ces odeurs ; à ce point qu'on était frappé en même temps de la double stupeur de tant de livres nouveaux, de tant de vices sans nom ! Les longues heures qui passaient comme un songe au milieu de tous ces délires de la tête et des sens !

Or, Ladvocat, ce jeune homme, était le dieu de cette machine épique ! Il était l'Apollon du nouvel Olympe ! Il était la mouche qui fait bourdonner la ruche. D'une main libérale, il imprimait le mouvement à son siècle. Il avait le geste impérieux et le sourire charmant. Il était beau, ou plutôt, à travers ce monceau de miracles nouveaux, il nous semblait plus beau que le jour. A travers sa boutique, on le voyait agir à la façon d'un météore. Il allait, il venait, il commandait, il parlait à tous du milieu de cette vallée d'Hélicon qu'il s'était creusée entre deux marchandes de gaze et de rubans. Jamais, non, jamais je n'ai rien vu qui pût se comparer à cet être enchanté quand il recevait ainsi dans son comptoir son peuple d'écrivains. On voyait sa louange écrite dans leurs yeux!

Et, quand j'étais rassassié de ce grand spectacle et de cette enivrante lecture, je revenais dans mon grenier, rêvant et songeant, et me répétant les beaux vers que j'avais appris par cœur :

> Qu'une coupe vidée est amère, et qu'un rêve
> Commencé dans l'ivresse avec terreur s'achève!...

Ou bien je chantais les jeux du Cirque avec Victor Hugo :

> L'athlète vainqueur dans l'arène
> Est en honneur dans la cité ;
> Son nom, sans que le temps l'entraine,
> Par les peuples est répété !...

J'en savais des centaines, de ces vers nouveaux, empruntés à cette librairie incendiaire! A force d'audace même, j'en étais venu à marquer mon livre à la page où j'avais cessé de lire, et je le retrouvais fidèlement le lendemain sur l'étalage.

« Les vassaux sont heureux dans le vaste domaine de Lara, et la servitude ne pense plus à sa chaîne féodale. Ce seigneur est revenu lorsqu'on n'espérait plus le revoir...; » et tout le poëme y passait; et quand je pense encore aujourd'hui à la profonde impression, au saisissement infini que j'éprouvai au fond de l'âme, lorsque enfin (j'avais pris la plume à mon tour) ce grand libraire me fit l'honneur de m'adresser la parole et de me tutoyer ! Bonté divine ! était-ce possible ? était-ce vrai ? Certes, je n'ai pas été, que je sache, un enfant gâté de la fortune et de la faveur ; les princes se sont peu approchés d'un animal de mon espèce ; à peine si le roi a su mon nom ; mais enfin, tel qu'on est (sans écrire ses Mémoires), on a eu peut-être une ou deux rencontres considérables en toute sa vie. Eh bien, je l'avoue en toute humilité, jamais voix humaine ne m'a troublé et charmé comme la voix du premier éditeur de Casimir Delavigne, de lord Byron et de Victor Hugo.

A l'âge heureux où l'on ajoute chaque jour un couplet à la louange de *la maîtresse que j'aurai ;* à l'âge heureux où la machine à imprimer est un mystère, où l'imprimeur est un mythe, où le libraire est un dieu, rencontrer ce grand libraire et le regarder face à face, et l'entendre qui vous parle et qui vous demande un livre à vous, à vous-même, non ! il n'y a pas de majesté si grande ou de beauté si belle qui vous puisse donner un frisson pareil d'orgueil et de joie !... Et maintenant te voilà mort, mon pauvre ami, que j'ai aimé même à l'heure où tu n'imprimais plus rien pour personne ; voilà que tu t'en vas sans prendre congé de deux ou trois admirateurs que tu avais conservés, infortuné que j'ai vu resplendir dans les lettres françaises comme une comète au milieu des étoiles. On voudrait savoir où tu reposes, on nous montrerait le cimetière en nous disant : « Cherchez-le ! » Ah ! qui nous eût dit que cet introducteur à la renommée, à la gloire, cet habile homme qui imposait à l'Europe entière les esprits de son adoption, il aurait une fin si triste ! Un tel libraire, ô juste ciel ! qui meurt aussi pauvre, aussi abandonné, aussi misérable que s'il était un simple poëte, est-ce possible, est-ce juste, est-ce vrai ?

Cet homme a occupé la ville entière de son bruit et de son luxe ; il était vraiment *le magnifique !* Il avait, chose inouïe, incroyable ! un cheval à lui, un cabriolet à ses armes, deux ancres avec ces mots : *Aidez-moi !* Il allait comme la tempête, au milieu du bruit et de la fumée, en vrai Jupiter Tonnant, jetant ses livres à qui les veut, et les vendant très-cher à qui les paye. A peine un nouveau livre avait vu le jour dans ce Palais-Royal dont il avait fait une nouvelle Athènes, que soudain toute émotion étrangère à ce nouveau livre était entièrement suspendue. On ne parlait plus dans toute la ville (et c'était la volonté de M. Ladvocat) que du poëme nouveau ; on en parlait dans la rue et dans la maison ; il en était question dans le cabinet du ministre et dans le palais du roi ; dans le taudis de l'écolier et dans le salon de la danseuse. Absolument il fallait, dans la ville et dans le monde, que l'on sût que tel jour, à telle heure, Ladvocat le libraire avait publié *Ourika*, *Adolphe*, ou les *Poésies de Joseph Delorme*, et, du journal qui se respecte au pamphlet qui se vautre en son infamie, il fallait que le nouveau livre eût sa place ! Ainsi proclamée, affichée, annoncée, glorifiée, la chose allait aux nues, sauf à retomber sur la terre ! Il ne reste aux nues que ce qui doit y rester. Mais enfin c'est beaucoup d'aller si haut, ne fût-ce qu'un jour !

Quel zèle il avait ! quelle ardeur ! quel contentement ! quel orgueil ! Nous avons vu, à l'exposition de 1826, le portrait de ce libraire héroïque ; ce portrait de Ladvocat faisait pendant au portrait du roi lui-même, et chacun regardait avec un œil d'envie et d'admiration ce grand homme en manteau couleur de muraille ! — On se disait tout bas : « C'est lord Byron ! » Il était frisé et bouclé, il était rose et frais ! Il avait une main gantée, et l'autre main était nue ; on l'avait représenté se promenant en bottes vernies dans une immense campagne, une montagne sur sa tête, un ruisseau à ses pieds ! Ce ruisseau clair s'enfuyait à travers la prairie, image ressemblante de cette librairie féconde en grands hommes. Fière image ! elle contentait à peine cet homme amoureux de sa propre renommée. Et, comme un jour, après les honneurs du Louvre, il obtint les honneurs de la comédie, il alla se voir et se saluer lui-même en plein théâtre. Cela s'appelait *l'Imprimeur sans caractère*. Le jeune libraire y jouait le beau rôle. Il alla donc se voir passer dans sa gloire. Il fut content; mais, le lendemain, sur une manne d'osier, il envoya au comédien qui le représentait dans cette comédie à sa louange, l'habit, le gilet et le pantalon que lui-même il avait portés! Gilet à fleurs panachées, habit à boutons d'or, pantalon gris blanc, rayé de bleu, morbleu! Le chapeau était blanc, la cravate était comme un semis de pois de senteur. Il portait des gants de peau de Suède; ajoutez le soulier à talon haut et presque rouge que rattache au cou-de-pied un ruban noir. « Apprenez, mon cher monsieur, disait Ladvocat au comédien, à vous habiller historiquement, lorsque vous représentez un personnage historique! » Et la ville entière d'aller voir cet imprimeur sans caractère et ce libraire en habit guinguet!

Certainement il avait bien ses petits travers, mais sa manie avait une certaine grandeur! Il est le premier dans ce siècle qui ait donné au manuscrit du poëte, de l'historien, du romancier une certaine valeur. Il est le premier qui ait fait vivre l'homme de lettres, et je me rappelle encore l'admiration et l'étonnement mêlé d'épouvante qui circulait dans le faubourg Saint-Germain à cette annonce fabuleuse que Ladvocat avait payé douze mille francs le manuscrit de *l'École des Vieillards!*

Un jour, il passait dans la rue de Vaugirard; il voit à la porte d'un de ses confrères une femme en deuil qui semblait désolée! Il s'arrête, ou, pour mieux dire, il arrête son cheval. « Eh! madame, d'où venez-vous? — Je viens d'ici, répond-elle, et l'on m'a refusé douze cents livres des chansons de mon mari. — Douze cents livres, répond Ladvocat, ça en vaut deux mille. — Eh bien, dit la dame, prenez-les pour douze cents. — Madame! reprit l'autre, s'il s'agit de moi, je vous offre six mille francs de ces chansons!... » Et voilà comme il achète les chansons de Désaugiers!

Et mille traits de cette verve et de cette audace! Il comprenait confusément que ces sortes de prospectus ont leur valeur et il s'en donnait à cœur joie! Il est le dernier qui ait vendu un mince in-octavo au prix de sept francs cinquante centimes; et tant qu'il en voulait vendre, il en vendait, des livres à ce prix-là. Il a édité les plus beaux livres et les plus considérables de ce temps-ci; c'est lui qui a publié *les Ducs de Bourgogne*, de M. de Barante, et *l'Histoire de la Fronde*, de M. le marquis de Sainte-Aulaire ! Il a publié les livres de M. Cousin, les livres de M. Villemain et ceux de M. Guizot !

La première fois que j'eus l'honneur d'être présenté à M. de Chateaubriand par M. Bertin l'aîné, ce fut chez le libraire Ladvocat. Il avait quitté le Palais-Royal avec un vif regret de sa *galerie de bois*, et il habitait, non loin de la maison de Voltaire, un hôtel admirable, entre cour et jardin (de la cour et du jardin, on a fait une maison). Là, il vivait en vrai seigneur. Et, comme il venait d'acheter, au prix de cent mille écus, les œuvres complètes de M. le vicomte de Chateaubriand, il invita M. de Chateaubriand à dîner. Le dîner fut splendide ! On y comptait, ou peu s'en faut, autant de grands noms que de convives ! Au dessert, Ladvocat se lève, et il boit à la santé de *son poëte*, qui boit à la santé de son libraire ! Fêtes vaines ! splendeurs oubliées ! grandeurs anéanties ! tous ces convives sont morts, et l'hôte heureux qui les réunissait dans ces salons glorifiés, le voilà qui disparaît dans un abîme ! Eh quoi ! après tant de fortunes et de poëmes, tomber ainsi sous la main froide et sévère du plus terrible anéantissement ! Quelle agonie ! Et songer que cet homme qui a fait imprimer tant de milliers et tant de milliers de feuilles de papier dans toute sa vie, il n'a pas eu, dans sa mort, ne fût-ce que par charité, ô presse ingrate ! un simple *billet de faire part !*

Que voulez-vous ! il est mort avec tant de hâte, que ses amis absents n'ont pas pu savoir sa fin prochaine ! Il est mort sur un lit d'emprunt, le malheureux ! et qui donc a suivi son cercueil ? Triste fin d'un homme qui a été le bienfaiteur de plusieurs et l'ami de tous ! De temps à autre, au milieu de sa misère, il riait, et il disait quand les habiles lui faisaient des remontrances : « C'est le roi

Louis-Philippe qui me ruine! » Alors il comptait, en effet, les écrivains qui l'avaient abandonné pour le service du roi! M. de Barante était un ambassadeur, M. Guizot était secrétaire d'État, M. de Rémusat était ministre de l'intérieur, M. de Sainte-Aulaire représentait la France à Vienne, M. Villemain et M. Cousin, à la Chambre des pairs, semblaient oublier qu'il y eût au monde un libraire Ladvocat! Il riait tout haut, il pleurait tout bas; il pleurait ses folies et les bons moments qu'il avait perdus pour la fortune!... Une seule affaire parmi celles qu'il avait faites, entre des mains prudentes et non prodigues, eût suffi à la fortune d'un galant homme! Les œuvres de M. de Chateaubriand représentaient une fortune inépuisable! *Les Ducs de Bourgogne*, et le *Théâtre étranger*, deux fortunes! Avec le Shakspeare de M. et de madame Guizot, avec le Schiller, un libraire est riche!... Il ne l'était plus, il ne l'avait jamais été; ces richesses avaient coulé entre ses mains comme fait l'eau des fontaines sur un crible. Même avec les livres d'un ordre inférieur, un autre que lui eût rétabli son crédit chancelant. Les vifs *Mémoires de madame de Genlis* et les touchants *Mémoires de madame la duchesse d'Abrantès* ont compté comme deux succès en librairie! Il avait même trouvé une mine d'or dans les *Mémoires* de cette honteuse Contemporaine...; car il en vint à la *Contemporaine*, lui-même, lui qui s'était refusé, dans les temps de sa gloire et de sa puissance, à gagner deux cent mille francs avec les *Mémoires de Vidocq!*

En 1831, quand enfin, à bout d'expédients et de ressources, il s'avoua vaincu, la littérature de ce temps-ci fit un grand effort pour son libraire : elle se proposa de lui *donner* un livre, en quinze tomes in-8º, intitulé *le Livre des Cent et Un*. L'offre était belle et rare; elle fut faite avec bonne grâce, elle fut acceptée avec reconnaissance : « Les soussignés, voulant donner à M. Ladvocat, libraire, un témoignage de l'intérêt qu'il leur inspire, ont résolu de venir à son aide, et lui offrent, chacun, au moins deux chapitres d'un livre intitulé : *le Livre des Cent et Un*. En même temps, ils invitent tous les hommes de lettres à se joindre à eux pour secourir un libraire qui a si puissamment contribué à donner de la valeur aux productions de l'esprit, et à consacrer l'indépendance de la profession d'hommes de lettres. »

Ces véritables titres de noblesse étaient signés des plus grands noms littéraires de ce temps-ci : Arago, Andrieux, Ballanche, Balzac, Béranger, Étienne Béquet, Briffaut, Armand Carrel, Castil Blaze, Chateaubriand, Cousin, Cuvier, la duchesse d'Abrantès, madame de Bawr, le comte de Laborde, Eugène Delacroix, Lamartine, Casimir et Germain Delavigne, Pongerville, Rémusat, de Sacy, Salvandy, le comte de Saint-Priest, Louis Desnoyers, Alfred de Vigny, Alfred de Wailly, Victor Ducange, Dupaty, Duviquet, Étienne, madame Gay le bel esprit, et sa fille Delphine le poëte, M. Guizot, M. Jay, M. Kératry, M. Lebrun, M. Laya, le vénérable M. de Lacretelle, tous les noms ; Loëve-Weimar, Malitourne, Armand Marrast, Aimé Martin, Mazères, Élisa Mercœur, Merle, Michaud, Mignet, Amédée Pichot, Rolle, Sainte-Beuve, Royer-Collard, notre camarade Saint-Marc Girardin, Henri Scheffer, Scribe et Frédéric Soulié, M. Thiers, M. Vitet, M. Viennet, M. Villemain, tous enfin ! Ils ont promis, ils ont tenu parole ! Ils ont fait à eux tous un livre adopté du public, et je ne crois pas qu'un pareil témoignage, avec une si touchante unanimité, ait jamais été accordé à un homme plus sympathique et plus courageux !

Hélas ! il avait cent et un noms, parmi les plus grands noms de la majesté française, pour couronner ce monument élevé à sa grandeur passée... Il n'a pas eu, j'en ai bien peur, un seul homme pour accompagner son cercueil !

GRANVILLE

Granville (Jean-Ignace-Isidore-Gérard) appartient aux premières années du xixe siècle. Il naquit à Nancy, le 3 septembre 1803. J.-J. Granville (c'est ainsi qu'il signait) est un des plus aimables et un des plus ingénieux crayons qui aient été la grâce, la fête et l'esprit des chefs-d'œuvre d'autrefois, des belles œuvres de ce temps-ci. Son père était un peintre en miniature; son grand-père et sa grand'mère étaient deux comédiens de l'ancienne roche : ils appartenaient aux comédiens ordinaires du bon roi Stanislas. Le monsieur représentait les princes; la dame jouait le rôle des grandes coquettes; hors du théâtre, ils redevenaient de bonnes gens l'un et l'autre. Ils ne s'appelaient plus Granville de leur nom de théâtre et d'affiche; ils s'appelaient tout bonnement M. et madame Gérard de leur nom patronymique, élevant leurs enfants dans l'amour des humbles horizons et des professions sages. Un jour cependant, ils rencontrèrent dans la rue un orphelin; et, ne sachant ce qu'ils en devaient faire, ils en firent... un comédien! Ce petit comédien, élevé à l'ombre des temples, des bosquets et des salons royaux du théâtre de Nancy, devint le plus grand comédien du monde : il s'appelait Fleury.

Quant aux petits Gérard, qui n'étaient plus des Granville, ils se poussèrent plus humblement dans le monde; et l'un d'eux finit par mettre au jour ce J.-J. Granville, le dernier-né des sept enfants de sa couche féconde : un petit être souffreteux, qui eut grand'-peine à se laisser vivre. Tout le blessait, tout l'offensait; l'air d'avril était trop froid, le soleil de juin était trop chaud. Déjà cependant, il n'avait pas dix ans, l'enfant étudiait toutes choses avec le zèle ingénieux de l'artiste de naissance. Il comprenait les belles lignes, les fins détails, les douces images, les estampes, les tableaux; et même il comprenait si bien la face humaine, qu'à ses premiers essais il refusa de la flatter. Il était déjà semblable à ce moraliste qui se vantait de ne pas savoir mentir : le petit Granville ne mentait pas à ses modèles; et tels qu'il les voyait la plupart du temps, laids, difformes, la taille ou trop légère ou trop pesante, l'œil plein d'envie et le sourire plein d'avarice, il vous les jetait bel et bien, d'un seul trait impitoyable, sur un papier plein d'ironie et de mépris. Si bien que son père, le faiseur de miniatures, qui n'avait pas d'autre profession que de peindre, sur un ivoire flatteur, des printemps éternels, appelait son fils un gâte-métier : « Mais, lui disait-il, ne vois-tu pas que tu fais peur à tous les visages de Nancy? » En même temps, le bonhomme expliquait à son coquin de fils ce qu'il appelait les destinées de la miniature : il lui montrait la miniature jouant un grand rôle dans les amours et dans les passions des hommes, présidant aux alliances des princes, et formant plus de mariages par ses grâces, ses guirlandes et ses couronnes, que la politique par ses chaînes et par ses liens de fer. « Malheureux que tu es, disait le père Gérard-Granville à son fils, tu n'as pas quinze ans, et déjà tu t'es fait des ennemis mortels de tous les juifs et de tous les chiens de la ville? Les premiers te tirent la langue, et les seconds aboient après toi! » Ainsi parlant, le père riait un peu et pleurait un peu. Il était sûr que son fils ne ferait jamais un bon peintre en miniature; mais une voix confuse lui disait que cet enfant était en train de découvrir quelque chose, qu'il était plein de verve et de satire, et que Nancy était trop petit pour un si grand dessinateur. Si bien que le père et l'enfant, après toutes sortes de silences, de soupirs, de tendresses muettes, de désespoirs cachés, finirent par s'avouer à eux-mêmes que Paris n'était pas en vain la ville aux enseignements éternels. « Adieu, mon fils! » dit le bonhomme. Et l'enfant, tout en larmes, prit, comme tous les autres, le chemin de la grande cité :

Urbem quam dicunt Romam, etc.

C'est le commencement de la vie : il n'y a pas d'autre chanson dans les églogues ; il n'y a pas dans la jeunesse une aventure qui précède cette aventure ; il n'y a pas d'autre chemin qui mène aux œuvres de l'intelligence. A Paris, le petit Granville avait un oncle officier de marine sous l'Empire, le régisseur du théâtre de l'Odéon sous la monarchie. Or, cet oncle était un assez bon homme ; il reçut assez bien l'enfant du peintre de Nancy, et il le présenta aux quelques artistes qu'attiraient de temps à autre les tragédies de l'Odéon. Humble commencement, convenez-en ; c'est tout au plus, sur ces hauteurs, si vous êtes un habitant de Paris : à peine si l'on entend les vraies rumeurs, les vrais bruits, les vraies passions de la ville, et c'est un miracle si notre jeune homme a compris de si loin les tumultes et les passions qu'il allait décrire. Il avait apporté avec lui mille dessins, mille fantaisies ; chacun les regardait, souriait et passait son chemin. Son premier essai, publié sous le nom d'un certain Mancion, fut un jeu de cartes tout rempli de mille folies, qu'il appelait *la Sibylle des salons*, et dont Paris raffola pendant huit jours ; cela amusa tout le monde et ne frappa personne. On disait : « C'est joli, c'est vif, ingénieux, charmant ; » mais nul ne demandait le nom de l'auteur. A quoi bon, d'ailleurs? l'auteur s'appelait Mancion ! Cependant *la Sibylle des salons* conduisit le jeune homme des vastes déserts de l'Odéon sous les voûtes élégantes de l'Opéra-Comique. Là, il trouva des oreilles qui savaient entendre et des yeux qui savaient voir. On lui fit mille amitiés... stériles, mais enfin des amitiés. Et l'un de MM. les régisseurs du théâtre lui fit dessiner des costumes de ces messieurs et de ces dames. Bon ! voilà le jeune homme à l'œuvre, et l'on peut dire qu'il n'y allait pas de main morte. En effet, ces messieurs se trouvèrent si laids, ou, si vous aimez mieux, si vrais dans ces images, et ces dames furent croquées avec tant de verve, au milieu de tant de risée, que peu s'en fallut qu'on ne mît Granville à la porte. « Hélas ! disait-il, mon bonhomme de père avait raison : la miniature, il n'y a que la miniature ; et pas d'habit et pas de pain hors de la miniature ! » Ainsi songeant, il était sur le point de retourner à Nancy même, afin d'y copier doucement les têtes des demoiselles à marier... Un bon conseil le sauva. Ce bon conseil fut donné au jeune Granville par un mauvais peintre, homme de beaucoup d'esprit, que l'on appelait Duval-Lecamus. C'était un homme serviable et de bonne humeur : il aimait à rire ; il riait surtout dans ses tableaux peints à l'huile, et, dans nos diverses expositions, les pochades et les bambochades de Duval-Lecamus intéressaient au plus haut degré les grands juges et les amateurs de la rue Saint-Denis. « Faites comme moi, mon fils, disait-il à Granville : on cherche un sujet plaisant, on le trouve ; on en fait une charge, un tableau à rire, ou mieux encore une lithographie, et, la chose faite, on la vend à un marchand, qui l'expose aux vitres de sa boutique, et le public s'en amuse en passant. Et cela n'est pas plus difficile que cela ! » A ces mots, qui lui paraissaient une révélation, Granville rentre dans sa chambre, au cinquième étage ; il se met à l'œuvre, et, dans une suite de douze compositions très-agréables, il représente les tribulations d'un bon bourgeois qui se repose. Il y avait dans ces premières images beaucoup d'inexpérience, à coup sûr, mais aussi beaucoup de verve et d'esprit. Le public les regardait en passant, le public leur faisait un petit sourire amical, le public ne les achetait guère ; mais enfin, tant bien que mal, le jeune Granville, renonçant définitivement à la miniature, acheta de quoi meubler un atelier. De quoi meubler un atelier ! le voilà dans ses meubles, le voilà chez lui ! le voilà qui possède un ami appelé Falempin, un ami qui habitait au second étage, un fin connaisseur, un bon juge, et qui devient un grand appui pour ce pauvre Granville. O premiers moments de l'artiste qui se cherche et qui ne se trouve pas encore, on vous a racontés si souvent dans ce grand livre de la Biographie universelle ! on ne vous racontera jamais assez ! On ne vous racontera jamais assez, beaux jours de pauvreté, de talent timide et d'espérance ! Granville a vécu longtemps, au jour le jour, de toutes sortes d'*amusements*, de *plaisirs*, de *jouissances*, de *passe-temps* : les Amusements de l'enfance, les Plaisirs de la jeunesse, les Jouissances de l'âge mûr, le Passe-temps de la vieillesse. Cette fois, les plus indifférents se mirent à étudier l'œuvre originale de Granville; on la regardait d'un œil attentif, et l'on comprenait confusément que, de cette tête féconde, quelque chose enfin allait sortir : ce quelque chose était intitulé les Métamorphoses du jour; et, cette fois, dans ces métamorphoses imprévues, ce n'était plus la bête qui donnait des leçons à l'homme : c'était l'homme, au contraire, qui donnait des leçons à la bête. Je ne sais plus quel grand artiste italien s'est avisé de démontrer, par des preuves sans réplique, à quel point la grenouille était semblable à l'Apollon du Belvédère. Granville n'a pas été moins loin : il a prouvé que, dans les circonstances les plus vulgaires de la vie, la vie et les passions de chaque jour, l'homme était tour à tour un coq, un dindon, un sanglier, un âne bâté. Il avait fait du pavillon Marsan une espèce de ménagerie où les aigrettes, les colliers, les cordons, les manteaux, tout l'agencement d'une cour et d'une basse-cour, étaient devenus autant d'accessoires communs à l'homme et à l'animal. C'était si ressemblant, ce monde emplumé, ce monde armé de griffes, armé de becs, haut sur jambes, haut sur pattes, frôlant les plus riches tapis, comme il eût gratté les plus sales fumiers! c'était si joli à contempler, ces dames panthères, ces dames mésanges, ces dames-jeannes ! Cette fois, ce Granville avait trouvé, sans le savoir, une nouvelle comédie, une source plaisante, une gaieté dont peu d'exemples avaient été donnés avant lui ; et, de même que la Fontaine mettait la morale humaine en action sous le nom et sous le visage des hôtes des bois, Granville, l'observateur et le ricaneur, immolait l'homme à la bête, et le faisait si ressemblant, même sous l'allégorie, que l'allégorie était irrésistible. Alors il devint un événement à son tour : il prit la parole, et il se fit écouter dans l'opposition que chaque matinée apportait avec elle. Il riait de tous les puissants, il se moquait de tous les partis; il profitait des libertés de 1830 pour frapper les malheureux qui résistaient à l'épigramme, à la satire, au discours politique, au journal en prose, au journal en vers. Dans cette mêlée ardente de tous les partis, Granville avait son étendard ; il donnait son mot d'ordre : il était lui-même. Il fit, un jour, un énorme dessin qui représentait une énorme réunion d'éteignoirs et de soufflets, semblables aux fils de quelques Tartufes en goguette : *Éteignons les lumières!* chantaient les éteignoirs; *Et rallumons le feu!* hurlaient les soufflets. Cette admirable prosopopée éclata comme une bombe au milieu de Paris émerveillé, et elle obtint le même succès que la chanson de Béranger, si c'est possible ! Granville, en ce moment, joue au milieu de Paris le rôle d'Hogarth au milieu de Londres : il se mêle à toutes les passions de la ville, il prend sa part de toutes les colères ; il est irritable, irrité, sans pitié parfois, mais jamais sans grâce et sans esprit. Et certes, quand le crayon joue un pareil rôle, quand il devient populaire à ce point que son rire devient le rire universel ; quand soudain il peut prendre un homme, et, le dépouillant de ses ornements d'emprunt, le montrer aux passants dans toute sa laideur et dans toute sa nudité, le crayon devient une arme, une arme redoutable, et l'on ne sait plus où s'arrêtera ce combattant nouveau d'un nouveau genre dans la bataille des partis. Donc, on rencontrerait, en les cherchant bien, dans les œuvres du timide et inoffensif Granville, de telles *charges*, que ces charges ressembleraient à un assassinat, si les esprits les plus austères ne faisaient pas la part des entraînements du crayon, plus difficile encore à retenir que la plume elle-même. Au besoin, la plume explique, arrange, efface, adoucit du moins : le crayon n'efface et n'adoucit rien ; il part comme un trait, et tout ce qu'il trouve dans sa route, il le frappe, il le brise. On recherche aujourd'hui, avec le plus grand soin, la collection de *la Caricature*, publiée trois mois après la révolution de 1830 par l'ingénieux éditeur M. Philippon. Dans ces premiers moments de la caricature, tout était grâce et sourire : M. de Balzac, sous différents noms de sa fantaisie, écrivait le texte; Henry Monnier, Bellangé, Charlet et Raffet faisaient les images, texte inoffensif, images bienséantes; mais qui peut retenir la verve des crayons bien taillés, la cruauté des plumes bien affilées? La cruauté s'en mêla : on égratignait d'abord, on en vint aux morsures, Charlet fit place à Daumier, Raffet fit place à Granville, et celui-ci en vint à soutenir même l'émeute, à mettre au pilori la force armée. Enfin, plus d'une fois il fut personnellement exposé aux représailles de tous ces défenseurs de la société attaquée, dont il riait, dont il se moquait, et qui se fâchaient tout rouge contre cet insolent dont les images les poursuivaient dans la rue! Il fallut des lois, et même des lois sévères, pour réprimer ces cruelles fantaisies, qui finirent par s'attaquer à la personne même du monarque, au grand détriment de cette royauté chancelante sous les efforts de tant de partis! Dans l'intervalle, Granville s'était marié, à Nancy, avec une jeune et belle cousine, intelligente et calme, esprit droit, honnête cœur, et qui n'eut pas grand'peine à ramener ce bel esprit dans le domaine des plaisanteries permises et des ironies légitimes. Cette seconde phase du talent de Granville est signalée par une suite de croquis charmants, les *cannes*, les *parapluies*, les *cols*, les *pipes*, les *chapeaux*, les *breuvages*; puis, comme le monde entier chantait les chansons de Béranger, il entreprit d'*illustrer* (pardon du mot) les chansons de Béranger; et, soit que le costume ait manqué aux héros de ces chansons charmantes, soit que le poëte porte avec lui la forme et l'accent de sa chanson, ces illustrations des chansons de Béranger ne méritent pas l'honneur auquel aspirait J.-J. Granville! Non. Les images de Granville ne resteront pas attachées à la chanson de Béranger : elle a trop besoin de liberté, d'espace et de soleil, pour emporter dans son vol éternel ces images éphémères! Et, à l'heure où nous parlons, elles s'en sont déjà dégagées, comme elles se dégageront encore de ce qui les entoure, saintes, fières, calmes et gaies, dans la simplicité, dans la fierté, dans la bonne humeur du père qui les a engendrées. Une autre témérité, mais le mot serait trop dur, s'appelait *les Illustrations de la Fontaine, par J.-J. Granville*. Certes, ce poëte-là, non plus que l'autre poëte, ami de Lisette et de l'empereur, n'est d'un abord facile et clément; cependant, déjà bien avant Granville, plusieurs dessinateurs, d'un talent rare et charmant, s'étaient étudiés à complaire au bon la Fontaine. Eisen avait illustré très-heureusement, à force de beauté, de grâce et d'esprit, les *Contes* de la Fontaine; Ourry, dans une suite de dessins merveilleux, avait représenté dignement

> Tous ces héros dont Ésope est le père.

Ainsi, du côté des fables de la Fontaine, aussi bien que de ses contes, la place était prise, et le nouvel artiste ne pouvait plus se faire jour que par la violence. Aussi bien, Granville hésita longtemps, longtemps il étudia son modèle, expliquant, cherchant, commentant toutes choses, jusqu'à ce qu'enfin il eût repris d'une main ferme le crayon excellent qui lui avait servi à dessiner les *Métamorphoses du jour*. La nouvelle œuvre était trouvée à dater de ce moment-là. Les amis de l'antiquité et du bel esprit se rappellent sans nul doute une version de monseigneur de Bourgogne écrite en latin par Fénelon, son digne maître, à la louange du bon la Fontaine. « Il n'est plus, disait le grand prélat dans son langage digne d'Atticus, l'ami de Cicéron; il n'est plus, le poëte ingénieux qui rendait la morale si facile et si douce; il n'est plus, le rare esprit qui traduisait d'une façon si charmante les leçons que murmure la nature entière!... » Puis, à la fin de son éloge, il ajoutait : « Hélas! hélas! quand donc les humains seront-ils aussi vrais, aussi naïfs, aussi charmants que les bêtes de la Fontaine? » On dirait que Granville avait sous les yeux cette louange de Fénelon lorsqu'il illustrait son la Fontaine.

Aussi bien, cette publication de la Fontaine de Granville fut un des plus grands plaisirs de notre jeunesse.

Seulement, chose étrange, dans les fables où la Fontaine se contente de l'homme et nous montre uniquement des hommes,

J.-J. Granville s'arrêtait tout d'un coup complétement étonné. Adieu sa verve! Le peintre des animaux ne savait pas peindre son semblable. Alors, il dessinait brutalement, lourdement de vilains hommes et de vilaines femmes; ainsi, l'homme entre deux âges est très-laid et ses deux maîtresses sont très-laides; ainsi, son jardinier est aussi mal tourné que son seigneur; ainsi le mari, la femme et le voleur vous représentent trois créatures d'un assez triste aspect. Il n'y a rien de plus difforme que son Jupiter, et rien de plus maussade que son Tyrcis à côté de son Amaryllis. Hamlet disait : « L'homme ne me convient pas, ni la femme non plus! » C'était aussi l'idée de Granville; ou plutôt, disons-le, là commençait son impuissance. Il excellait à faire de tout un homme, excepté de l'homme lui-même. Il y avait certainement un grand mérite à faire d'une grenouille une demoiselle! oui; mais l'Apollon du Belvédère? Comptez cependant que, malgré tous ces défauts et tous ces obstacles, l'illustration de la Fontaine par Granville restera comme une œuvre ingénieuse. Il a fait aussi les illustrations des fables de Florian, et il n'a pas été moins heureux pour Florian que pour la Fontaine. Un jour même, il s'est attaqué à *Don Quichotte*, à *Robinson Crusoé*, aux *Caractères* de La Bruyère; mais à peine si don Quichotte a voulu poser devant cet homme qui ne croyait pas à l'espèce humaine! A peine si Robinson Crusoé a laissé surprendre quelqu'un de ses secrets par ce faiseur de ricanements et de parodies! Quant à La Bruyère, il s'est cabré contre ce petit bout d'homme qui voulait l'arrêter par un pan de son manteau! Le dessin de Granville et *les Caractères* de La Bruyère! juste ciel! autant vaudrait livrer *Tartufe*, *le Misanthrope* et *les Femmes savantes* à Callot! Il a tout à fait réussi dans un livre de pure fantaisie, à savoir : *les Scènes de la vie privée, publique et politique des animaux*, de J. Hetzel, où tout ce qu'il y a d'illustre dans la littérature, entrant dans le vif de son idée, parvint à écrire un livre, critique vive et aimable des travers éternels, dont le succès est inépuisable : livre unique à coup sûr. Il a illustré ensuite *les Petites misères de la vie humaine*, puis *Jérôme Paturot;* mais il a été étouffé tout net par cette filandreuse composition. Mais aussi quelle étrange idée, illustrer *Jérôme Paturot!* Vous voyez que cet homme était un laborieux artiste ; il était infatigable, il acceptait tous les genres de travaux, il s'accommodait à toutes les servitudes, et l'infortuné, déjà ses journées étaient comptées tout autant que ses heures d'inspiration et de bon sens. Vous avez vu qu'il était né sous un astre peu clément, et de cette mauvaise étoile il ressentit jusqu'à la fin la désastreuse influence! Sa femme, qui était bonne, douce et calme, et qui le faisait vivre à force d'apaisements, d'espérances et de consolations, lui avait donné deux jolis petits enfants qui paraissaient pleins de force et de vie! Hélas! les enfants sont morts à peu de distance l'un de l'autre, et la mère à son tour suivit ses deux fils dans la tombe. Oh! la pauvre femme! et, comme en mourant elle comprenait que ce pauvre déshérité ne pouvait pas vivre à l'aventure, elle lui désigna elle-même une nouvelle épouse qui lui vînt en aide et protection, et qui l'aidât à élever leur troisième et dernier enfant. Ce dernier vœu de sa femme expirante était tout ensemble pour J.-J. Granville un ordre et une prière; il obéit, il épousa celle qu'on lui désignait, et il arriva que la première madame Granville avait choisi miraculeusement la seconde mère de son enfant. Mais quoi! la vie était touchée et la raison était chancelante; il avait trop vécu pour vivre longtemps encore; il avait abusé du travail, et le travail se vengeait; ce n'était plus un homme, c'était une ombre; ce n'était plus un artiste, c'était un rêve! Il rêvait tout éveillé, il n'avait plus de force, il n'avait plus d'espérance; il s'entourait de toutes les fièvres et de toutes les douleurs du passé : le portrait de sa femme morte était exposé entre les deux images de ses enfants morts.

Le troisième enfant, Georges, l'image vivante de sa mère, tenait déjà un crayon d'une main débile, et il dessinait toutes sortes de choses vagues et confuses auxquelles souriait son père attristé.

Granville, en ce moment, n'avait pas quarante ans; il était déjà tout gris, tout voûté; le dernier feu de la jeunesse s'était retiré dans son regard et la dernière grâce dans son sourire; ce fut alors qu'il renonça à toute espèce de collaboration pour s'abandonner en toute liberté, en toute licence, hélas! à sa fantaisie. Ainsi, il a fait à lui seul un livre intitulé *l'Autre Monde!* et ce livre est une hallucination perpétuelle, un défi à l'impossible, un vagabondage immense, un vrai délire! Évidemment, cet homme n'était déjà plus *mentis compos ;* il était frappé dans les images de son cerveau, et vous pensez s'il retrouva son courage et sa force à l'heure suprême où son troisième enfant, le petit Georges, expirait en appelant sa mère, et son père, et ses deux frères; tout était dit, tout était fini, tout était mort! Granville eut cependant le temps d'écrire encore une lettre d'adieux à la louange de tout ce qu'il avait aimé : « Pour la première fois peut-être de ma vie, je me laissais aller à l'insouciance, aux espérances que j'avais le droit de concevoir après tant de peines passées; pour la première fois, je me laissais vivre heureux dans le présent, en jouissant de cette bonne vie de famille, et voilà que le destin, je ne puis dire la Providence, vient me frapper pour la quatrième fois dans la même plaie à peine cicatrisée!... J'en suis toujours aussi anéanti, aussi inconsolable; il n'y a pas de moment où l'heure et l'instant de cette mort déplorable ne s'offrent à mon esprit aussi nettement, aussi horriblement, aussi impitoyablement qu'au premier jour... Moi, que le pauvre enfant aimait par-dessus tout, et comme on aime peu; moi, j'ai été obligé de le voir, là, mourir devant mes yeux, sain, bien constitué pour vivre, avec toute sa présence et sa lucidité d'esprit; j'ai été obligé, ô misère! d'assister à cette horrible lutte du pauvre petit être contre la mort, et il m'a appelé à son secours jusqu'à la dernière minute! Y a-t-il rien de comparable à cette situation, dites? » Cependant il eut la force d'accompagner son petit Georges au tombeau de sa mère, et, pendant encore un mois, protégé par le regard, par la tendresse, par la naïve admiration de sa femme, il achevait ses dessins des *Étoiles animées* pour faire suite aux *Fleurs animées;* il dessinait, il souriait, il soupirait, il pleurait, il se taisait. Quand tout à coup, ô misère! ô tristesse infinie, impitoyable! il poussa un grand cri de terreur et d'effroi : c'en était fait, la douleur était la plus forte, Granville était fou de douleur! il était fou furieux! Il fallut le transporter dans une maison toute semblable à cette gravure de Kaulbach : *la Maison des fous!* qui était un des ornements de son cabinet. Il y passa trois jours! trois jours d'une horrible et douloureuse agonie! Il appelait sa femme, il appelait ses trois enfants, il appelait son père et sa mère, il invoquait, l'infortuné, tout ce qu'il avait aimé! Enfin, Dieu eut pitié de lui, et il expira à minuit le 17 mars 1847. Sa mort fut un grand deuil; on aimait son talent, on estimait son caractère, bien qu'il eût été toujours ombrageux et difficile; il fut enseveli dans ce même cimetière de Saint-Mandé, où reposaient déjà sa première femme et ses trois enfants! Il fut placé à côté de son petit Georges, à l'ombre de ce bronze austère et touchant qui représente Armand Carrel! Lui-même, Granville, un jour qu'il était en bonne humeur, il avait dessiné son propre tombeau et, à l'exemple du bon la Fontaine, il avait écrit son épitaphe :

CI GIT J.-J. GRANVILLE

IL ANIMA TOUT, ET, APRÈS DIEU, FIT TOUT VIVRE, PARLER OU MARCHER ; SEUL, IL NE SUT PAS FAIRE SON CHEMIN

L'épitaphe dit vrai; enfant de la pauvreté, Granville est mort comme il avait vécu dans les bras de sa mère nourrice. On fit après sa mort une vente de ceux de ses dessins originaux, en petit nombre, qui n'étaient pas restés entre les mains de ses éditeurs, et la vente a produit douze mille francs! Telle était, après tant de travaux, après cette dépense effroyable d'esprit et de talent, d'imagination et d'invention, toute la fortune que ce pauvre homme a laissée à sa seconde femme et à son quatrième enfant, qui était encore au berceau.

FRÉDÉRIC SOULIÉ

Le 28 du mois de septembre (1847), dans l'église Sainte-Élisabeth et au cimetière du Père-Lachaise, les derniers devoirs ont été rendus M. Frédéric Soulié. Comme nous l'avions prévu, ces modestes funérailles d'un galant homme, qui n'a été toute sa vie qu'un homme de lettres, avaient attiré le concours empressé de cette foule intelligente qui ne manque jamais à la popularité bien acquise, cette popularité qui ne craint pas le jugement dernier de la mort.

De très-bonne heure, l'église Sainte-Élisabeth du Temple avait été envahie par les artistes, par le public de Frédéric Soulié, par les amis connus et inconnus de son génie, et aussi par cette partie du monde parisien qui veut tout voir et tout savoir.

Le service était conduit par M. Artus, qui avait composé la messe funèbre. A la sortie, les cordons du poêle étaient tenus par MM. Victor Hugo, le baron Taylor, Buloz, administrateur du Théâtre-Français, Antony Béraud, le directeur de ce même théâtre de l'Ambigu-Comique, récemment élevé par M. Frédéric Soulié à la dignité d'un vrai théâtre littéraire.

Les boulevards étaient pleins de monde; la foule, toujours croissante, se montrait sur le seuil et aux fenêtres de chaque maison; on n'a jamais vu pareil concours, sinon dans les funérailles politiques, dans les deuils que portent les passions humaines; mais tant d'intérêt et même tant de curiosité pour un romancier, pour un poëte dramatique, pour un rêveur, tant de gens qui ne l'ont jamais connu et qui veulent entrevoir, ne fût-ce que le drap mortuaire qui le recouvre, voilà ce qui n'est pas croyable, et voilà pourtant ce que nous avons vu aujourd'hui.

Arrivée au cimetière du Père-Lachaise, cette foule toujours croissante, bruyante ici, calme là-haut, s'est quelque peu heurtée contre les barrières de la mort; quelques cris d'effroi se sont fait entendre; plus d'un homme a été exposé aux violences involontaires que la multitude amène avec elle; mais bientôt le calme s'est rétabli, et alors nous avons pu voir, sur ces sévères et solennelles hauteurs, une nouvelle foule qui avait envahi tout l'espace. Pendant que nous accompagnions notre ami à son dernier asile, d'autres, non moins empressés, étaient venus pour l'attendre et pour le saluer une dernière fois au bord de son tombeau!

Il a fallu bien du temps pour que chacun fût enfin à sa place, et alors M. Victor Hugo, de sa belle voix, aidée de son beau geste, et dans l'attitude d'un homme qui sait commander aux multitudes, a prononcé le discours que voici :

« Les auteurs dramatiques ont bien voulu souhaiter que j'eusse, dans ce jour de deuil, l'honneur de les représenter et de dire en leur nom l'adieu suprême à ce noble cœur, à cette âme généreuse, à cet esprit grave, à ce beau et loyal talent qui se nommait Frédéric Soulié. Devoir austère qui veut être accompli avec une tristesse virile digne de l'homme ferme et rare que vous pleurez. Hélas! la mort est prompte. Elle a ses préférences mystérieuses. Elle n'attend pas qu'une tête soit blanchie pour la choisir. Chose triste et fatale, les ouvriers de l'intelligence sont emportés avant que leur journée soit faite. Il y a quatre ans à peine, tous, presque les mêmes qui sont ici, nous nous penchions sur la tombe de

Casimir Delavigne; aujourd'hui, nous nous inclinons devant le cercueil de Frédéric Soulié.

» Vous n'attendez pas de moi, messieurs, la longue nomenclature des œuvres, constamment applaudies, de Frédéric Soulié. Permettez seulement que j'essaye de dégager à vos yeux, en peu de paroles, et d'évoquer, pour ainsi dire, de ce cercueil ce qu'on pourrait appeler la figure morale de ce remarquable écrivain.

» Dans ses drames, dans ses romans, dans ses poëmes, Frédéric Soulié a toujours été l'esprit sérieux qui tend vers une idée et qui s'est donné une mission. En cette grande époque littéraire, où le génie, chose qu'on n'avait point vue encore, disons-le à l'honneur de notre temps, ne se sépare jamais de l'indépendance, Frédéric Soulié était de ceux qui ne se courbent que pour prêter l'oreille à leur conscience, et qui honorent le talent par la dignité.

» Il était de ces hommes qui ne veulent rien devoir qu'à leur travail, qui font de la pensée un instrument d'honnêteté et du théâtre un lieu d'enseignement, qui respectent la poésie et le peuple en même temps, qui pourtant ont de l'audace, mais qui acceptent pleinement la responsabilité de leur audace, car ils n'oublient jamais qu'il y a du magistrat dans l'écrivain et du prêtre dans le poëte.

» Voulant travailler beaucoup, il travaillait vite, comme s'il sentait qu'il devait s'en aller de bonne heure. Son talent, c'était son âme, toujours pleine de la meilleure et de la plus saine énergie; de là lui venait cette force qui se résolvait en vigueur pour les penseurs et en puissance pour la foule. Il vivait par le cœur; c'est par là aussi qu'il est mort. Mais ne le plaignons pas, il a été récompensé, récompensé par vingt triomphes, récompensé par une grande et aimable renommée qui n'irritait personne et qui plaisait à tous. Cher à ceux qui le voyaient tous les jours et à ceux qui ne l'avaient jamais vu, il était aimé et il était populaire, ce qui est encore une des plus douces manières d'être aimé. Cette popularité, il la méritait, car il avait toujours présent à l'esprit ce double but qui contient tout ce qu'il y a de noble dans l'égoïsme et tout ce qu'il y a de vrai dans le dévouement : être libre et être utile.

» Il est mort comme un sage qui croit parce qu'il pense ; il est mort doucement, dignement, avec le candide sourire d'un jeune homme, avec la gravité bienveillante d'un vieillard. Sans doute, il a dû regretter d'être contraint de quitter l'œuvre de civilisation que les écrivains de ce siècle font tous ensemble, et de partir avant l'heure solennelle, et prochaine peut-être, qui appellera toutes les probités et toutes les intelligences au saint travail de l'avenir. Certes, il était propre à ce glorieux travail, lui qui avait dans le cœur tant de compassion et tant d'enthousiasme, et qui se tournait sans cesse vers le peuple, parce que là sont toutes les misères, parce que là aussi sont toutes les grandeurs. Ses amis le savent, ses ouvrages l'attestent, ses succès le prouvent, toute sa vie Frédéric Soulié a eu les yeux fixés dans une étude sévère sur les clartés de l'intelligence, sur les grandes vérités politiques, sur les grands mystères sociaux. Il vient d'interrompre sa contemplation ; il est allé la reprendre ailleurs. Il est allé trouver d'autres clartés, d'autres vérités, d'autres mystères, dans l'ombre profonde de la mort !

» Un dernier mot, messieurs. Que cette foule qui nous entoure et qui veut bien m'écouter avec tant de religieuse attention, que ce peuple généreux, laborieux et pensif, qui ne fait défaut à aucune de ces solennités douloureuses et qui suit les funérailles de ses écrivains comme on suit le convoi d'un ami ; que ce peuple si intelligent et si sérieux le sache bien : quand les philosophes, quand les écrivains, quand les poëtes viennent apporter ici, à ce commun abîme de tous les hommes, un des leurs, ils viennent sans trouble, sans ombre, sans inquiétude, pleins d'une foi inexprimable dans cette autre vie sans laquelle celle-ci ne serait digne ni du Dieu qui la donne, ni de l'homme qui la reçoit ! Les penseurs ne se défient pas de Dieu ! ils regardent avec tranquillité, avec sérénité, quelques-uns avec joie, cette fosse qui n'a pas de fond ; ils savent que le corps y trouve une prison, mais que l'âme y trouve des ailes !

» Oh ! les nobles âmes de nos morts regrettés, ces âmes qui, comme celle dont nous pleurons en ce moment le départ, n'ont cherché dans ce monde qu'un but, n'ont eu qu'une inspiration, n'ont voulu qu'une récompense à leurs travaux, la lumière et la liberté, non ! elles ne tombent pas ici dans un piége ! Non ! la mort n'est pas un mensonge ! Non ! elles ne rencontrent pas dans ces ténèbres cette captivité effroyable, cette affreuse chaîne qu'on appelle le néant ! Elles y continuent, dans un rayonnement plus magnifique, leur vol sublime et leur destinée immortelle. Elles étaient libres dans la poésie, dans l'art, dans l'intelligence, dans la pensée ; elles sont libres dans le tombeau ! »

Certes, ce sont là de belles paroles, et M. Frédéric Soulié ne pouvait pas espérer une plus belle oraison funèbre. M. Hugo l'a bien jugé, il l'a bien compris ; il a été l'admirable interprète des meilleurs et des plus nobles sentiments ; mais aussi comme il a été écouté ! dans quel profond silence, et bientôt avec quels applaudissements unanimes ! Pour notre part, nous ne savons pas de plus noble emploi du talent, de l'éloquence et de la popularité d'un grand poëte, que cette façon sympathique avec laquelle il fait une part de sa gloire à celui que la mort a frappé. Si M. Victor Hugo n'a pas conquis un admirateur de plus dans toute cette foule qui l'admire du fond de l'âme, il s'est fait de nombreux amis ce jour-là.

Parler après un pareil homme, entreprendre de nouveau cette louange que M. Hugo avait épuisée en quelques paroles, c'était une tâche difficile. M. le baron Taylor s'est tiré d'affaire avec du sentiment, avec des larmes, avec une douleur bien sentie. Il a parlé comme on parle quand on veut exprimer simplement une émotion sincère. Les mêmes qualités, mais à un degré plus touchant, signalent les derniers adieux de M. Antony Béraud à cet ami qu'il a entouré jusqu'à la fin d'une sollicitude toute paternelle. On voyait que les larmes du directeur de l'Ambigu-Comique étaient des larmes sincères ; on comprenait qu'il avait assisté à cette agonie douloureuse, et qu'en effet il avait fermé les yeux de l'homme enfermé désormais dans ce cercueil.

Surtout, dans le discours de M. Antony Béraud, nous avons remarqué, chose touchante, les derniers vers que M. Frédéric Soulié ait dictés à son lit de mort, enfants douloureux de son agonie, dernier reflet de cette intelligence qui se défendait contre la mort ; des sanglots, des souvenirs, des étincelles, des nuages, tout le passé, toute la jeunesse, tous les regrets. Ces vers ont été recueillis au chevet du mourant par M. Collin, qui l'a entouré jusqu'à la fin de sa tendresse, de son respect, par un homme à qui nous devons bien de la reconnaissance pour ce dévouement à toute épreuve :

> Louise, noble cœur, ange aux regards si doux,
> Quand l'ange de la mort, presque vaincu par vous,
> Oubliait de frapper sa victime expirante...
> Pour le pauvre martyr, vous, l'image vivante
> De tous célestes dons et de toutes vertus,
> Que vous dire, âme d'or, ma sainte bienfaisante !
> Vous m'avez tenu lieu, sœur, de ma sœur absente ;
>   Mère, de ma mère qui n'est plus.
>
> Je n'achèverai point mon pénible labeur !
> Plus de récolte... Hélas ! imprudent moissonneur,
> Hâtant tous les travaux faits à ma forte taille,
> Je jetais au grenier le froment et la paille,
> De mon rude labeur nourrissant ma maison,
> Sans m'informer comment s'écoulait la moisson !
>
> Viens près de moi, Béraud... Et vous, Massé, Collin !
> Près de moi, près de moi... car voici bientôt l'heure !
> Voici qu'on me revêt de ma robe de lin
> Pour entrer dignement dans...

Et tout finit là! Et cet homme qui, dans ses livres, dans ses drames, menait de front tant d'êtres créés par lui, un mot l'arrête... ce grain de sable qui nous dit : *Tu n'iras pas plus loin!*

Sont venus ensuite deux amis du poëte mort, M. Belmontet, son compatriote, son ami d'enfance, et M. Adolphe Dumas. M. Adolphe Dumas a récité des stances écrites le matin même, M. Belmontet a déclamé un dithyrambe. Sans vouloir exercer ici une critique qui serait déplacée, qui serait imméritée, nous avouons que cette douleur qui se préoccupe de la rime, de la césure, des soins compliqués d'une poésie éclatante, sont plutôt faits pour être lus le lendemain que le jour même des funérailles. *Non hic locus;* il y a dix-huit cents ans que le poëte Horace a dit cela sous les cyprès de Tibur.

Dans une note envoyée aux journaux et écrite d'une façon assez leste pour un personnage si important dans l'État, on avait dit que le comité des gens de lettres avait *chargé* M. Salvandy, son président, de porter la parole au nom du comité. Il paraît que le ministre de l'instruction publique n'a pas accepté cette mission ainsi donnée; au reste, il a été remplacé avec beaucoup de goût et de tact par M. Paul Lacroix, qui s'appelait, à vingt-cinq ans, le bibliophile Jacob.

Pour le dire en passant, il nous semble qu'il ne serait pas très-utile, dans ces jours de funérailles, d'indiquer à chaque instant que *la Société des gens de lettres* a décidé ceci, que *la Société des auteurs dramatiques* a décidé cela. Avant que d'être une société, la république des lettres a été *une famille*. Où serait le grand malheur quand chaque ami du défunt aurait le droit de le pleurer tout haut sans être obligé de montrer le diplôme ou l'autorisation de *sa Société?*

Un dernier incident a signalé cette longue journée : tout était dit, les soldats de la ligne allaient saluer d'une dernière salve cette tombe à demi fermée, lorsque la foule qui avait applaudi et qui même avait *chuté,* au gré de ses passions, les divers orateurs, s'est mise à appeler : « Alexandre Dumas ! Alexandre Dumas ! » Ce public avait reconnu M. Alexandre Dumas à sa taille, à son visage, à son geste, et, le voyant, le public voulait l'entendre. Ainsi sollicité, M. Alexandre Dumas s'avance ; il veut parler, les larmes étouffent sa voix ; il parle, les sanglots l'interrompent... il s'arrête, il s'arrache à l'ovation. Il n'a pas été le moins éloquent de tous ces hommes qui ont tenu ce peuple attentif pendant deux heures, attentif à la louange d'un écrivain !

On s'est retiré en bon ordre et en silence, sans confusion, et d'une façon beaucoup plus convenable qu'on n'eût pu l'espérer. Tant d'honneurs rendus en dehors de l'Académie française ! C'est une journée qui comptera dans l'histoire littéraire de ce temps-ci.

Pour compléter tout ce que nous avons à dire sur un écrivain digne de tant d'hommages, nos lecteurs nous permettront de leur donner ici une page de l'*autobiographie* de Frédéric Soulié. Cette page curieuse, écrite au courant de la plume, et sans aucune prétention d'écrivain, était restée entre les mains d'un biographe qui avait demandé à l'auteur des *Mémoires du Diable* un sommaire de ses propres *Mémoires*.

Voici cette page :

« Monsieur,

» J'ai reçu les deux lettres que vous m'avez fait l'honneur de m'écrire, et, en vérité, je suis fort embarrassé d'y répondre. Il est bien difficile à un homme qu'on interroge sur son compte de ne répondre que ce qui est convenable. Il se glisse toujours dans le récit le plus succinct quelque chose de l'opinion qu'on a de soi ; et, soit qu'on s'estime trop ou trop peu, on s'expose à passer pour avoir beaucoup de vanité avouée ou de fausse modestie. Je vais cependant faire de mon mieux, et, si je mets dans cette lettre des circonstances qui vous paraissent inutiles, attribuez-les, je vous prie, à ma maladresse et non point au désir de faire de mon avis quelque chose d'important.

» Recevez, je vous prie, monsieur, l'assurance de ma parfaite considération.

» FRÉDÉRIC SOULIÉ. »

« Je suis né à Foix (Ariége), le 23 décembre 1800. Ma naissance rendit ma mère infirme. Elle quitta ma ville natale quelques jours après ma naissance, et, bien que je sois retourné souvent dans mon département et à quelques lieues de Foix, je ne l'ai jamais vue. Je demeurai avec ma mère dans la ville de Mirepoix jusqu'à l'âge de quatre ans. Mon père était employé dans les finances et sujet à changer de résidence. Il me prit avec lui en 1804. En 1808, je le suivis à Nantes, où je commençai mes études. En 1815, il fut envoyé à Poitiers, où je fis ma rhétorique. Mon premier pas dans ce que je puis appeler la carrière des lettres me fit quitter le collège. On nous avait donné une espèce de fable à composer. Je m'avisai de la faire en vers français. Mon professeur, qui était un séminariste de vingt-cinq ans, trouva cela si surprenant, qu'il me chassa de la classe, disant que j'avais l'impudence de présenter comme de moi des vers que j'avais assurément volés dans quelque *Mercure*. J'allai me plaindre à mon père, qui savait que, dès l'âge de douze ans, je rimais à l'insu de tout le monde. Il se rendit auprès de mon professeur, qui ne lui répondit autre chose que ceci : « Qu'il était impossible qu'un écolier fît des vers français. — Mais, lui dit mon père, vous exigez bien que cet écolier fasse des vers latins. — Oh! ceci est différent, reprit le professeur; je lui enseigne comment cela se fait, et puis il a le *Gradus ad Parnassum*. » Je note cette anecdote, non point pour ce qu'elle a d'intéressant, mais pour la réponse du professeur. Mon père me fit quitter le collège et se chargea de me faire faire ma philosophie. Il avait été lui-même, à vingt ans, professeur de philosophie à l'université de Toulouse, qu'il quitta pour se faire soldat en 1792. Il s'était retiré avec le grade d'adjudant général, par suite d'une maladie contractée dans les reconnaissances qu'il avait faites sur les Alpes pour l'expédition d'Italie.

» Je reviens à moi. Quelque temps après ma sortie du collége, mon père fut accusé de bonapartisme, et destitué. Il vint à Paris, et je l'y accompagnai. J'y achevai mes études. J'y fis mon droit assez médiocrement, mais avec assez de turbulence pour être expulsé de l'École, comme ayant signé des pétitions libérales et pris une part active à la révolte contre le doyen, qui me fit expédier, ainsi que mes camarades, à l'école de Rennes, où nous achevâmes notre droit comme des forçats, sous la surveillance de la police. On m'avait signalé comme carbonaro. Je profitai de mon exil pour établir une correspondance entre les ventes de Paris et celles de Rennes. Mon droit fini, je rejoignis mon père à Laval, où il avait repris son emploi. J'entrai dans ses bureaux, et bientôt après dans l'administration ; j'y demeurai jusqu'en 1825, époque à laquelle mon père fut mis à la retraite pour avoir mal voté aux élections.

» Un mot sur mon père, monsieur. Le voilà deux fois destitué ; est-ce à dire que ce fût un homme incapable et turbulent? Quoiqu'on puisse suspecter ma réponse de partialité, je puis le dire, parce que cela est une chose irrécusable pour tous ceux qui le connaissent, mon père était l'administrateur le plus distingué de sa partie (les contributions) ; ses travaux lui avaient valu l'approbation de l'empereur, et peut-être s'en souvenait-il trop, voilà tout. Il regrettait un temps où, caché dans le fond d'une province, il avait, sans appui, sans protection, sans sollicitation, obtenu un rapide avancement, dû à la supériorité seule de ses travaux. Vous me pardonnerez la digression. — Je quittai l'administration quand mon père en fut exclu, et revins avec lui à Paris. J'avais occupé mes loisirs de province à faire quelques vers ; je les publiai sous le titre d'*Amours françaises*. Ce petit volume passa assez inaperçu, si ce n'est dans quelques salons où survivait encore la mode des lectures à apparat. Je m'y liai avec presque tous les hommes qui étaient ou qui sont devenus quelque chose en littérature. Casimir Delavigne m'encouragea avec une grâce parfaite, et je devins l'ami de Dumas, lorsqu'il n'avait encore pour toute supériorité que la beauté de son écriture. Mon succès n'avait pas été assez éclatant pour me montrer la carrière des lettres comme un avenir assuré. Je devins directeur d'une entreprise de menuiserie mécanique. Ce fut pendant que j'étais fabricant de parquets et de fenêtres que je fis *Roméo et Juliette*. Nous étions déjà en 1827. Cet ouvrage fut reçu à l'unanimité au Théâtre-Français. Mais on décida, sans la connaître, de lui préférer une tragédie que M. Arnault fils promettait sur le même sujet. Sa tragédie finie, elle fut peu accueillie. Alors on se tourna vers une traduction de Shakspeare, par M. Émile Deschamps. J'appris tout cela par hasard. Je portai ma pièce à l'Odéon. J'eus mille peines à obtenir une lecture. Je dus cette faveur à Janin, qui était déjà une autorité et qui faisait trembler les directeurs dans ses feuilletons du *Figaro*. Je fus reçu, joué, applaudi. Je me fis décidément homme de lettres. A partir de là, voici toute ma vie littéraire. Je donnai *Christine* à l'Odéon, drame en cinq actes en vers, tombé d'une façon éclatante. J'avais fait cette œuvre avec amour; je fus désolé, désolé surtout de l'abandon des journalistes, qui, après nous avoir poussés, nous autres jeunes gens, dans une voie d'affranchissement, désertèrent la cause à son premier essai. *Christine* n'en est pas moins ce que j'ai fait de mieux. Je quittai le théâtre. Je m'attachai aux journaux. Je fis le *Mercure*. Je fus du *Figaro*. Pendant l'année 1830, je fis jouer une petite pièce en deux actes, ayant pour titre *une Nuit du duc de Montfort*; elle me rapporta plus d'argent que mes deux tragédies, toute médiocre qu'elle était. La révolution de 1830 arriva. J'y pris part, je me battis. Je suis décoré de Juillet, ce qui ne prouve rien, mais enfin je me suis battu. Je travaillais à cette époque à *la Mode* et au *Voleur*, avec Balzac et Sue.

» Malgré mon peu de succès au théâtre, je tentai encore une fois la chance. Je fis une pièce en cinq actes en prose, de moitié avec M. Cavé. Elle s'appelait *Nobles et Bourgeois*. Nous tombâmes encore. Je me résignai à abandonner le théâtre, malgré les encouragements de mes amis, qui disaient trouver dans un excès de force dramatique la cause de mes chutes. Je continuai ma collaboration à presque tous les recueils qui ont paru, soit en vers, soit en prose. Enfin, je rentrai au théâtre par *la Famille de Lusigny*, qui obtint un succès honorable. Puis je fis *Clotilde*, qui fut très-critiquée et beaucoup jouée. J'ai fait encore *une Aventure sous Charles IX*, très-critiquée et passablement applaudie. A l'époque où je donnais *Clotilde*, je publiai *les Deux Cadavres*. On a fait de ce livre mon meilleur titre à l'estime, quelle qu'elle soit, qu'on a de moi.

» Bientôt après, je recueillis, sous le titre du *Port de Créteil*, des contes et nouvelles tant inédits que déjà publiés. Depuis encore, j'ai fait imprimer *le Vicomte de Béziers* ; et votre article ne sera pas imprimé, que deux nouveaux volumes auront paru sous le titre *le Magnétiseur*. En somme, depuis que j'ai commencé à écrire, j'ai fait jouer neuf pièces (j'ai oublié de parler plus haut de *l'Homme à la blouse* et du *Roi de Sicile*), dont quatre en cinq actes et trois en trois actes. Quatre de ces pièces sont restées au répertoire du Théâtre-Français. J'ai publié neuf volumes, dont six de romans historiques, deux de contes et un de poésies. Enfin, je ne sache pas de recueil où je n'aie pas travaillé : dans *les Cent et un*, *Paris moderne*, *l'Europe littéraire*, *la Mode*, *la Revue de Paris*, *le Musée des Familles*, *le Journal des Enfants*, etc., etc. Voilà tout, ou à peu près, et voilà peut-être beaucoup trop ; faites-en ce qu'il vous plaira.

» Voici mon nom exactement :

» MELCHIOR-FRÉDÉRIC SOULIÉ. »

Rien n'est plus exact que tout ce détail ; on pourrait cependant faire remarquer que cette sévérité de la critique contemporaine, dont se plaint M. Frédéric Soulié à propos de sa tragédie de *Christine*, a été rachetée depuis par des éloges dont la sincérité même prouverait la sincérité des critiques.

Quant à ce rédacteur du *Figaro*, qui faisait *déjà trembler les directeurs*, Frédéric Soulié a fait de ce journaliste un homme plus terrible qu'il ne l'a jamais été, plus terrible qu'il ne voudrait l'être. — Non, ce n'est pas par la *terreur* que *Roméo et Juliette* a réussi, c'est par les larmes du public. — Seulement, le journaliste en question eut l'honneur de pleurer des premiers et de ne pas cacher ses larmes.

Pour m'arracher des pleurs, il faut que vous pleuriez.

CASTIL BLAZE

M. Castil Blaze était, sans nul doute et sans obstacle, un véritable esprit, un esprit joyeux, content, clair, sensé, toujours prêt. Il avait, d'après l'ère vulgaire, un peu plus de soixante et douze ans; mais, si vous consultiez le vigoureux calendrier qu'il s'était fait à lui-même, l'âge exact sur lequel il avait droit de compter accuse encore un jeune homme : il en avait le rire et l'accent, l'intime joie et le contentement intime. Hélas! il n'y a pas trois semaines, il était assis, que dis-je assis? il était là debout, jasant, riant et chantant, et scandant d'un geste animé et de ce regard intelligent qui était la lumière éclatante de son esprit, une amoureuse chanson, une chanson bien rhythmée, et qu'il avait écrite avec des contentements ineffables pour son ami, son compère et son dieu, Giacomo

Rossini. « Comment, me disait-il, trouves-tu ma chanson? » Et, non content de la déclamer, il la chantait d'une voix très-nette, avec la vie et l'accent qui conviennent aux plus beaux vers. Puis il ajoutait : « Je crois bien que Rossini sera content! »

Une fois lancé, notre homme était insaisissable! Il allait d'un pas vif et leste à travers toutes sortes de symphonies qui chantaient au beau milieu de sa tête féconde; il avait l'idée, il avait la forme et le mouvement, et tant de passion! Qu'il eût, en effet, ces soixante et douze ans que lui donnent les faiseurs de nécrologie, absolument c'était la chose improbable; on le lui aurait dit à lui-même, il eût répondu qu'on le prenait pour un autre homme. Il était si vif, et puis il était si bon! Certes, il aimait à parler autant qu'il aimait à écrire, autant qu'il aimait à chanter; cependant personne ici-bas ne l'a jamais entendu dire une parole âcre ou brutale, un mot mal-sonnant à la bonne renommée, une opinion qui pût compromettre un galant homme. Il aimait la vie, et, l'aimant avec sagesse, avec honneur, il la cultivait agréablement, honorablement. « Moi, me disait-il un jour, je suis le vrai chevalier sans reproche et sans peur! » Et, du même accent, il se mit à chanter l'air de *Tancrède* :
— *O patria!*

Il s'appelait Castil Blaze; il était un peu gentilhomme! Il devait appartenir à quelque grand d'Espagne amoureux du midi de la France, et qui avait oublié Séville ou Madrid dans les enchantements du comtat d'Avignon. M. Castil Blaze était bien le Français de là-bas, leste et gai, vif et charmant, *tout imprégné de cet esprit jovial errant dans les nues*. De très-bonne heure il avait été un jeune homme, et de très-bonne heure aussi il devint un père de famille, un père affable et tendre. Il n'était sérieux que lorsqu'il parlait de sa jeune famille; il n'était attendri que s'il parlait de sa jeune épouse, morte, hélas! bien avant l'heure. Il l'avait demandée en mariage un jour que son père allait la fiancer à un autre homme : elle l'avait accepté tout de suite, et, sitôt qu'elle fut sa femme, il l'avait entourée de tant d'amour, de dévouement, de reconnaissance et de bonté! Hélas! à peine elle lui eut donné ses trois beaux enfants, si vite orphelins, la jeune femme était **morte** en bénissant son mari ; morte et consolée en songeant que ses enfants seraient l'objet de tant de sollicitude maternelle à la fois et paternelle. Ainsi, veuf à l'heure où l'homme a besoin de tant de force et de tant d'appui, à l'heure où la vie est à gagner, où le présent est si rude, où l'avenir est si proche, il comprit que, sa tâche étant doublée, il lui fallait redoubler de zèle et d'ardeur. Alors il s'en vint, du fond de sa province heureuse, avec ses trois enfants en bas âge, chercher à Paris même ces deux choses si difficiles à atteindre, la renommée et la fortune. **En sa qualité** d'homme entreprenant, il voulait l'une et l'autre ; il fallait à ce brave esprit qu'il fût célèbre, il fallait à ce bon père une fortune. Il n'était pas, non certes, de ces rêveurs qui se contentent d'un peu de fumée et d'un peu de bruit, qui vivent au jour le jour, et qui disent : « Après moi le déluge! » Il avait une idée plus haute de sa mission paternelle ; il laissait le vain bruit et la fumée aux maladroits qu'un peu contente, et, quand parfois il se demandait comment donc il briserait tant d'obstacles, il se répondait comme répondait ce général d'armée assiégeant une place : « **Or çà!** je n'entends rien à vos siéges ; mais tant seulement faites-moi un trou que je passe, et je passerai! » Castil Blaze eut ce grand mérite... il a fait lui-même sa trouée, et, par sa trouée, il a passé.

De ces pays pleins de vignobles et pleins de chansons, où le vin et la poésie ont une source commune, il avait rapporté quelques pièces de vin qu'il avait à vendre, et quelques chansons pleines de soleil, qu'il voulait faire entendre aux gens de ces pays des brouillards. Un soir, comme il était au travail (les trois enfants dormaient dans leurs trois berceaux), et comme il disposait ses chansons, il vit tout d'un coup surgir dans le ciel épouvanté une flamme immense! On eût dit Troie en flammes, et que la maison d'Ucalégon n'était plus qu'une fournaise. « Ah! Dieu! s'écria Castil Blaze, il ne me fallait plus que cette peine! et voilà toute ma fortune en feu... » En effet, cet incendie accomplissait, à Bercy même, un de ses plus terribles exploits. L'incendie avait dévoré Bercy, et tout le vin de Castil Blaze, toute sa fortune, hélas ! « Heureusement, se dit-il, que les trois enfants dorment bien doucement ! »

Il n'était pas homme, Dieu merci, à se laisser abattre, et, le lendemain de ce grand sinistre, il avait déjà modifié son plan d'attaque. En ce moment, il n'avait plus le temps d'attendre ; il fallait porter, et tout de suite, un grand coup ; mais déjà sa sortie était prête. Il savait parfaitement ce qu'il avait à faire, et il était sûr de son fait.

En venant à Paris, il était tout rempli de poëmes, de chansons, de mélodies, de chefs-d'œuvre, et de tout le bagage harmonieux d'un véritable improvisateur italien. Surtout il savait Rossini par cœur, Rossini, la nouvelle étoile, ou plutôt le nouveau soleil du monde musical. Que Rossini ne fût pas le maître absolu de Paris, comme il était déjà le maître absolu de l'âme et de l'esprit de Castil Blaze, et qu'il n'y eût dans Paris pas même un seul opposant à ce génie, à ce miracle, à ce chef-d'œuvre, à ce créateur ; que Paris tout entier ne fût pas en fête, en joie, en triomphe, en bonheur au seul nom de Rossini, voilà ce que lui-même, lui, Castil Blaze, il ne pouvait pas comprendre. Il croyait arriver en plein Rossini, et que tout Paris appartenait à ce géant de la musique... O surprise ! ô douleur ! Rossini était à peine, au beau milieu de Paris, un bruit qui commence, une rumeur lointaine, une grâce fugitive, un éclair, un problème !... « Ils ne savent pas un mot de Rossini ! s'était dit Castil Blaze. Oh! les idiots ! oh ! les ingrats ! » En ce moment, Castil Blaze était semblable à ce voyageur qui se promène au Brésil, et qui, trouvant dans ce sable enchanté des pierres brillantes que nul ne songe à ramasser, s'assied sur le rivage, et, ramassant ces cailloux précieux : « Je le vois bien, dit-il, ils ne se doutent pas que ces pierres sont des diamants! »

Ces pierres étaient des diamants! *Le Barbier de Séville, Otello, l'Italienne à Alger* étaient des perles! A peine il eut fait cette découverte, à lui tout seul, notre homme entreprit, et tout de suite, aux dernières lueurs de Bercy brûlant, un double travail, une double tâche. « Il faut, se dit-il, d'abord que j'enseigne à ces gens de Paris la musique de Rossini ; puis, aussitôt qu'ils l'auront épelée et qu'ils commenceront à la lire, il faudra que je la leur fasse entendre, et que je mette à leur portée, en les débarrassant de leur enveloppe italienne et de leurs récitatifs, ces merveilles que, moi seul ici, je sais par cœur. » Tel fut son plan, et deux jours après cette résolution prise avec lui-même, on eût pu voir ce nouveau venu du comtat Venaissin, cet incendié de Bercy, cet inconnu qui frappait à la porte hospitalière, intelligente, du *Journal des Débats*. En ce temps-là, comme aujourd'hui, la porte était ouverte à tous les esprits de bonne volonté. — Entrez! Il entre. Il est reçu par cet homme excellent, par ce rare et merveilleux esprit, dont le nom seul était pour nous tous une espérance, un charme, une grâce, un conseil, par M. Bertin l'aîné, et tout de suite, et sans redouter ce fier regard et cette tête superbe qui intimidaient les plus braves, le nouveau venu déclara à M. Bertin que la langue même de la critique musicale est à faire, et qu'on n'en sait pas le premier mot dans le *Journal des Débats*. « Non, monsieur! C'est bien quelque chose, un écrivain qui parle aux gens de la musique et des chanteurs qu'il faut aimer et applaudir; mais, si, par-dessus le marché, votre écrivain était un grand musicien, et s'il savait tout à fait ce qu'il faut dire et ce qu'il va dire, eh bien, pensez-vous que sa parole en aurait moins d'autorité, de force et de véhémence? » Il disait cela, mais il le disait beaucoup mieux que je ne saurais le dire, ajoutant ceci : Que le grand malheur des disputes musicales du dernier siècle, qui touchaient à tant de curiosité, à tant de passions, et qui devaient être, en effet, d'un immense intérêt pour le journal, c'était justement d'avoir été provoquées et soutenues par des écrivains qui ne savaient pas une note de musique. Ils ont beau faire, et s'appeler Grimm, Diderot, Marmontel, La Harpe ou le docteur Akakia, ils ne sont pas musiciens, ils ne sont pas écoutés. Lui seul, Jean-Jacques Rousseau, dans cette mêlée, il méritait l'honneur d'être écouté, parce qu'il avait écrit la musique du *Devin du village;* mais, comme il était attaqué par des non-musiciens, par Voltaire lui-même, le plus ignorant de tous les hommes en fait de musique, il arriva que le seul qui eût le droit de parler en cette aventure se vit contraint au silence et chassé de l'Opéra. A ces arguments sans réplique, Castil Blaze ajoutait toutes sortes de preuves, de commentaires, de parenthèses. Il parlait vite, il parlait bien, il se sentait très-bien écouté... Bref, il tira de sa poche un feuilleton tout fait et signé XXX... Puis il sortit en fredonnant l'air favori du roi Louis XV :

> J'ai perdu mon serviteur...
> Rien n'égale mon malheur !

Et, le lendemain de ce jour mémorable où toute une destinée était en jeu, Castil Blaze, ouvrant le *Journal des Débats*, que vit-il?... Il vit, monsieur, son premier feuilleton glorieusement installé au rez-de-chaussée de ces mêmes colonnes d'en haut, où la politique éloquente appelait à son aide les plumes vaillantes, les plumes françaises... XXX ! « Voilà désormais mes trois étoiles, » disait-il.

Le jour même, il était l'adopté du public ! La langue qu'il avait inventée était composée, et le héros dont il se faisait le commentateur, Rossini, était le bienvenu. « Ici-bas, disait madame de Staël, nous ne faisons que des commencements ! » Rien n'est plus vrai ; mais que c'est là un bon motif pour bien commencer, pour commencer à la bonne heure, au bon moment, au moment même où il faut venir pour être le bienvenu ! — Un instant plus vite : « Eh ! vous venez trop tôt ! » Vingt-quatre heures plus tard : « Mon ami, vous venez trop tard ! » Castil Blaze est venu juste à son heure ! Il est venu quand c'était un besoin chez nous de bien entendre parler de Rossini et de ses œuvres. Il en a parlé non pas seulement comme un bel esprit qui s'abandonne aux émotions de l'orchestre, mais aussi comme un savant musicien qui, pour la première fois, explique un chef-d'œuvre et le fait passer par tous les tours et détours de l'analyse. Il eut donc tout de suite une autorité réelle ! Il fut tout de suite une puissance ; et, comme, en fin de compte, les musiciens sont des gens de beaucoup d'esprit, comme il n'est guère plus difficile d'écrire honnêtement une phrase élégante qu'une fugue ou un finale, il avint que, l'exemple étant donné par ce bel esprit, tous les musiciens se mirent à tenter la critique musicale, et que cette fois, du moins, dans cette espèce de jury dont Castil Blaze avait donné l'exemple, il fut bien avéré que désormais les musiciens ne seraient jugés que par leurs pairs.

Voilà comment le XXX fut tout de suite un homme et fut *quelqu'un*. Il devint un arbitre. Il tint dans ses mains vaillantes, sinon la gloire, au moins la renommée ! Il assista, toujours prêt à se jeter dans la mêlée, à toutes les grandes batailles de l'art musical ! A beaucoup de verve, il unissait beaucoup d'esprit ! Il se faisait lire, en provoquant autour de sa vive parole la bonne humeur, la gaieté, la santé et l'intime contentement dont son âme était remplie. Il aimait d'une véritable et sincère passion cette heureuse façon de parler au public, et, comme il savait ce qu'il avait à dire, et qu'il le disait sans gêne et sans effort, chacune de ces sorties était une victoire. Il riait, il frappait ; il riait, il anathématisait ; il riait, il se moquait, il déclamait ! Il abaissait le superbe ; il exaltait le timide ; il ouvrait la chausse-trape ; il ciselait le piédestal ; il était tour à tour le loup et l'agneau, la colombe et la fourmi, le chêne et le roseau. Il ploie et ne rompt pas ! Enfin, que vous dirai-je ? il était toujours à l'œuvre, et partout, au livre et dans le journal, à l'Opéra, au Théâtre-Italien, au concert, à l'école de Choron, il disputait ! il folâtrait ! il bataillait ! il exhortait ! Il était l'armée ; il était le général; il portait le drapeau, il avait fourni le drapeau. C'était une activité, une force, un génie, une verve, une éloquence, une passion, et toujours la même heureuse humeur que rien ne décourage, et qui servait tout autant M. Castil Blaze que son cheval *la Pie* M. de Turenne, ou son épée M. le prince de Condé.

Bon! voilà maintenant, grâce aux trois X, MM. les Parisiens de Paris et de mille autres lieux qui commencent à savoir ce que c'est que la musique! Ils comprennent enfin que c'est un grand art de savoir écouter; et, maintenant qu'ils supportent l'analyse musicale, on peut sans nul doute se hasarder à leur faire entendre un peu de musique en dehors de l'Opéra-Comique, où ils vont beaucoup trop, et du Théâtre-Italien, où ils ne vont pas assez. « A bon entendeur salut! » Et, s'il y eut jamais en ce bas monde un bon entendeur, ce fut M. Castil Blaze. Aussitôt donc il se mit à l'œuvre, et, menant de front l'analyse et la traduction, le matin juge et bon juge, et le soir poëte et musicien tout ensemble, il fit si bien, que soudain, dans la France étonnée et qui ne savait que l'opéra-comique, on entendit retentir en français, en bon français mêlé de prose et de vers, les plus rares chefs-d'œuvre des temps passés, des temps modernes, de l'Espagne et de l'Italie. O révolution complète et triomphe excellent! Tout se taisait, et soudain voici que tout chante! A peine on avait entendu parler de Rossini, de Mozart, de Cimarosa et de Weber, voilà que tout d'un coup, grâce à l'intrépide et vivant Castil Blaze, il n'est plus une seule de ces mélodies qui nous soit défendue. Voyez-le donc, la plume ou le bâton de mesure à la main, donnant leur ration de jour et d'espace à ces merveilles qui étaient naguère le partage exclusif des abonnés du Théâtre-Italien. La merveille des merveilles, la gaieté, le charme et la bonne humeur, *le Barbier de Séville*, où brillent à la fois l'esprit de Beaumarchais et le contentement de Rossini, tout le monde aujourd'hui l'aime, le chante et le sait par cœur, grâce à M. Castil Blaze! ou bien *la Pie voleuse* appelle à ses chansons les jeunes gens et les vieillards. Une autre fois, l'homme intrépide et ne doutant de rien s'attaque à *Don Juan*, et le Commandeur, une seconde fois ressuscité, se met en route au premier ordre de ce Gascon dont la voix le réveille. Ainsi Molière a retrouvé son *Don Juan*, que lui avait pris Mozart, et l'a retrouvé grâce à Castil Blaze. Ainsi, grâce à Castil Blaze aussi, Beaumarchais a retrouvé son *Barbier*, que lui avait pris Rossini. A Shakspeare il a rendu *Otello*; il a mis au jour de l'Opéra l'*Euryanthe* de Weber; il avait fait pour lui-même une traduction de *la Flûte enchantée* et du *Mariage secret*.

Cependant rappelez-vous ce succès qui n'a eu son égal sur aucune scène parisienne, un succès de dix années, un triomphe inespéré dans les abîmes de l'Odéon, avec des chanteurs de pacotille et des chanteuses de province... Il avait appelé cela *Robin des Bois*, c'était le *Freyschütz* de Weber.

Ce *Robin des Bois* à lui seul était toute une fortune! Il a rendu bien heureux notre ami Castil Blaze, et que de fois, quand il était en bonne humeur, s'est-il mis à nous raconter comment chacun des vers du *Freyschütz* lui avait rapporté... mille écus.

« Oui, disait-il, mille écus, » et il chantait en comptant sur ses doigts :

> « Chasseur diligent... *Mille écus!*
> Quelle ardeur te dévore... *Mille écus!*
> Tu pars dès l'aurore... *Mille écus!*
> Toujours content... *Mille écus!* »

Il chantait ainsi jusqu'au refrain : *Trou! trou! la la! la la! la la!*

« Au moins, celui-là, compère, ce *trou la la*, vous l'avez donné par-dessus le marché?

— Non, disait-il : *Trou la la*... mille écus! »

Puis, se tournant vers M. Hugo, qui riait :

« Faites-en autant, et je vous reconnaîtrai pour mon confrère, » disait-il.

Les beaux jours, et l'homme heureux que c'était là !

Cependant il avait gagné bien de la renommée ; il avait fait une belle fortune, il avait dignement marié ses deux jeunes filles, il avait vu son fils grandir et devenir un véritable écrivain, un poëte, un rêveur ; déjà ses petits-enfants, tout joyeux, l'entouraient de leurs joies innocentes ; tous ses amis, il les avait gardés ; ses ennemis... il n'a jamais eu un seul ennemi. Ses chansons se chantaient, ses livres se lisaient ; naguère il avait écrit sur Molière un très-ingénieux travail intitulé *Molière musicien*, et, dans ce livre, enfant de ses loisirs, le lecteur se trouvait transporté dans les gaietés du Midi, qui s'amuse au froufrou de la guitare, aux balancements de la farandole, aux nocturnes sérénades, aux balcons où tout veille, où tout sourit. Vraiment, c'était un homme heureux. Il aimait, on l'aimait ! Les mains lui étaient tendues, les portes lui étaient ouvertes ! On l'accueillait avec un sourire ! Il était ici, il était là, il était partout ! dans son comtat, dans son quartier, fidèle à sa maison, à son jardin, à ses enfants, à ses petits-enfants, à son frère, un autre esprit de sa famille. Il aimait Rossini, qui lui était revenu d'Italie, et, qui mieux est, il en était tendrement aimé ! à ce point aimé, que Rossini l'a voulu accompagner jusqu'à sa tombe, insigne honneur et qui a dû contenter ce galant homme, honoré, pleuré, regretté de tous. Quelle vie heureuse et facilement contente, avec si peu d'ambition pour les misérables petites distinctions qu'on ne lui a jamais offertes, auxquelles il n'a jamais pensé, qui font tant de malheureux et tant de jaloux !

Te voilà donc mort comme un autre homme, ô bel esprit que nous aimions, gaieté qui nous animait, bon visage où resplendissait l'espérance, ô sourire aimable, ô regard satisfait, ô voix connue, ô front ombragé de cheveux blancs ! ô chanteur ! et qui désormais chantera comme toi tes deux chefs-d'œuvre : *le Chant des Thermopyles* et la chanson du *Roi René* ?

CHARLES DE LACRETELLE

I

En 1848, quelques jours après le grand orage, un illustre vieillard, un des maîtres de l'histoire moderne, entouré de l'admiration la mieux méritée et des respects les plus sincères, s'éloignait d'un pas calme de la ville agitée et la quittait pour n'y plus revenir.

Cet ancien témoin de nos guerres plus que civiles avait vu, dans tout le cours de sa longue carrière, tant de crimes et de trahisons, qu'il était à l'abri de l'épouvante ; il avait assisté à tant de lâchetés, qu'il ne pouvait plus s'étonner de rien ni de personne. Si donc il renonçait aux honneurs de la grande Académie et de la grande cité, c'est qu'il voulait jouir en paix du faible intervalle qui le séparait de son dernier jour. Il partit donc, emmenant avec lui ce qu'il aimait le plus ici-bas, sa femme, ses enfants, ses vieux livres, la joie et les armes de sa vieillesse, et maintenant, après sept années d'un repos si bien gagné, dans cette heureuse retraite qu'il s'était préparée au milieu de cette ville de Mâcon qui l'avait adopté comme un ancêtre, sous la main filiale de cette admirable épouse qui fut l'ange de ses derniers jours, sous les baisers de ses enfants et de ses petit-enfants, dans le deuil universel qu'inspire aux moins attentifs le spectacle enchanté d'une longue vie où rien ne manque, ni le zèle à l'action, ni la vigilance au danger, ni la justice au travail, ni la bienséance au repos, il s'éteint doucement en bénissant tous ceux qu'il aimait.

Ce maître historien que nous pleurons (et peut-être ai-je le droit d'écrire ici sa louange, car je puis me vanter de l'avoir bien aimé), le vénérable M. Charles de Lacretelle (le roi Charles X lui avait donné des lettres de noblesse, le roi Louis-Philippe l'avait fait commandeur de sa Légion d'honneur) était né à Metz, au mois de septembre 1766, à l'ombre de ces remparts qui ont vu naître le maréchal Fabert, Paul Ferry, le ministre protestant, et Jacob Leduchat, le commentateur de Rabelais.

Son frère aîné, Pierre Lacretelle, fut le premier maître et le premier ami du jeune Charles, à peine échappé aux leçons du collége. Pierre Lacretelle, ou, comme on disait, Lacretelle *aîné*, était lui-même le disciple de Beccaria, de Montesquieu et de cette nouvelle école qui soutenait, avec Voltaire et Quintilien, « qu'il était plus facile d'élever une accusation que de la détruire, » et qu'il faut songer, dans toute accusation, à l'intérêt des accusés, « qui est aussi un intérêt social, » disait naguère un savant magistrat (1). De cette école illustre sont sortis, au siècle passé, plusieurs discours tout remplis du zèle et du plus vif sentiment de la justice, et, entre autres discours, celui de Lacretelle aîné : *Du préjugé des peines infamantes*. « J'étais pressé, disait le marquis de Beccaria (dans sa préface *des Délits et des Peines*), par l'amour de la réputation littéraire, par une ardente passion de la liberté, par une profonde compassion pour le malheur des hommes, victimes de tant d'erreurs !... » Parlant ainsi, il disait en peu de mots le secret de tous ces adeptes fervents de la réforme des lois pénales : ambition, humanité, haine ardente contre les procédures clandestines, contre la lâcheté des peines inutiles et l'atrocité des opprobres gratuits, voilà ce qui les poussait les uns contre les autres. Ce fut donc sous les auspices de son frère *l'encyclopédiste* (en ce temps-là, c'était un titre de noblesse) que le jeune Lacretelle, après avoir fait, tout comme un autre, sa tragédie de *Caton d'Utique*, s'en vint à Paris, en 1787, au moment

(1) Faustin Hélie, *Traité du droit criminel*.

solennel où la grande œuvre allait s'accomplir. Terrible était le moment ! et quiconque, au drame qui va commencer, apportera un esprit droit, un cœur généreux, un talent viril, qui saura se mêler, sans lâcheté et sans peur, à ce mouvement généreux des idées, des espérances et des passions du temps qui s'approche, accomplira une tâche illustre ! Ainsi parlait le frère ainé à son jeune frère, et celui-ci écoutait celui-là, impatient de la tempête à venir.

Le jeune homme était docile ; il comprenait toute chose ; il comprit que nous allions vivre en prose, et que le moment était passé de l'*Almanach des Muses* et de la tragédie en vers. C'était surtout sur le terrain des grandes affaires et des hommes considérables du commencement de la Révolution qu'il eût fallu se rappeler le conseil de l'orateur romain : « Prenez garde à vos moindres paroles ! » Et quel conseil plus utile au moment où la tribune et la presse, enfants des mêmes tempêtes, allaient paraître enfin dans ce monde, affranchi du dernier lien féodal ? Or, à peine arrivé de sa province, ce jeune homme se trouva mêlé sans le savoir, sans le vouloir, à cette foule ardente d'écrivains et d'orateurs que la première assemblée appelait de tous les côtés de la France renouvelée, et qui ne songeaient guère à prendre garde à leurs paroles. Cependant, quelle admirable position, pour un futur historien, cette assistance assidue aux premiers efforts de notre première assemblée ! Il était jeune, ardent et sage ; il avait déjà en lui-même ce profond sentiment de justice et d'équité que recommande à ses disciples l'immortel auteur des *Annales* : « Ayez grand soin de mettre en pleine lumière l'honnêteté et les mauvaises actions, afin que la postérité donne à chacun sa récompense ! » Chaque matin, dans la loge des journalistes, attentifs à l'éloquence naissante, le jeune Lacretelle assistait, pour le raconter le soir, à ce choc effroyable des espérances et des douleurs de cette nation en doute de ses destinées, et, plus habile certes que tous les sténographes à venir, il reproduisait, non pas mot pour mot, mais passion pour passion, ces clartés et ces ténèbres, ces crimes et ces vertus, ces hontes et ces désespoirs. A cette tâche toute nouvelle et qui semblait faite à l'intention du futur historien de la Révolution française, au milieu de ces émeutes de la parole, que le bon sens et le sang-froid semblaient irriter davantage et faisaient bondir d'impatience et de rage, un esprit moins clairvoyant eût perdu bien des illusions et bien des espérances ; mais le nouvel initié à ces tumultes s'habitua bien vite à les contempler sans enthousiasme et sans peur. Il était arrivé en ce lieu de réforme et de liberté avec une soif ardente pour l'émancipation du genre humain… ; il se dit à lui-même qu'il n'irait pas jusqu'à l'ivresse, et qu'il toucherait d'une lèvre prudente à ce breuvage où le sang était mêlé à la divine liqueur. Aux violences de l'orateur, il opposait la simplicité du philosophe ; il cherchait la vérité, même dans l'invraisemblance ; il n'était pas homme à se payer d'un paradoxe, à se consoler par un contre-sens, et telle était l'exquise sagacité de son esprit juste et droit, que, dans ce tumulte épouvantable, il retrouvait facilement la liaison de ces événements pris, repris, arrêtés, suspendus, le principe et la suite de ces discours brisés en mille parcelles ; d'une plume habile et prompte comme la parole, il savait relier le fait au droit, la colère de la veille au bon sens de ce matin, le Mirabeau qui déclame au Jupiter Tonnant qui remplit le monde épouvanté de ses foudres et de ses éclairs.

Ce fut dans les premiers feuillets du *Journal des Débats* que le jeune Lacretelle entreprit cette reproduction quotidienne des luttes, des violences et des réformes de la tribune politique, et l'on retrouverait facilement, dans ces pages écrites à la dictée de l'heure volante, Mirabeau commenté, expliqué et parfois glorifié par le jeune rapporteur : tel était Mirabeau, et, tel qu'il l'a vu et entendu, il vous le montre ! *Sic oculos, sic ora ferebat!* Le voilà, cet homme qui a donné le branle à 1789, et, dans le pêle-mêle des délires, des joies et des prévoyances de *l'ouragan*, de

Thersite à Démosthènes, parmi toutes ces forces dans un seul génie : entraînement, véhémence, inspiration, tumulte et prestige, du sujet qui se venge au gentilhomme qui pardonne, de Mirabeau ivre à Mirabeau à jeun, le futur historien de ces grandes assemblées trouvait déjà le point précis entre le bien et le mal, entre l'ange et le démon, entre l'abîme et le ciel. Disons tout, ce journaliste de vingt ans était déjà un historien. Il avait en lui-même, et de si bonne heure, au milieu de cet univers qui s'écroule, la modération et toutes les vertus de la modération. Il ne flattait personne, il ne voulait tromper personne ; il se rappelait cette loi du pays de Solon, par laquelle était voué à la publique exécration quiconque refusait de montrer son chemin à celui qui le demandait ; et, comme il s'était habitué de bonne heure à ne pas flatter la puissance injuste et les fortunes, comme il s'était rappelé sous le bâton de Santerre et sous le couteau de Danton qu'il était de la patrie de Voltaire et de Montesquieu, comme il n'avait pas fait de sa plume un glaive et de son art un meurtre, il retrouva dans son histoire, et vingt ans plus tard, la vérité, le bon sens, l'indépendance et le courage dont il avait usé dans son journal. « Dans ces tempêtes de la République entre le sénat et Jules César, pour qui tenez-vous donc? disait un pontife à Caton d'Utique. — Je tiens, répondit Caton, pour les dieux immortels ! »

M. de Lacretelle (il l'a prouvé aussitôt qu'il a tenu la plume) tenait pour la royauté contre la Montagne, pour la liberté contre l'échafaud, pour le droit contre la spoliation, pour la modération contre la violence ; il tenait pour le bon sens et pour la parfaite justice contre les hontes et les désespoirs de l'esprit humain. Il avait pour ennemis les harangueurs de clubs et de carrefours, les empoisonneurs de l'opinion publique, les délateurs, les bourreaux, les assassins, les philosophes impies qui ne connaissaient pas d'autre fanal que le fanal sanglant de la lanterne ; il avait pour ennemis tous les ennemis de la patrie et tous ces lâches citoyens qui ont dans l'âme un tel besoin de servitude, que, faute de tyran, ils adorent la tyrannie ; enfin, il croyait à la vertu, il croyait à la clémence (on l'a bien vu dans les pages de sa grande histoire), et, par justice et par clémence, il aurait eu honte d'ajouter l'injure au châtiment. « Méfiez-vous, disait-il, de la colère : elle est sourde, elle est aveugle, elle est le fléau de l'histoire ; pendant qu'elle écrase souvent les moins criminels, elle va négliger de citer les plus grands coupables !... Il faut, disait-il encore, que l'histoire soit semblable à la loi, qui frappe le crime, uniquement par équité. »

En même temps, il avait pour compagnons de ses travaux et de ses dangers mille esprits d'élite qui ont été parmi nous les vrais fondateurs de ce grand art du journal, et le nom de ces hommes qui composent notre famille revenait souvent dans les discours et dans les livres de M. de Lacretelle ; c'étaient d'abord M. Bertin l'aîné et son digne frère ; M. Michaud, M. Suard, M. Maret (qui fut plus tard le duc de Bassano), M. Delalot ; MM. Fiévée, Hochet, Dussault, Laborie, Lagarde, Serisy, Kératry, Royer-Collard, Aimé Martin, et, avant ceux-là, La Harpe, André Chénier, Boucher, Barnave, Marmontel, le vicomte de Mirabeau, l'abbé de Pradt, l'abbé Raynal, Malouet...

> Nous avons été jadis
> Jeunes, vaillants et hardis !

C'était une de ses chansons. « Vous n'êtes que nos enfants, » disait-il encore avec un sourire. En effet, ils ont été pour nous d'illustres pères et de grands exemples ! Ceux d'entre eux qui n'ont pas porté sur l'échafaud leur tête innocente ont été de grands orateurs, d'éloquents historiens, des hommes d'État sous lesquels l'homme de lettres s'est retrouvé toujours. Après avoir écrit le journal qui est l'histoire des nations agitées, ils ont écrit l'histoire, qui est la politique des peuples en repos, et cela leur a paru une entreprise logique, de faire profiter le récit des grandes batailles auxquelles ils avaient assisté des lumières qu'ils empruntaient au spectacle animé des anciennes journées. *Quorum pars magna fui!* est encore plus la parole d'un historien de ce grand siècle que du héros d'un poëme, et M. de Lacretelle, quand enfin le XVIII⁰ siècle fut accompli, résolut, puisqu'il avait partagé ses espérances, vécu de sa vie et de ses douleurs, de dérouler, aux yeux de ses contemporains, ce vaste tableau qui commence au soleil couchant de Louis XIV, pour ne s'arrêter qu'à l'échafaud du roi martyr! Mieux que personne, il savait la peine, le travail et le danger de son entreprise, et qu'il allait marcher sur des cendres brûlantes ; mais la difficulté même lui fut une excitation, et, après avoir longtemps cherché son style, à ce point qu'il écrivit, dans la langue même de Tacite, l'introduction à son histoire, il se jeta dans la mêlée à la façon de ces conquérants qui ont brûlé leurs vaisseaux.

II

Cette *Histoire du* XVIII⁰ *siècle* est le vrai titre de M. de Lacretelle aux souvenirs de la postérité qui s'avance, et, quand on y songe, on reste épouvanté de ce problème, accompli avec tant de passion, de bienséance et de courage, dans un style éloquent, avec l'accent même du véritable historien. C'est, en effet, une tâche immense! raconter à des témoins oculaires, aux enfants de Voltaire et de Diderot, cette longue suite de révolutions dans les croyances, dans les lois, dans les mœurs qui viennent aboutir au grand abîme! Passer du cardinal Dubois au duc de Choiseul, de la fille du *roi Stanislas* à madame de Pompadour, du Père Quesnel à d'Alembert, de la banque de Law aux assignats, des *Lettres persanes* aux *Liaisons dangereuses*, du *Petit Carême* à *Candide*, du dernier lit de justice à l'assemblée des notables, de la bulle *Unigenitus* à l'*Encyclopédie*, de Versailles aux prisons du Temple, d'*Athalie* au *Mariage de Figaro!* et, pendant que l'écrivain marche à travers ces épines et ces grâces, parmi ces ruines qui ne veulent pas tomber, rencontrer l'Évangile aboli, la Bastille renversée et la liberté politique, ce rêve de l'âge d'or, qui finit par des crimes sans excuse et par des meurtres sans exemple... Telle fut l'œuvre et telle fut la tâche accomplie par M. de Lacretelle! Avec ces autels brisés, ce trône en lambeaux, ces justices évanouies et ces échafauds réduits en poudre, avec un art excellent, d'une main ferme et d'un esprit courageux, il construisit enfin ce vaste et solide monument en faveur de ce fameux XVIII⁰ siècle autour duquel s'agitent incessamment, depuis plus de cinquante années, les aspirations, les volontés, les douleurs, les adorations, les menaces, les haines, les prières et les blasphèmes du monde français.

Un jour que le roi Louis XV visitait les tombeaux des ducs de Bourgogne : « Voilà, dit-il à ses courtisans, le berceau de toutes nos guerres! » — En lisant l'*Histoire du* XVIII⁰ *siècle*, par M. Ch. de Lacretelle : « Voilà, dirait-on volontiers, le livre où, depuis tant d'années, nous avons puisé nos romans, nos histoires, nos vaudevilles, nos plus éloquentes déclamations et nos meilleures comédies! » Le plus ancien de tous les historiens dont notre époque se glorifie à tant de justes titres, M. de Lacretelle a enseigné les sentiers qui devaient nous conduire à l'histoire ; il aimait l'histoire autant que M. Victor Hugo lui-même aimait la poésie ; et, dans sa chaire et dans ses livres, qu'il fût le disciple de Tite-Live ou le continuateur de Rollin, il nous a enseigné ce style tempéré, clément, sincère, plein de mesure, qui était la figure même et la forme de l'honnêteté : *Formam quidem ipsam et faciem honesti*. Oui, certes, et même après tant de grands livres qui ont illustré cette première et laborieuse moitié du XIX⁰ siècle, de M. Guizot à M. Thiers, de M. Michelet à M. de Barante, de M. de Lamartine à M. de Ségur, de M. Daru l'infatigable à l'infatigable Alexis Monteil, — qui n'a pas de tombeau et qui sera jeté avant peu, si l'on n'y prend garde (ô vanité du travail humain!), dans la fosse des morts sans père et sans enfants, — M. de Lacretelle a gardé sa place au premier rang, par le droit de son talent, de sa modération, de sa justice; car il pouvait se rendre à lui-même cette justice auguste qu'il n'avait fait tort de sa gloire à aucune vertu, qu'il n'avait pas privé un seul coupable de son châtiment. Il avait toujours présente à l'esprit cette parole du premier des historiens : « Que toute lâcheté déshonore (1) ! » et il fit bien voir que sa conduite était fidèle à ces préceptes, à propos de cette fameuse loi *de justice et d'amour* que repoussait la conscience aussi bien que la volonté nationale. Ce jour-là, trois révoltés se rencontrèrent, dont la France accueillit le manifeste avec un juste orgueil, M. Villemain, M. Michaud, M. de Lacretelle! Enfants de la presse et de M. de Chateaubriand, son défenseur, ces trois hommes, pour avoir refusé d'égorger leur mère nourrice, perdirent les emplois qui les aidaient à vivre. « Ils y gagnèrent de grands honneurs, et ils furent chers à la multitude... » Chers à la multitude pendant un jour !

La liste des livres de M. de Lacretelle serait trop longue ici; songez donc à cet espace... à cet abîme, 1766-1855! et rappelez-vous, nous le disons à sa louange éternelle, que cet illustre écrivain n'a été qu'un homme de lettres toute sa vie; que toutes les heures de sa longue vie ont été employées à cultiver cet art qu'il aimait avec une irrésistible passion ; que, dans sa retraite, il écrivait encore, et que, peu de temps avant sa mort, il écrivait l'*Éloge de l'abbé Delille* et l'*Histoire de l'abbaye de Cluny*, sa docte voisine. Enfin, pas une occasion qu'il n'ait saisie avec ardeur lorsqu'il s'agissait de parler utilement la langue énergique des sages leçons et des honnêtes conseils. Qui de nous ne se souvient, quand nous étions en pleine émeute sociale, de ce merveilleux et courageux discours de M. de Lacretelle aux jardiniers de Mâcon? Ces braves gens étaient dignes de l'entendre, il était digne de leur parler.

C'est un des priviléges de la poésie, elle jette au loin sa vie et sa

(1) *Quod turpe est, indecorum est.*

grâce ; au nom seul de cette aimable ville de Mâcon, il semble à chacun de nous que l'on parle de sa ville natale. De ces vieux murs, de ces villages, de ces vignobles, de ces hameaux nous sont venus les *Méditations poétiques*, *Jocelyn*, *Raphaël*. Mâcon, le berceau de M. de Lamartine, le parc de M. de Lacretelle, le jardin et le repos de ce grand préfet de la Seine, M. le comte de Rambuteau, et de cette digne fille de M. de Narbonne,—ce célèbre comte de Narbonne, le héros de M. Villemain, comme Agricola fut le héros de Tacite. — Aujourd'hui, nous ne connaissons pas mieux Vaucluse ou Tibur que cette aimable réunion de prairies, de vignobles, de coteaux que baigne la Saône, un peu lente et quittant à regret ces frais paysages. Que la ville des *Confidences* s'offre à vos yeux pour la première fois, soudain vous la reconnaissez à son charme, à ses traits, aux vestiges anciens de sa magistrature, de sa noblesse, de son évêché, à l'urbanité d'une société élégante et polie, aux souvenirs d'une académie où vit encore l'esprit de ses anciens fondateurs, l'abbé Vigorgne, l'abbé Bourdon, M. de Valmont, le marquis Doria, le chevalier de Sennecey ! De cette heureuse cité (*urbs optimè morata*, disait souvent M. de Lacretelle) M. de Lacretelle était l'idole ; il était le président de cette académie où plus d'une fois il fit entendre sa voix éloquente, car il savait parler à chacun son langage, à la jeunesse, à l'âge mûr, à l'écolier, dont il corrigeait les jeunes essais avec autant d'ardeur que s'il eût encore occupé sa chaire de la Sorbonne, tant il aimait à revenir à ces moments d'un enseignement paternel qui remplissait cette salle illustre, en attendant les trois maîtres : M. Villemain, M. Cousin, M. Guizot. « Et savez-vous, disait Lélius à Scipion, rien de plus touchant que ce rempart d'une intelligente et fervente jeunesse (1) ? » Voilà ce que M. Desjardins, le jeune professeur d'histoire au collége de Mâcon, exprimait très-bien dans son discours sur la tombe de M. de Lacretelle. Ah ! cher maître ! Il a conservé jusqu'à la fin, par une insigne

---

(1) *Quid enim jucundius senectute stipatâ studiis juventutis ?*

faveur, l'art de bien écrire et le talent du beau langage. Jusqu'à la fin, il a montré cet accord merveilleux d'un bon esprit et d'une heureuse fortune (1). En prévoyance du repos de ses derniers jours, il s'était arrangé, au milieu de la ville, une ancienne maison ouverte, tout l'hiver, aux entretiens de tant d'honnêtes gens qui ne passaient pas un seul jour sans lui rendre visite ; pour les belles heures du printemps, de l'été, de l'automne, à cent pas de la ville, au beau milieu d'une vigne qu'il avait plantée, il s'était bâti, non pas un château, mais une agréable et facile maison sur le plan même de la maison de Socrate ! Aussi avec quelle impatience il attendait les beaux jours ! « Quand donc viendra le mois de mai, qui me rendra mon jardin, mes fleurs et la pleine possession de moi-même ? Quand reviendront les heures qui vous ramèneront à *Bel-Air ?* » En même temps, il déplorait la guerre et ses grands bruits qui venaient le troubler. « O ciel ! quand serons-nous délivrés de ce fléau ? » Lorsqu'il parlait ainsi, il n'avait plus que huit jours à vivre, il était déjà frappé à mort ; mais, comme il sentait que son âme était libre et que son esprit était bien portant, il s'abandonnait à ses rêves, à ses espérances, à ses tendresses ! En vain il s'entourait de silence et de repos, rien ne lui était étranger de ce qui s'agitait parmi les hommes ; son caractère était semblable à ces vins généreux de sa terre adoptive qui deviennent meilleurs en vieillissant ; sa parole était calme et bienséante, un enjouement, une grâce, un bon sens à la Voltaire. « Il avait rapporté d'Athènes, non-seulement un nom glorieux, mais encore toutes les grâces de la sagesse... Il savait toutes nos batailles étrangères et domestiques ! » disait un ancien en parlant de Flaminius. Eh bien, cette louange suprême ne convenait à personne comme à M. de Lacretelle. Il avait apporté de Paris, dans cet asile, une vie honorable et répandue en mille bienfaits, et toute semblable à ces discours sérieux dont chaque partie est à sa place,

---

(1) *Raro simul bonam fortunam hominibus bonamque mentem dari.*

obéissant aux lois de la logique et du bon sens. Lui aussi, « il savait toutes nos guerres, » nos guerres au dedans, nos victoires au dehors, mais il n'en parlait que par hasard, et quand on le voulait absolument ; il aimait, avant toute autre gloire, les belles-lettres, les beaux poëmes, les renommées pacifiques, les triomphes qui n'ont coûté ni le sang, ni les larmes... Sur tout le reste, il se taisait par clémence et par pitié ! A quoi bon raconter ces meurtres, ces douleurs, ces trahisons ?

> O Foi ! déesse aux blanches ailes,
> Serment sacré de Jupiter !

En revanche, quel charme et quelle éloquence aussitôt qu'il était entré dans un sujet agréable à ses souvenirs ! Que d'éclat, de gaieté, de bonne humeur, de contentement, s'il rencontrait dans les bonheurs de son discours sa chère et *ouvrière* jeunesse (*operosa*). En ces moments choisis, il n'avait plus que vingt-cinq ans, et soudain il revoyait, par la magie et l'enchantement de son noble cœur, ses tendresses d'autrefois : M. de Malesherbes (dont le nom se rencontre au début de toutes les honnêtes renommées de ce siècle), M. de Sèze, réservé à de si courageuses destinées ; Target, plus prudent et moins heureux ; le colonel Florian entre Robespierre et Némorin, entre Estelle et Théroigne de Méricourt, le premier colonel de dragons qui soit mort de peur ; le vicomte de Narbonne, le chevalier de Boufflers, et le premier, le meilleur, le plus digne des protecteurs et des amis de M. de Lacretelle, cet admirable duc de la Rochefoucauld-Liancourt ; il nous disait aussi la foudroyante beauté de madame Tallien, qui lui donnait son bras à baiser, le génie et l'esprit de madame de Staël, la grâce et la décence de madame Récamier ! De toutes les batailles dont il avait entendu les premiers bruits, il aimait surtout à raconter les aventures d'un certain dragon de Sambre-et-Meuse (c'était lui-même), qui fit une fois quarante lieues en cinquante jours avec Dupaty, son camarade,

Armés d'un fusil inhumain
Qui jamais, par bonheur, ne fit feu dans leur main.

De ses terreurs personnelles, il savait tirer une joie, un bon mot ; de ses dangers, de sa prison même un sourire ! Et pourtant le Directoire, parce que ce jeune homme avait parlé plus haut qu'il n'eût fallu d'amnistie et de liberté, le retint deux ans dans sa geôle immonde, et peu s'en fallut qu'il n'inscrivît le nom du jeune Lacretelle sur la liste horrible de ses déportations et de ses vengeances... Quelques belles âmes se rencontrèrent qui prirent en pitié tant de courage, et j'ai presque dit tant d'innocence, et il fut sauvé parce que personne alors, parmi les puissants, ne se doutait que c'était un historien qu'on arrachait aux déserts dévorants de Cayenne et de Sinnamary. Dieu soit loué ! c'était une âme ainsi faite que l'adversité ne la pouvait pas déranger.

Voilà par quelles grâces, par quels mérites M. de **Lacretelle** était devenu, pour tous ceux qui avaient le bonheur de l'approcher, un encouragement, une force, un conseil. Il nous apprenait l'espérance ! Il nous faisait aimer les années menaçantes du vieil âge ! Il nous enseignait, surtout par son exemple, à rester fidèles aux belles-lettres, qui étaient le charme de ses derniers jours après avoir été la consolation de ses belles années. C'était bien le même homme qui, partant pour la guerre, emportait dans son sac Homère, Épictète et Virgile. A cette heure encore, ils étaient les hôtes de ce modeste Tusculum, et c'était plaisir, sous ce toit agreste, d'entendre, une grande partie du jour, des voix enfantines qui récitaient au maître de céans les malheurs du pieux Énée ou la colère d'Achille. Il avait fait de tous les enfants de ses meilleurs domestiques autant de lecteurs qui lisaient dans l'une et l'autre langue, et qui se relayaient les uns les autres ; il avait fait d'une jeune servante de madame de Lacretelle un copiste intelligent, qui, d'une main prompte et d'un regard perçant, obéissait à toutes les volontés de cet infatigable esprit. Cette jeunesse ! elle rendait à ce Nestor de nos premières assemblées les services que, lui-même, il avait rendus à Barnave, à Mirabeau, à tous les maîtres de la tribune naissante! Ainsi, tout le jour, tout était grâce, esprit, bonté, intelligence, éloquence et charité autour de cet homme-là.

Le soir venu (et chaque soir), dans cette maison qui plongeait en pleine campagne et qui cependant tenait à la ville par une ceinture de pampres et de fleurs, se réunissait la meilleure compagnie ; on jouait, on causait, on écoutait surtout les anecdotes les plus curieuses, les à-propos les plus charmants ; puis, quand l'heure de la retraite avait sonné, c'était vraiment une fête de voir ces jeunesses, parées des élégances et des grâces du bel âge, qui venaient tendre leurs fronts ingénus à ce doux vieillard. Tels ces jeunes gens, à Lacédémone, qui se lèvent et font place à l'archonte athénien !

A ces derniers bonheurs présidait madame de Lacretelle, intelligente, attentive, dévouée, et toute semblable à la mère qui craint de perdre son fils aîné! Mais qui voudrait raconter cette admirable passion, ce zèle infatigable, cette piété de toutes les nuits, de tous les jours? M. de Lacretelle lui-même ne l'eût pas tenté ; il n'avait qu'un moyen de reconnaître cette providence, c'était de lui sourire, et dans sa voix, dans son regard, dans son intime émotion, il était facile de comprendre ses plus secrets sentiments. L'été passé, il a dit une parole qui sera peut-être une consolation pour madame de Lacretelle : c'était par le plus beau jour d'une saison délicieuse ; madame de Lacretelle m'avait confié son mari; il était assis dans son jardin et je lui lisais le *Traité de la Vieillesse*, qu'il écoutait avec autant d'attention que s'il ne l'eût pas su par cœur. Parfois il arrêtait la lecture et il traduisait, à la façon d'un grand humaniste, les passages qu'il aimait le plus : par exemple, cette belle page où il est parlé de la vigne, « dont le fruit s'adoucit aux rayons du soleil et dont les grappes dorées gardent fidèlement les feux de l'été. » — « Voilà, disait-il, une page qui convient bien à nos chères collines mâconnaises! » Le lendemain, à la même heure, il voulut entendre le reste de ce livre adorable.

« Oui, disait-il (se parlant à lui-même), c'est une œuvre excellente et presque divine...; *il y manque madame de Lacretelle !* » O chère parole qui nous arrache des larmes ! Je ne crois pas qu'une femme ici-bas ait jamais été récompensée à ce point, et d'un seul mot, de ses grâces et de ses bienfaits.

Cet homme-là, en mourant, pouvait dire à sa famille en deuil ce que nous disait à son lit de mort, quelques jours avant la dernière révolution, un admirable et prévoyant vieillard qui fut notre maître et notre père à tous : — « Ne me pleurez pas, j'ai vécu heureux, je meurs tranquille ; c'est sur vous-mêmes qu'il faut pleurer. »

M. GANNAL

J'ai vu tout à l'heure un homme qui est mort depuis trois jours ; je l'ai vu, comme on voit sa propre image au fond d'une glace obscure, après six mois d'une longue maladie ! A peine suis-je remis de ma vision, tant c'est un commerce dangereux, ce commerce de l'imagination avec les songes, le mélange du faux et du vrai, du possible et de l'impossible, cette association funeste avec le néant ; une fois l'imagination accouplée à quelque réalité, elle fait bien au delà de ce qu'on lui commande... Sachez donc que ce matin, sur les deux heures, j'ai vu, assis dans mon grand fauteuil, « un homme que Dieu avait créé et mis au monde tout exprès pour se faire tort à lui-même ! » j'ai vu M. Gannal qui me guignait de l'œil, le basilic ! et qui riait, de son rire édenté, de ma tâche accomplie au milieu de ce silence, de ces ténèbres, de ces visions! Savez-vous cependant quel homme était, de son vivant, M. Gannal? Il était... Vous rappelez-vous un conte qui commence ainsi : « Il y avait une fois un homme qui logeait près du cimetière? » M. Gannal était cet homme-là ; il vivait de la mort ; il allait à sa suite, d'un pas allègre et d'un air joyeux ; le cimetière était son champ de bataille et son champ de blé ; là, il récoltait sa moisson et sa gloire. « Je me souviens d'un apothicaire que j'ai remarqué dernièrement, ici aux environs, couvert d'habits râpés, le regard sombre, et épluchant des simples ; son aspect était celui de la maigreur ; la pauvreté dévorante l'avait pénétré jusqu'aux os. Du plancher de son indigente boutique pendaient une tortue, un crocodile empaillé, des peaux informes ; le long de ses rayons dégarnis, des tiroirs vides annonçaient par leurs étiquettes ce qu'ils avaient contenu dans des jours meilleurs ; des pots d'une terre verdâtre, des vessies et des graines moisies, de vieux bouts de ficelle et de vieux pains de roses inodores jonchaient la boutique de ce pauvre hère ! » Ainsi parle Roméo quand il apprend la mort de Juliette. Eh bien, M. Gannal ressemble quelque peu au portrait de cet apothicaire : « Le monde n'est pas ton ami, la loi des vivants est contraire à ta fortune ; la mort seule a des lois qui peuvent t'enrichir ! à elle seule tu peux vendre tes chétives compositions ; elle seule te donnera de quoi manger et te remettra en chair ! »

Ce Gannal était donc tout un drame à lui seul. « C'était l'adversaire le plus habile et le plus fatal que vous pussiez trouver dans toute l'Illyrie ! » Il marchait à pas lents ; il était souriant et pâle ; il exhalait de très-loin la plus nauséabonde odeur de cadavre, de myrrhe, d'aloès, de bitume et de natron ; son glauque regard semblait plonger tout au fond de votre cerveau, de votre foie et de votre cœur, *ces trônes souverains* sur lesquels cet homme gluant avait hâte de s'asseoir. S'il vous rencontrait souriante et fraîche et toute semblable à Flore elle-même à la suite du Printemps, il murmurait entre ses dents jaunies quelque parole de mauvais présage; au contraire, étiez-vous chancelant et courbé sous quelque fièvre impitoyable, il vous abordait le contentement dans les yeux, il se frottait les mains de joie, à ces menaces.... à ces promesses de la mort! Bientôt il vous vantait l'excellence et la perfection de sa méthode, le bon marché de ses opérations, le choix et la préparation de ses parfums. Vous l'écoutiez, bouche béante; lui, cependant, il faisait déjà son petit calcul : « *Vin balsamique*, tant de pintes; eau-de-vie ou gingembre, tant; vinaigre à la centaurée, tant. » Si vous étiez de ses amis, et que vous eussiez quelque chance de devenir un beau spécimen de son savoir-faire, il vous gratifiait mentalement de ses recettes choisies : benjoin, styrax, hyperium, térébinthe de Venise, iris de Florence; huile de laurier pour les grands capitaines ; huile de bois de rose pour les grandes coquettes; muscade et girofle pour le gourmand; musc de civette pour le petit-maître; pour les pauvres diables de notre sorte, pour les écrivains du deuxième ordre, les petites gens des belles-lettres, il avait en réserve toutes sortes de bonnes friandises à bon marché, des herbes très-simples, chères à l'herboriste : absinthe et mélisse, sauge et romarin, hysope et marjolaine, avec un brin de myrte ou de laurier selon l'occasion.

Ah! c'était un habile homme! il tenait boutique d'éternité à tout prix; il en avait pour toutes les fortunes et pour toutes les conditions de la vie; il passait volontiers de la camomille à la térébinthe, du roi sur son trône au poëte à l'hôpital; tel mort illustre lui représentait à peine une pincée de petite centaurée; et tel autre inconnu, mais riche, n'avait jamais assez de gingembre, de poivre noir, de girofle, de ladanum, d'impératoire, d'anitoliche; lui aussi, ce croque-mort de génie, il disait : « A chacun selon ses capacités, à chaque capacité selon ses œuvres! » Il allait dans ce monde à la recherche de ses sujets; il n'en dédaignait aucun, pourvu qu'il en pût tirer quelque chose, gloire ou profit! « Fasse le ciel pleuvoir sur vous tous mes parfums! » Voilà ce que disait son regard à tous les passants de quelque apparence.

Toutefois, il embaumait de préférence les hommes les plus célèbres et les femmes les plus belles. Il était semblable en cela à cet impertinent dont parle Tacite, qui s'attaquait aux plus honnêtes gens de Rome, afin de s'illustrer par haine même des gens qu'il attaquait.

Ut magnis inimicitiis claresceret !

Ceux qui l'ont vu, ceux qui l'ont connu, ceux qui l'ont contemplé quand il était à l'œuvre, ceux-là seulement pourraient vous dire à quel point il était un artiste, à quel degré il poussait le zèle et l'ardeur de son art. Pour lui, tout homme vivant était une expérience; il ne voyait qu'un genre humain, le genre humain horizontal; pour lui plaire, il fallait être à l'agonie; il fallait être mort pour le charmer. Il estimait un cadavre bien conservé, le comble des honneurs qui pussent être rendus à cet ex-vivant, et le meilleur dédommagement de cette chose assez peu agréable qu'on appelle la vie! Entre nous, il avait une assez méchante idée d'Alexandre le Grand, qui avait été embaumé tout simplement dans un rayon de miel : *Hyblæo perfusus nectare!* Il ne parlait qu'avec mépris du roi des Perses, le grand Cyrus. « Quand j'aurai cessé de vivre, disait-il, rendez mon corps à la terre; il n'y a rien de plus facile et de plus sage que de retourner dans le sein de notre mère féconde ! » Lui parlait-on de Tarquin le Superbe et des crimes de sa race, il disait que, Dieu merci ! Tarquin avait été assez châtié; il avait eu pour l'embaumer une bonne femme, comme qui dirait une portière du mont Aventin :

Tarquinii corpus bona fœmina lavit et unxit.

Parmi toutes ses habitudes, bonnes ou mauvaises, M. Gannal en avait une qui n'était pas des plus charmantes : il vous prenait facilement en grande amitié, et, tout de suite après, il vous promettait gravement ses bons offices : « Voilà mon paon tout près du piège ! » et, sa promesse faite, aussitôt vous étiez sa chose ; il vous suivait des yeux, il s'informait de votre santé d'un ton *mielleux* et d'une voix à vous donner un *tremor cordis*. Le cœur vous battait, certes, aux accents de ce brave homme, et ce n'était pas de joie. Un jour (nous étions réunis cinq amis en pleine possession des faciles bonheurs de la jeunesse assise aux autels d'Apollon couronné de rayons d'or), il vint à nous se frottant les mains, mais dans une exaltation difficile à décrire. C'était le lendemain du jour fameux où il venait d'arrêter définitivement l'exercice de son art suprême ; il entrevoyait une fortune à la lueur de tant de cierges allumés ; il entendait sonner l'or et l'argent dans sa caisse en forme de cercueil, aux accents lamentablement joyeux d'un *De profundis* infini ! Bref, il était aussi content de sa découverte de l'autre monde que le fut Christophe Colomb lui-même à l'aspect de l'univers qu'il avait rêvé ; alors il nous expliqua son système : il ouvrait une des carotides, et, dans cette veine ouverte, il introduisait sa liqueur d'immortalité. « Je te donnerai ma couronne si tu ramènes les couleurs sur ces lèvres éteintes, l'incarnat à cette joue pâle, le regard à ces yeux fermés ! » Or, il venait justement de rendre une jeune morte toute semblable à la vie. « En vain les artères ont interrompu leur mouvement naturel, en vain les roses de ces lèvres seront fanées et ces belles joues livides comme la cendre, je viendrai à bout de ces apparences, et, le lendemain, à l'heure ordinaire de ton réveil, parée, dans ton cercueil, de tes plus beaux atours, la couronne au front et les fleurs à la main, tu seras portée en triomphe dans le tombeau des Capulets ! » Seulement, le problème résolu par M. Gannal était plus difficile à résoudre que le problème du frère Laurence. Copier la mort, quoi de plus simple ? Imiter la vie et faire servir ces bouquets de noce à une sépulture véritable, là était le difficile.

Et c'est pourquoi M. Gannal chantait tout bas le couplet : *Contentement du cœur !* qui était une complainte *un peu gaie* pour la circonstance; aussi chacun de nous se mit à rire et à le railler. Même l'un de nous (j'ai cette image sur mon album), Théodose Burette, qui dessinait comme Giraud lui-même, prenant M. Gannal sur le fait, le fit d'un trait, avec cette inscription : *Gannal, grand empailleur de France !* et Boitard, qui savait l'anglais comme notre ami John Lemoinne, se mit à déclamer en anglais ce beau passage : « Attachez vos branches de romarin sur ce beau cadavre, et, suivant l'usage, portez-le à l'église paré de ses plus beaux atours ! Bien que les tendres faiblesses de la nature nous forcent à pleurer, les plaintes de la nature excitent le sourire de la raison. »

Le troisième des gens qui étaient là et qui riaient, c'était ce pauvre Destainville, un des nôtres, qui s'est promené toute sa vie au beau milieu du plus stérile des jardins de ce bas monde, *le jardin des racines grecques*. Homme sage et modeste, il a vécu à la suite du *que retranché ;* il a écrit un livre ingénieux de *l'accent grec* à propos d'une langue qui n'a pas d'accent; il est mort, l'autre jour, vingt-quatre heures avant Gannal! Ajoutons à ces trois-là Chaudesaigues, le poëte, un bel esprit qui n'avait pas vingt ans et qui écrivait des vers plein du feu poétique : *Magnæ spes altera Romæ.*

Quand il nous vit rire ainsi, et tout joyeux accueillir avec ce sans-gêne sa découverte funèbre, il avint que M. Gannal prit tout à coup son grand air, son air d'enterrement de première classe, et à demi-voix (ceci est très-vrai) : « Ne riez pas trop, nous dit-il, je vous promets de vous rendre, à tous les quatre, et *gratis pro Deo,* mes bons offices d'*empailleur !* » Il appuya sur ce mot *empailleur,* et quitta la place en véritable enfant de Proserpine, *janitor Orci !*

Destainville le suivit des yeux, en l'appelant, à la façon d'Hésiode, *une muse agréable et qui n'effarouche personne!* Chaudesaigues se hâta de faire de ses deux doigts le signe contre le *jettatore* (il avait appris cette conjuration de MM. les chanteurs et de mesdames les cantatrices du Théâtre-Italien). Boitard, qui était une âme haute et dédaigneuse, reprit la conversation au point même où l'avait interrompue M. Gannal; Burette, qui riait de tout, ajouta à son dessin une bêche en sautoir avec une pelle de fossoyeur; moi, j'essuyai ma main, que M. Gannal avait touchée en passant! Cinq minutes après ce lugubre moment, pas un n'y pensait; la vie était si légère alors, et si charmante, et nous étions si loin de songer aux planètes malfaisantes dans ce ciel semé d'étoiles, ces jeunesses d'en haut, souriant aux jeunesses d'en bas !

Cependant M. Gannal marchait à pas de géant parmi les tombes entr'ouvertes. Ce qu'il avait dit, il l'avait fait : il avait mis la mort à la mode; et, maintenant qu'une incision suffisait à ce terrible et dernier chapitre de la vie, on n'entendait parler que des pratiques de M. Gannal. Le premier de tous, M. l'archevêque de Paris confiait à cet homme sa dépouille mortelle, et son exemple était bientôt une loi pour toutes les sépultures chrétiennes. En ce temps-là, et afin que le grand jour fût au moins une fois le complice de ces mystères du tombeau, un enfant tombait égorgé par une main coupable, et cet enfant, traité par M. Gannal, devenait, aux yeux de ce peuple avide des spectacles gratis, une occasion authentique d'admirer cette contrefaçon des êtres vivants. Cet enfant, exposé à la Morgue, était pareil en toutes choses à la créature animée ! On n'avait vu jusque-là que deux momies : *le colonel Morland* dans le fond de l'armoire de son ami le baron Larrey, qui avait rapporté le colonel du fond de l'Allemagne dans un tonneau d'esprit-de-vin; et le cadavre de cette jeune fille préparé par M. Boudet d'après le vœu même de sa mère. — *C'est elle encore pourtant!* Voici bien ses beaux cheveux, ses blanches mains, son doux sourire amoureux!

> Je l'aimais... Si jeune et si beau !
> O mes lèvres, il faut se taire ;

Son nom, voilà le seul mystère
Que j'emporte dans mon tombeau!

A dater de cette exposition sur les dalles de la Morgue, M. Gannal devint le héros des cimetières d'alentour. Il fut reconnu, sans conteste, le grand électeur et le grand protecteur de la mort, et désormais la beauté, la vertu, le génie, et le talent, et la renommée, et la gloire, furent livrés en pâture à ce corrupteur de la mort. Jamais homme ne se fit dans la mort un rôle aussi sérieux que le sien. Il était devenu l'admiration des fossoyeurs ; il était devenu l'associé des pompes funèbres ; il avait fait renchérir le prix du plomb et du bois de cèdre ; il ne procédait plus que par trois cercueils pour un seul mortel, et déjà la ville de Paris, qui ne comptait pas sur des morts impérissables, qui compte, au contraire, sur la légèreté de nos cendres et de nos douleurs pour vendre à perpétuité, *demain*, les terrains qu'elle a vendus à *perpétuité*, la veille, s'inquiétait de cette longue suite de morts immortels que lui apportait M. Gannal! Que vous dirai-je? il était à la mode, il était un héros, on parlait de lui, tout autant que l'on parle d'ordinaire d'un chanteur, d'un comédien, d'une tragédienne, et beaucoup plus qu'on ne parle d'un livre nouveau ! On a vu, parmi les célébrités dont le visage lithographié attire à coup sûr la curiosité des passants, on a vu, entre le portrait de l'éloquence et l'image de la beauté, la figure même de M. Gannal qui se détachait en un vif relief de ces poëmes, de ces discours, de ces sourires, de ces chansons !

Lui cependant, impassible comme le destin, insatiable comme la mort, il s'en allait sur tous les seuils menacés, flairant sa proie et cherchant quelque chose à dévorer, pareil au lion rôdeur de nuit et de carrefour. Hélas! il n'était pas venu, que je sache, à une heure mauvaise pour l'exercice de sa profession. Il exerçait son art à la fin d'une génération épuisée et qui se mourait sous le poids des souvenirs, des regrets, des terreurs : regrets du passé, terreurs de l'avenir ! Il mettait la main sur les débris de tant d'armées, de tant d'assemblées, de tant d'académies et de tant d'aventures; il dînait d'un vieux pair de Charles X; il soupait d'un vieux soldat de Bonaparte ; il ramassait dans sa boîte en plomb tout ce qui restait des congrès, des chartes, des constitutions, des batailles, des sciences, des gouvernements et des poésies d'autrefois ! Souvent, le même jour, il a embaumé des mêmes aromates le tyran et la victime, l'esclave et l'homme libre, le républicain et le royaliste, le vaincu et le vainqueur ! Il a vu, de ses yeux, le néant de nos gloires ; il a touché, de ses mains, la vanité de nos grandeurs. O misère de l'idée ! ô duperie ineffable de ces merveilles : la volonté, le jugement, le goût, la pensée ! Rien de trop grand, rien de trop illustre en ce siècle pour M. Gannal. La majesté même se courbait devant lui ! M. de Talleyrand lui a échappé ; il a tenu M. de Chateaubriand entre ses deux genoux, pareils à deux étaux, et dans ces artères vides il a glissé sa liqueur corrosive. Il a manqué M. Cuvier, qui lui eût été un magnifique prospectus ; en revanche, il a fait ce qu'il a voulu de cette tête carrée, une tête-phénomène, M. de Balzac ; et, comme il était en train de l'apprêter à son usage, il se racontait tout bas les merveilles de ce cerveau qui a produit un monde inachevé, un monde impuissant, une foule inerte de personnages qui ont gardé les apparences de la vie. Il aimait ce Balzac justement parce que sa *Comédie humaine* repose sur des apparences ; ombres chinoises qui s'agitent dans le vide et qui laissent après elles on ne sait quelle idée de quelque chose qui n'a pas vécu tout à fait.

Au reste, il aimait à traiter l'imagination à sa mode ; il n'était tout à fait à l'aise qu'avec les penseurs ; il en triomphait avec un orgueil incroyable, il les regardait comme sa chose absolue avec le droit d'user et d'abuser. Ces pauvres royautés de l'esprit, quand elles sont mortes, qui s'en inquiète ? Elles sont bien seules alors, elles sont bien nues, elles sont complétement dépouillées de leur prestige ; elles obéissent tant qu'on veut aux lavages, aux vernis gras, au *brou de noix*, à la *copale*, à la laque carminée, à l'huile de noix, à l'huile de lin, aux *injections réplétives*, aux *injections antiseptiques;* elles sourient ou elles pleurent au gré de l'opérateur; c'est lui qui leur impose leur attitude suprême, et, dans cette attitude de son caprice, elles se réveilleront le jour de la trompette qui doit se faire entendre aux quatre vents du ciel! D'ailleurs, c'est sitôt fait un artiste à embaumer, et l'on y regarde si peu d'ordinaire! Frédéric Soulié, mademoiselle Mars, quelle aubaine ce fut là pour M. Gannal! Celui-ci emportait des drames sans fin, celle-là une jeunesse éternelle, et, de l'un et de l'autre, hormis quelques souvenirs, rien ne devait rester plus tard. « Et c'est moi qui les sauve! se disait Gannal. Et si *mon* romancier survit à ces œuvres effacées par d'autres machines qui surgiront sur les débris de ses premières inventions, et si *ma* comédienne échappe à l'oubli qui se pose nécessairement sur les tombes de ces illustres représentants des passions et des vices de l'humanité incorrigible, eh bien, ce sera grâce encore à ce pauvre Gannal, le continuateur des gloires qui ne sont plus. » Tels étaient ses raisonnements. Voilà pourquoi il eût donné dix grandes-duchesses pour le cadavre de mademoiselle Mars, et bon nombre de petits princes du Rhin allemand pour les restes de Frédéric Soulié, l'auteur des *Deux Cadavres!* Avec ces gens-là, du reste, on opère seul, on est son maître : pas de témoin qui vous gêne, pas de médecin par quartier, pas de capitaine des gardes qui tienne la tête du patient, et pas de gentilhomme de la chambre à genoux aux pieds du mort; ni chirurgiens, ni gardes du corps, ni dames d'honneur, ni premier aumônier, ni second aumônier, et pas d'étiquette qui vous gêne. On fait ce qu'on veut de son mort : on le peigne, on l'habille, on le tourne, on le frictionne, on met du fard à sa joue et du carmin à sa lèvre, on le traite avec moins de sans-façon et de sans-gêne que les sénateurs de l'Empire n'étaient traités par M. Boudet, leur embaumeur ordinaire!...

Telles étaient les joies de M. Gannal, tels étaient ses triomphes.

O mort! pendant ce temps, où étaient tes victoires? et que tu devais mépriser cet aiguillon avec lequel tu pousses au tombeau les générations obéissantes! Gannal traitait la mort comme ce héros dans Homère : « Il le prit par un pied et le précipita du temple! » Elle n'avait plus d'autre grand prêtre que Gannal, et c'est pour le coup qu'il était juste et vrai de l'appeler *la camarde*, bien qu'il lui fît si souvent, comme on dit, *un pied de nez!*

« Pesez-moi les cendres d'Annibal, et voyez ce que ça pèse, un héros! » s'écrie en ses mépris le terrible Juvénal! Ainsi Gannal savait le poids de toutes les grandeurs et ce que ça pèse, une gloire! Cependant il n'oubliait aucune de ses promesses, et, du sein de ses triomphes, au chevet de chacun de nous, on le voyait accourir, aussitôt que la mort était venue. Il avait l'instinct, il avait la divination de l'agonie! Il entendait le bruit que fait le ver flairant un cadavre! Il savait, à coup sûr, de tant de malades, qui se mourait en ce moment, qui était mort il y a une heure! Il n'oubliait personne, et, pour qu'il ne l'oubliât pas, il avait l'habitude abominable d'envoyer sa carte à tout le monde, et à tout propos! Le nouveau marié, parmi les félicitations de la première lune de miel, recevait cette carte d'embaumeur : GANNAL! La jeune fiancée, en ses moments de fête suprême et de splendeurs, lisait, sur le coffret de ses bijoux et de ses dentelles : GANNAL! Le capitaine à son retour : GANNAL! Le poëte au milieu de ces grands bruits d'une heure que fait la poésie, en ces temps difficiles : GANNAL! Et chacun, retrouvant cette carte funèbre, ce nom sans prénom et sans adresse, au milieu de ces morceaux de carton à l'usage des visites, cartes armoriées d'où s'exhalent, à travers tant de vœux et de louanges, les charmantes odeurs de ces beaux noms de la toute-puissance, de la beauté, de la fortune et de l'amour, se murmurait tout bas, à part soi : « *Gannal! Gannal!* qu'est-ce que cela, Gannal? Gannal de qui? Gannal de quoi? » Ce nom-là était la note funèbre au milieu des notes joyeuses; la dissonance dans le concert de la sérénade d'été; la menace au plus fort de l'espérance; la cendre aux plus frais contours; l'amertume aux lèvres empourprées; la scabieuse parmi les roses; la première ride aux jeunes visages; le premier cheveu blanc sur les têtes bouclées! Gannal! Il jetait sa carte au milieu de vos joies, comme fait l'enfant un caillou dans une eau endormie; il jetait sa carte, et il n'exigeait pas que vous lui apportassiez la vôtre en échange; il était sûr que, tôt ou tard, on le ferait appeler en votre nom, qu'il vous tiendrait tête à tête un jour ou l'autre, et que vous emporteriez sa carte chez les morts! Dans mille ans d'ici, voyez-vous l'étonnement des neveux, quand, dans ces tombes ouvertes, ils retrouveront le nom unique de Gannal!

Brave homme! il nous avait promis, il s'était promis à lui-même de nous embaumer tous les cinq; il a tenu, autant qu'il était en lui, toutes ses promesses. Le premier de tous a succombé Édouard Boitard, jeune homme d'un si beau génie; il est mort en vingt-quatre heures, à la fleur de l'âge, laissant à l'École de droit, dont il était le maître, un nom qu'elle pleurera toujours. Il mourut, celui-là, écrasé par l'étude et le travail! Chaudesaigues le poëte, enfant des muses faciles et des rêveries complaisantes, il est mort accablé par l'oisiveté et le plaisir! Son cœur s'est brisé au milieu des folles joies, et nous l'avons porté au cimetière, embaumé par Gannal. Le troisième et le plus vivant de tous, homme d'étude et de loisir, et qui prenait à son aise un peu de toutes ces belles et bonnes choses, l'étude et l'amour, le style et l'amitié, Théodose Burette, il est mort, et *le grand empailleur de France* ne manqua pas de se trouver à ce rendez-vous funèbre! Il disait même, à demi content et triste à demi, qu'il avait fait de Théodose un chef-d'œuvre! Enfin, celui de nous tous qui semblait réservé à la plus longue vie, fils aîné de la grammaire de Burnouf, un brave cœur, un honnête esprit, un ambitieux de l'université de France, un scholar embaumé de latin, farci de grec, tout imprégné de ces poussières conservatrices, et qui respirait à pleins poumons dans sa chaire latine et grecque le *scordium* de Lucien et l'*hypericon* de Virgile, Destainville..., il est mort! Et vous jugez, me voyant seul, de ces quatre amis qui se portaient si bien, comme je devais être inquiet, me souvenant de Gannal et de ses promesses inévitables. *Fatal oracle d'Épidaure, tu l'as dit!...*

Heureusement qu'il est mort; et, comme sa carte ne pouvait plus lui servir à rien, il ne l'a envoyée à personne. Il est mort, c'est la seule chose qu'il ait faite sans prospectus et sans réclame. Aussi jugez de mon épouvante, cette nuit, à l'heure où tout dort, comme j'allais faire l'autopsie du chef-d'œuvre de la semaine au Théâtre-Français, intitulé *le Pour et le Contre*, quand j'ai senti s'exhaler, non loin de ma table de dissection, cette odeur particulièrement horrible qui s'exhale du cadavre embaumé. D'abord, j'essayai de n'y point faire attention, et de tendre à tout prix mon esprit sur la comédie nouvelle; mais un profond soupir, poussé derrière moi, me força de lever les yeux; je tournai la tête, et, dans mon grand fauteuil, adossé à ce monument funèbre qu'on appelle l'Odéon, je vis... C'était lui, M. Gannal! Il me regardait de ces yeux verts qui, d'un coup, tombaient sur la carotide gauche, et il déposait en silence, sur une table balayée, la série infernale de ses drogues, de ses fioles, de ses étoupes, de ses onguents. Quant à moi, je le laissais faire; il me semblait qu'il était impossible de l'arrêter.

Lorsqu'il eut tout disposé pour son œuvre, et sa trousse ouverte, il flaira ses flacons, ses poudres et ses drogues avec un sourire qui témoignait qu'il en était content; puis, relevant jusqu'aux poignets les manches de son habit noir, — un fantôme, cet habit! l'ombre d'une ombre : « Comment vous portez-vous? » me dit-il de cette voix qui vient des ténèbres et des abîmes! une voix sans souffle! On a le frisson malgré soi à entendre ces interrogations de l'autre monde, et, pour que l'on y réponde, il faut que l'amour-propre soit bien fort.

« Moi? lui dis-je en hésitant. Mais je me porte... je me porte comme un Turc! En êtes-vous fâché, et cela vous déplaît-il, par hasard? » Il ne dit rien ; il se pencha un peu vers moi, cherchant, à ce qu'il me sembla, à découvrir la couleur de mes yeux ; ce qui est une chose que personne encore n'a pu savoir. Toujours est-il qu'avec une rapidité de mouvement inconcevable, il se mit à chercher, dans un tas d'yeux qu'il répandit devant lui, une paire qui pût me convenir.

Ah! l'horrible chose, cette façon d'agiter tous ces yeux, qui vous répondent avec des reproches, avec des murmures, avec des larmes! Des yeux flamboyants, amoureux, mélancoliques, éteints, furieux, tendres, empressés, naturels, jouant la comédie et jouant le drame ; des yeux glauques, bleus, verts, jaunes ; des yeux... Il en avait de toutes les façons dans ses poches, et en tirait par poignées ; et tous ces yeux ouverts semblaient me regarder, me menacer, me provoquer, m'appeler, me conjurer! Ça parle, un œil ; ça crie et ça se plaint en son patois !

Il cherchait, il cherchait ; il triait, il triait. Je suivais tous ces yeux de mes yeux effrayés. A la fin, il rencontra deux tout petits yeux de chat d'un gris cendré tirant sur le vert ; il mit un peu de salive au bout de son doigt, et, portant cet œil de verre à son œil vairon : « Voilà, dit-il, notre affaire, ou peu s'en faut. Allons, hâtez-vous, que j'en finisse! Je veux me surpasser cette fois, et que notre ami Théodose en crève de jalousie! » Alors, le voilà qui se lève et qui va pour me saisir... En ce moment, Dieu soit loué ! le coq chanta, et le fantôme s'arrêta net à ces sons formidables qui appellent le jour.

Il fit un geste de dépit ; il remit dans ses grandes sacoches ses onguents et sa myrrhe ; il emporta tous ces yeux qui flamboyaient. « Adieu! dit-il. Nous n'avons plus assez de temps cette nuit ; ce sera pour une autre fois, je l'espère... Adieu! — Ne vous gênez pas, lui dis-je un peu rassuré, et ne vous hâtez pas ; j'attendais. Cependant, rendez-moi un service : embaumez à ma place la nouvelle comédie du Théâtre-Français, que j'étais tout à l'heure en train de disséquer, et dites-moi comment je puis embaumer mademoiselle

Brohan. — Celle qui rit, me dit-il avec un sourire, la gaie et, l'accorte Brohan, que j'allais applaudir de mon vivant, pour me reposer de mes fantômes? Rien n'est plus facile; écoute-moi. Tu prends, comme cela, par les deux ailes, cette chose diaprée et riante, puis tu la cloues à une épingle d'or, et tu la fixes enfin dans un cadre... Un brin de muguet suffit à la conserver dans tout l'éclat de ses belles couleurs! Quant à la comédie, c'est fait... »

Véritablement, il enveloppa *le Pour et le Contre* dans une chemise en papier sur laquelle était écrit : *le Roman d'une heure.*

« Au revoir! me dit-il. — Au revoir, et merci, maître! »

Le jour pointait. Gannal s'évanouit dans la vapeur descendante. J'ai un bon moyen de l'empêcher de revenir : je vais acheter et clouer sur ma muraille un portrait du docteur Suquet, son rival abhorré!

GÉRARD DE NERVAL

(1841)

Ceux qui l'ont connu pourraient dire au besoin toute la grâce et toute l'innocence de ce gentil esprit, qui tenait si bien sa place parmi les beaux esprits contemporains. Il avait à peine trente ans, et il s'était fait, en grand silence, une renommée honnête et loyale, qui ne pouvait que grandir. C'était tout simplement, mais dans la plus loyale acception de ce mot-là : *la poésie*, un poëte, un rêveur, un de ces jeunes gens sans fiel, sans ambition, sans envie, à qui pas un bourgeois ne voudrait donner en mariage même sa fille borgne et bossue ; en le voyant passer, le nez au vent, le sourire sur la lèvre, l'imagination éveillée, l'œil à demi fermé, l'homme sage, ce qu'on appelle des hommes sages, se dit à lui-même : « Quel bonheur que je ne sois pas fait ainsi ! » Vous auriez mis celui-là au milieu d'une élection quelconque, que pas un électeur ne lui eût donné sa voix pour en faire le troisième adjoint à M. le maire ; dans la garde nationale, tout ce qu'il eût pu jamais espérer, c'eût été d'être nommé caporal par dérision et avec le consentement de son épicier, de son bottier ou de son marchand de bois. Mais de tous les honneurs de ce monde il ne s'inquiétait guère, le pauvre enfant !

Il vivait au jour le jour, acceptant avec reconnaissance, avec amour, chacune des belles heures de la jeunesse, tombées du sein de Dieu. Il avait été riche un instant ; mais, par goût, par passion, par instinct, il n'avait pas cessé de mener la vie des plus pauvres diables. Seulement, il avait obéi plus que jamais au caprice, à la fantaisie, à ce merveilleux vagabondage dont ceux-là qui l'ignorent disent tant de mal. Au lieu d'acheter avec son argent de la terre, une maison, un impôt à payer, des droits et des devoirs, des soucis, des peines et l'estime de ses voisins les électeurs, il avait acheté des morceaux de toiles peintes, des fragments de bois vermoulu, toutes sortes de souvenirs des temps passés, un grand lit de chêne sculpté de haut en bas ; mais, le lit acheté et payé, il n'avait plus eu assez d'argent pour acheter de quoi le garnir, et il s'était couché, non pas dans son lit, mais à côté de son lit, sur un matelas d'emprunt. Après quoi, toute sa fortune s'en était allée pièce à pièce, comme s'en allait son esprit, causerie par causerie, bons mots par bons mots ; mais une causerie innocente, mais des bons mots sans malice et qui ne blessaient personne. Il se réveillait en causant le matin, comme l'oiseau se réveille en chantant, et en voilà pour jusqu'au soir. Chante donc, pauvre oiseau sur la branche ; chante et ne songe pas à l'hiver ; laisse les soucis de l'hiver à la fourmi qui rampe à tes pieds.

Il serait impossible d'expliquer comment cet enfant—car, à tout prendre, c'était un enfant — savait tant de choses sans avoir rien étudié, sinon au hasard, par les temps pluvieux, quand il était seul, l'hiver, au coin du feu. Toujours est-il qu'il était très-versé dans les sciences littéraires. Il avait deviné l'antiquité, pour ainsi dire, et jamais il ne s'est permis de blasphème contre les vieux dieux du vieil Olympe; au contraire, il les glorifiait en mainte circonstance, les reconnaissant tout haut pour les vrais dieux, et disant son *meâ culpâ* de toutes ses hérésies poétiques. Car, en même temps qu'il célébrait Homère et Virgile, comme on raconte ses visions dans la nuit, comme on raconte un beau songe d'été, il allait tout droit à Shakspeare, à Gœthe surtout, si bien qu'un beau matin, en se frottant les yeux, il découvrit qu'il savait la langue allemande dans tous ses mystères, et qu'il lisait couramment le drame du docteur Faust. Vous jugez de son étonnement et du nôtre. Il s'était couché la veille presque Athénien, il se relevait le lendemain un Allemand de la vieille roche. Il acceptait non-seulement le premier, mais encore le second Faust; et cependant, nous autres, nous lui disions que c'était bien assez du premier. Bien plus, il a traduit les deux Faust, il les a commentés, et si-bien, que Gœthe lui écrivait de sa main : « Vous seul m'avez compris et traduit sans me trahir. » Souvent il s'arrêtait en pleine campagne, prêtant l'oreille, et, dans ces lointains lumineux que, lui seul, il pouvait découvrir, vous eussiez dit qu'il allait dominer tous les bruits, tous les murmures, toutes les imprécations, toutes les prières, venus à travers les bouillonnements du fleuve, de l'autre côté du Rhin.

Si jeune encore, comme vous voyez, il avait eu toutes les fantaisies, il avait obéi à tous les caprices. Vous lui pouviez appliquer toutes les douces et folles histoires qui se passent, dit-on, dans l'atelier et dans la mansarde, tous les joyeux petits drames du grenier où l'on est si bien à vingt ans, et encore c'eût été vous tenir en deçà de la vérité. Pas un jeune homme, plus que lui, n'a été facile à se lier avec ce qui était jeune et beau et poétique ; l'amitié lui poussait comme à d'autres l'amour, par folles bouffées ; il s'enivrait du génie de ses amis comme on s'enivre de la beauté de sa maîtresse ! Silence ! ne l'interrogez pas ! où va-t-il ? Dieu le sait ! à quoi rêve-t-il ? que veut-il ? quelle est la grande idée qui l'occupe à cette heure ? Respectez sa méditation, je vous prie ; il est tout occupé du roman ou du poëme et des rêves de ses amis de la veille. Il arrange dans sa tête ces turbulentes amours ; il dispose tous ces événements amoncelés ; il donne à chacun son rêve, son langage, sa joie ou sa douleur. — Telles étaient les grandes occupations de sa vie : il se passionnait pour les livres d'autrui bien plus que pour ses propres livres ; quoi qu'il fît, il était tout prêt à tout quitter pour vous suivre. « Tu as une fantaisie, je vais me promener avec elle, bras dessus bras dessous, pendant que tu resteras à la maison, à te réjouir. » Et, quand il avait bien promené votre poésie, ça et là, dans les sentiers que, lui seul, il connaissait, au bout de huit jours, il vous la ramenait calme, reposée, la tête couronnée de fleurs, le cœur bien épris, les pieds lavés dans la rosée du matin, la joue animée au soleil de midi. Ceci fait, il revenait tranquillement à sa propre fantaisie, qu'il avait abandonnée, sans trop de façon, sur le bord du chemin. Cher et doux bohémien de la prose et des vers ! admirable vagabond dans le royaume de la poésie ! braconnier sur les terres d'autrui, mais il abandonnait à qui les voulait prendre les beaux faisans dorés qu'il avait tués !

Il avait toujours besoin de suivre quelqu'un. Il se donnait volontiers au premier venu qui le voulait emmener en laisse ; seulement, au premier sentier qui lui plaisait, il vous plantait là, la laisse à la main. C'est ainsi qu'un jour il suivit dans un de ses voyages un des gros bonnets de la littérature, un homme bien posé, avec signature ayant cours à la bourse littéraire ; le gros bonnet allait naturellement à cheval ou en voiture, attirant toute l'attention et tout le sourire des belles dames du chemin, pendant que notre épagneul allait à pied, gravissant les montagnes au pas de course.

Nul ne remarquait l'épagneul, ni son petit jappement plein de gaieté, ni son bel œil fin et railleur, ni sa légèreté de chamois. Eh bien, quand chacun fut de retour de ce voyage, l'épagneul avant le maître, qui était resté à se faire applaudir dans un des treize cantons, l'épagneul se mit à japper gaîment ce qu'il avait vu et entendu dans son voyage ; or, il avait tout vu, tout entendu, tout admiré; il savait sa route par cœur ; il avait retrouvé dans ces frais sentiers les fumées légères de tous les amours. Tout cela fut raconté en vingt-cinq ou trente pages ravissantes ; et, lorsque enfin revint à son tour le gros bonnet, tout rempli de gros volumes, il se trouva que l'épagneul avait tout dit.

Une autre fois, il voulut voir l'Allemagne, qui a toujours été son grand rêve. Il proposa à je ne sais plus quel ministre intelligent (il y en a) d'aller à Vienne pour y faire des découvertes. Quelles découvertes? Le ministre n'en savait rien, ni lui non plus. Mais enfin, à coup sûr, en cherchant bien, on devait trouver quelque chose. — Et puis il demandait si peu ! Bon. Il part; il arrive à Vienne par un beau jour pour la science : par le carnaval officiel et gigantesque qui se fait là-bas. Lui, alors, fut tout étonné et tout émerveillé de sa découverte. Quoi! une ville en Europe où l'on danse toute la nuit, où l'on boit tout le jour, où l'on fume le reste du temps de l'excellent tabac. Quoi! une ville que rien n'agite, ni les regrets du passé, ni l'ambition du jour présent, ni les inquiétudes du lendemain ! une ville où les femmes sont belles sans art, où les philosophes parlent comme des poëtes, où les poëtes pensent comme des philosophes, où personne n'est insulté, pas même l'empereur, où chacun se découvre devant la gloire, où rien n'est bruyant, excepté la joie et le bonheur! Voilà une merveilleuse découverte. Notre ami ne chercha pas autre chose. Il disait que son voyage avait assez rapporté. Son enthousiasme fut si grand et si calme, qu'il en fut parlé à M. de Metternich. M. de Metternich voulut le voir et le fit inviter à sa maison pour tel jour. Il répondit à l'envoyé de Son Altesse qu'il était bien fâché, mais que justement, ce jour-là, il allait entendre Strauss, qui jouait avec tout son orchestre une valse formidable de Liszt, et que, le lendemain, il devait se trouver au concert de madame Pleyel, qu'il devait conduire lui-même au piano, mais que, le surlendemain, il serait tout entier aux ordres de Son Altesse. En conséquence, il ne fut qu'au bout d'un mois chez le prince. Il entra doucement, sans se faire annoncer; il se plaça dans un angle obscur, regardant toutes choses et surtout les belles dames; il prêta l'oreille sans mot dire à l'élégante et spirituelle conversation qui se faisait autour de lui; il n'eut de contradiction pour personne; — il ne se vanta ni des chevaux qu'il n'avait pas, — ni de ses maisons imaginaires, — ni de son blason, — ni de ses amitiés illustres; — il se donna bien garde de mal parler des quelques hommes d'élite dont la France s'honore encore à bon droit. — Bref, il en dit si peu et il écouta si bien, que M. de Metternich demandait à la fin de la soirée quel était ce jeune homme blond, bien élevé, si calme, au sourire si intelligent et si bienveillant à la fois, et, quand on lui eût répondu : « C'est un homme de lettres français, monseigneur! » M. de Metternich ne pouvait pas assez s'étonner qu'un écrivain français eût si bien su se taire et se cacher.

Il serait resté à Vienne toute sa vie peut-être; mais le ministère changea; notre envoyé littéraire fut rappelé, et il revint de l'Allemagne en donnant toutes sortes de louanges à cette vie paisible, studieuse et cependant enthousiaste et amoureuse, qu'il avait partagée.

C'est de ce voyage que résulta un drame, un beau drame sérieux, solennel, *Léo Burckart*. Oui, tout en souriant à son aise, tout en vagabondant selon sa coutume, et sans quitter les frais sentiers non frayés qu'il savait découvrir, même au milieu des turbulences contemporaines, il vint à bout de ce drame. Rien ne lui coûta pour arriver à son but solennel. Il avait disposé sa fable d'une main ferme, il avait écrit son dialogue d'un style éloquent et passionné; il n'avait reculé devant pas un des mystères du carbonarisme allemand ; seulement, il les avait expliqués et commentés avec sa bienveillance accoutumée. Voilà son drame tout fait. Alors il se met à le lire, il se met à pleurer, il se met à trembler, tout comme fera le parterre plus tard. Il se passionne pour l'héroïne, qu'il a faite si belle et si touchante ; il prend en main la défense de son jeune homme, condamné à l'assassinat par le fanatisme ; il prête l'oreille au fond de toutes ces émotions souterraines pour savoir s'il n'entendra pas retentir quelques accents égarés de la muse belliqueuse de Kœrner. Si bien qu'il recula le premier devant son œuvre. Une fois achevée, il la laissa là parmi ses vieilles lames ébréchées, ses vieux fauteuils sans dossier, ses vieilles tables boiteuses, tous ces vieux lambeaux entassés çà et là avec tant d'amour, et que déjà recouvrait l'araignée de son transparent et frêle linceul. Ce ne fut qu'à force de sollicitations et de prières, que le théâtre pût obtenir ce drame de *Léo Burckart*. Il ne voulait pas qu'on le jouât ; il disait que cela lui brisait le cœur de voir les enfants de sa création exposés sur un théâtre, et il se lamentait sur la perte de l'idéal. « De l'huile, disait-il, pour remplacer le soleil ! Des paravents, pour remplacer la verdure ; la première venue qui usurpe le nom de ma chaste jeune fille, et pour mon héros un grand gaillard en chapeau gris qu'il faut aller chercher à l'estaminet voisin ! » Bref, toutes les peines que se donnent les inventeurs ordinaires pour mettre leurs inventions au grand jour, il se les donnait, lui, pour garder les siennes en réserve. Le jour de la première représentation de *Léo Burckart*, il a pleuré. — « Au moins, disait-il, si j'avais été sifflé, j'aurais emporté ces pauvres êtres dans mon manteau. » Partir était sa joie. — Comment n'eût-il pas aimé les voyages, il faisait naître les fleurs sous ses pas ! Il en voyait partout.

Un soir, il s'en alla dîner avec ses amis, et ceux-ci ne remarquèrent rien d'étrange, sinon que leur convive était plus gai et plus grand parleur que de coutume. Du reste, sa gaieté était toujours affable et bonne ; il ne s'occupait qu'à combler ses amis de bienfaits imaginaires. Le repas fini, il partit en disant qu'il allait se diriger tout droit vers l'Orient, à l'endroit d'où vient le jour, et ce mot-là fut pris pour une de ses boutades accoutumées. C'était, en effet, son habitude de partir de temps à autre tout droit devant lui, sans même s'inquiéter de quel côté venait le vent. — C'était un soir de carnaval, le carnaval finissait. Ces horribles boutiques remplies de danses, de mascarades et de folies de tout genre, allaient s'ouvrir ; les pères de famille rentraient chez eux, les fous allaient à la fête ; dans cette hâte générale, le peuple est ainsi fait qu'il marcherait sur le corps de son père pour aller plus vite. A cette heure de désordre, chaque rue de Paris est la rue Scélérate, rien n'arrête ceux qu'appelle le bal masqué : chacun pour soi et le gendarme pour tous. — Gérard allait seul en chantant on ne sait quelle poésie mystérieuse. L'aspect de ces gens qui n'avaient ni leur habit ni leur visage de chaque jour le frappa d'épouvante, et il ne comprenait plus rien à ce qui se passait autour de lui. — Alors, pour être comme les autres, il jeta son chapeau à un pauvre qui lui tendait le sien ; — après le chapeau, ce fut l'habit. — On le prit pour un masque qui allait au bal. Hélas ! hélas ! c'était le plus charmant esprit de ce temps-ci qui allait aux Petites-Maisons.

Dans ces jours abominables de la folie des jours gras, tout se dénature, et même le corps de garde. Le soldat sous les armes est inquiet, mal à l'aise, et, à force de tout surveiller, il n'a plus guère de vue distincte. — Notre pauvre enfant allait toujours, laissant à chaque pas un de ses vêtements, un lambeau de sa raison. — Il était presque à demi nu lorsqu'on lui cria : — *Qui vive?* — Que pouvait-il répondre, sinon : « C'est un poëte qui passe, c'est un malheureux jeune homme qui s'est égaré et qui est seul ! c'est un enfant qui redemande son père et ses frères et ses amis de chaque jour ! » Comme il ne répondait pas, allant toujours tout droit et devant lui, vers cet Orient inconnu qui attire à soi les hommes d'élite depuis tantôt deux mille ans, le garde le saisit, non pas au collet, mais à la gorge, en disant toujours : « Où vas-tu ? » Lui alors, se sentant arrêté, et pour la première fois de sa vie trouvant un obstacle à sa rêverie du soir, il voulut se défendre. — Il se défendit comme un héros ; on s'empara de lui comme d'un malfaiteur ! Il fallut le porter dans sa prison. — Que dis-je, prison ? Dans un trou, dans ce trou où le corps de garde jette les immondices vivantes que ramasse la patrouillle. Quelle nuit ! quelle nuit pour lui qui était parti pour aller Dieu sait où ! Alors il se mit à gémir, puis à souffrir tout bas ; seulement, il se rappela le nom de deux amis de ses beaux jours et il eut encore assez de présence d'esprit pour dire qu'on les appelât. Ils furent appelés à dix heures du matin.

Ces deux amis, c'étaient deux poëtes, l'un fougueux, l'autre rêveur ; celui-ci tout passionné pour la forme extérieure, celui-là mélancolique et tendre ; l'un préoccupé de la beauté humaine à la façon de Rubens, l'autre plus porté vers les émotions timides et cachées. Ils avaient vécu tous les trois longtemps sous le même toit, dans la même mansarde changée en palais, eux et Gérard. Vous jugez de leur trouble quand ils se virent réveillés en sursaut par un soldat ; mais jamais rien ne saurait donner une idée de leur désespoir, de leur épouvante, quand enfin, après bien des prières auprès du commissaire de police, ils purent aller tirer Gérard de son sépulcre. « Gérard ! Gérard ! » et les soldats cherchaient dans un recoin de la prison le scélérat qu'ils croyaient avoir ramassé cette nuit-là. — Le pauvre enfant leur tendait les bras et il souriait... au soleil !

Depuis ce jour, rien n'a reparu, ni l'âme, ni l'esprit, ni le cœur, ni pas une de ces charmantes qualités qui le faisaient tant aimer, — il ne sait plus ni son nom, ni le nom de ses amis, ni le nom adoré que tout homme porte là, bien caché dans l'âme, — le sourire seul est resté (1).

(1) Gérard revint à la raison, mais, hélas ! pour revenir bientôt à la folie. — Il écrivit un jour son dernier rêve, *Sylvia !* un chef-d'œuvre

Ah! certes, la vie littéraire est dure, cruelle, difficile à porter jusqu'au bout de la journée; mais il faut avoir vu ces misères pour savoir quel est le serpent venimeux caché sous ces belles fleurs. Pauvre public, on ne vous dit pas tout ce qui se passe dans les entrailles de la poésie! vous n'en avez ni les angoisses, ni les douleurs, ni les misères cachées, ni les tristes coups de foudre ; vous n'en avez que les beaux et splendides produits. Quand l'un tombe, les autres se serrent pour qu'on ne le voie pas tomber; celui qui crie et se plaint, on étouffe ses cris par de plus grandes clameurs ; celui qui meurt à la peine, on l'enterre souvent sans éloge ; celui qui devient fou, on l'emporte en silence, et c'est un crime de le dire. Et pourquoi, cependant, pourquoi tous ces mystères? pourquoi ne sauriez-vous pas, de temps à autre, ô Athéniens, ce qu'il en coûte pour obtenir votre suffrage? Hélas! si vous saviez toutes les histoires lamentables, si vous pouviez voir de près les luttes de celui qui commence, les insultes et les mensonges qui attendent celui qui arrive, le désespoir et l'isolement de celui qui finit ! « Pauvres gens ! » diriez-vous, et vous les prendriez tous en pitié.

Nous cependant qui tenons la plume et qui fournissons nuit et jour à cette affreuse dépense de l'esprit de chaque jour ; nous qui suivons en haletant tout ce qui est l'ordre et la révolte, la liberté ou l'esclavage, l'oisiveté ou le travail de ce siècle ; nous, les conteurs frivoles, les amuseurs sérieux, les romanciers, les critiques, les poëtes, que faisons-nous en présence de tant de malheurs inexorables? Quelles leçons en avons-nous retirées? Que nous a rapporté la mort de celui-là, tué en duel, à vingt ans, sans avoir embrassé sa mère ; la mort de celui-là que la fièvre a emporté comme il venait d'annoncer la révolution de Juillet en criant : « Malheureuse France, malheureux roi ! » la mort de celui-là tué par les balles des Suisses logés aux Tuileries ; la mort de celui-là tué d'une balle dans le bois de Vincennes, — orateur qui avait à

d'étrangeté et de grâce douloureuse! On le retrouva dans une rue sombre, un matin. — Il s'était tué. *Note de l'éditeur.*

peine dit son premier mot? — que nous a rapporté la douce folie de ce poëte, resté un poëte ; — et le délire de ce romancier surpris au plus fort de ses inventions ; — et la folie de ce critique éperdu qui se figure que le monde est tombé sur lui pour l'écraser ; — et la fuite des uns, — et la ruine des autres ; — et les misères de ceux-là si riches hier, qui hier encore écrasaient de leur luxe les plus magnifiques, aujourd'hui sans habit et sans pain ! — et les longues captivités de tant d'autres ; — et ces deux-là qui se sont tués de leurs mains en cadençant leur dernière stance ; — et le malaise de tous ? — que nous rapportera enfin le malheur inexpliqué, inexplicable du meilleur, du plus aimable, du plus innocent d'entre nous ? — Dieu le sait ! mais il serait bien temps de ne pas nous briser ainsi les uns les autres, il serait bien temps de nous porter à tous et à chacun compassion et respect ; il serait bien temps de descendre dans nos consciences, dans nos vanités, dans notre doute, dans notre isolement, dans notre orgueil, de nous interroger nous-mêmes et de savoir enfin d'où vient le mal.

Ceci fait, nous pourrons alors nous occuper, en toute liberté d'esprit, de nos œuvres, de nos salaires, de notre gloire et de notre immortalité à venir.

FROMENT MEURICE

(1855)

Un grand artiste de ce temps-ci vient de mourir, et ses ouvriers en deuil l'ont porté, l'autre semaine, au champ du dernier repos. L'homme dont nous parlons, Froment Meurice, l'orfévre excellent, tenait une grande place au premier rang des artistes de ce temps ; il avait l'âge de M. Victor Hugo, et le poëte, qui l'aimait, lui écrivait un jour, en l'appelant *son frère* :

> Nous sommes frères : la fleur
> Par deux arts peut être faite :
> Le poëte est ciseleur,
> Le ciseleur est poëte.
>
> Poëtes et ciseleurs,
> Par nous l'esprit se révèle ;
> Nous rendons les bons meilleurs,
> Tu rends la beauté plus belle.
>
> Sur son bras ou sur son cou,
> Tu fais de tes rêveries,
> Statuaire du bijou,
> Des palais de pierreries.
>
> Ne dis pas : « Mon art n'est rien... »
> Sors de la route tracée,
> Ouvrier magicien,
> Et mêle à l'or la pensée.
>
> Tous les penseurs, sans chercher
> Qui finit ou qui commence,
> Sculptent le même rocher :
> Ce rocher, c'est l'art immense.
>
> Michel-Ange, grand vieillard,
> En larges blocs qu'il nous jette,
> Le fait jaillir au hasard ;
> Benvenuto nous l'émiette.
>
> Et, devant l'art infini,
> Dont jamais la loi ne change,
> La miette de Cellini
> Vaut le bloc de Michel-Ange.

> Tout est grand, sombre ou vermeil;
> Tout feu qui brille est une âme.
> L'étoile vaut le soleil;
> L'étincelle vaut la flamme.

Ces bagues, ces colliers, ces diamants, ces émeraudes, ces chefs-d'œuvre si chers aux jeunes femmes, et même aux femmes qui ne sont plus jeunes, c'était le génie et c'était l'art de Froment Meurice. Il excellait à donner une valeur inconnue à ces rares et exquises merveilles, dont on ne demandait plus si elles étaient d'or, de fer ou d'argent, aussitôt qu'elles sortaient des mains de l'habile et heureux orfévre. Il aimait avec ravissement ces miévreries, ces recherches, ces élégances, cet art où tout brille, où tout luit, où se joue en riant le soleil, où la lumière accomplit tous ses miracles, cette parure éclatante des belles mains, des beaux visages, des longues chevelures, ce mélange presque divin des rubis, des émeraudes et des fleurs !

Et pourtant, cet homme ingénieux à composer tant de ravissantes bagatelles, il a disposé dans les métaux les plus précieux de très-grandes œuvres. « Il s'appliquait surtout, disait un juge admirable, M. le duc de Luynes, dans son rapport sur l'Exposition de Londres, à trouver des combinaisons heureuses et séduisantes, sans bizarrerie et sans plagiat. » En même temps, le célèbre juge de ces combats signale à l'admiration publique l'ostensoir et le calice composés par Froment Meurice, et son bouclier, « où l'on voit ce beau Neptune d'argent en ronde bosse conduisant les chevaux marins ! » M. le duc de Luynes admire aussi, et beaucoup, l'épée et le *surtout* composé par Jean Feuchères, « qui avait modelé l'original jusqu'au dernier degré d'achèvement. » C'est une chose heureuse à entendre, la sympathie et l'admiration d'un si bon juge pour ces grâces de la forme et de l'ornement poussées aussi loin que la forme et l'ornement pouvaient aller, sans tomber dans l'excès et dans le Bas-Empire. Ah ! les beaux Génies, les jeunes Amours, l'Abondance, l'Harmonie ! Et Vénus portant l'Amour sur l'épaule, et Bacchus portant le thyrse et la coupe, et Cérès tenant la gerbe et la faucille!

Il avait à peine cinquante-trois ans, ce grand maître orfévre, tout semblable aux anciens Florentins au moment où tout se réveille dans ce monde affreux du moyen âge, et déjà l'on ne comptait plus les belles choses de ses diverses expositions. Quoi de plus riche et de plus beau cependant, et qui éclatait davantage, il y a trois ans, sous les voûtes du Palais de Cristal, que cette table à quatre pieds d'argent, niellée de fleurs de lis, encadrée dans cette admirable bordure en acier gravé? Sur cette table (il n'y avait pas sa pareille dans les trésors des ducs de Toscane), Froment Meurice avait posé la toilette de Son Altesse royale madame la duchesse de Parme. Le miroir était garni d'argent et flanqué d'un bouquet de lis chargé de bougies; les coffrets étaient de forme gothique et ornés de figures émaillées et polies; « l'aiguière et le plateau complétaient cet ensemble, » ajoute M. le duc de Luynes. Ainsi le digne élève de Wagner finit par égaler son maître. Il est mort aussi, Wagner, et presque aussi malheureusement que son élève Froment Meurice. Wagner, quand il se vit assez riche et assez célèbre pour ne plus rien désirer du côté de la renommée et de la fortune, achète un château dans un bel endroit qui lui plaît; la maison était vieille, il la fait réparer. A peine achevée, il s'en va pour visiter sa terre, et, dans le parc même, le premier jour où il sortait un fusil à la main, son fusil part et le tue!

Ainsi, il y a huit jours, Froment Meurice, à la veille de la grande Exposition, au moment le plus heureux de sa vie et de sa fortune, entouré d'honneurs et d'enfants grands et petits, adoré d'un monde d'ouvriers dont il était le père et le camarade à la fois, bon, intelligent, dévoué, heureux de vivre, et si content dans cette vie à part, où se mêlent et se confondent les joies de l'ouvrier, les joies de l'artiste et les bonheurs du commerçant... il fait une imprudence, il rentre chez lui, et le voilà mort! A peine s'il a le temps de dire adieu à sa femme, à ses enfants, à ses amis, à son père, à sa mère, à son frère, à son gendre au désespoir.

Si l'on voulait faire ici la liste des artistes qui ont été les amis et les collaborateurs de Froment Meurice, il faudrait nommer tous les artistes contemporains : Pradier, Feuchères, Cavelier, Paul Delaroche, Visconti, Sollier et Mayer (de Sèvres), Klagmann, David (d'Angers), Rouillard, Geoffroy de Chaume, Auguste Préault, Jacquemart, Pascal, Rambert, et tant d'autres : chacun venait à lui, il allait à tous ! Il était l'intelligence et l'activité en personne, et si juste, et si vrai, et si droit !

Ouvrez le livre de ses pratiques, et vous y trouverez les plus grands noms de l'Europe. Son œuvre est partout : au Vatican, sur la table du pape, l'encrier d'or est de Froment Meurice ; de Froment Meurice aussi est l'ostensoir de la chapelle de notre saint-père. Le bouclier de Froment Meurice appartient à l'empereur de Russie ; son ostensoir byzantin a été donné par la reine Marie-Amélie à la cathédrale de Cologne ; la reine Victoria possède de ce grand ouvrier une aiguière, et le prince Albert un couteau de chasse ; à Parme, il a laissé sa toilette ; au comte de Paris, un coffret en fer ciselé ; il a fait la parure de mariage de madame la duchesse de Montpensier. Pour M. de Rothschild, Froment Meurice a ciselé des candélabres dignes d'éclairer le château de Choisy ; pour M. le duc de Luynes, il a dressé un admirable service de table, avec ce petit adage latin : « Sans Bacchus et sans Cérès, adieu Vénus ! » Car un rien l'inspirait ; il était toujours à la recherche de toute chose, et de toute chose il faisait son profit. Un jour qu'un de ses plus riches bracelets avait accroché la dentelle d'une dame et l'avait même blessée au bras : « O malheureux ! lui dit-on, vous voilà aussi maladroit que cet orfévre dont il est parlé dans l'*Iliade*. — Et que dit-elle, votre *Iliade?* reprit Froment Meurice en riant à demi. — Elle dit qu'il ne faut pas qu'un bracelet ressemble à un cent d'épingles ; écoutez plutôt l'ironie de

Minerve à Jupiter, quand Vénus vient se plaindre d'avoir été blessée par Diomède : « O Jupiter ! rassure-toi, ce n'est rien, » cette blessure de Vénus. Sans doute, comme elle amenait à Troie » une belle Grecque richement vêtue, elle aura heurté sa main » contre une agrafe d'or, et se sera fait cette blessure. » — Ah ! maladroit que je suis ! » s'écria Froment Meurice.—Six mois après, il avait fabriqué ce merveilleux bracelet de l'Exposition de 1844, dans le style de la renaissance, en or, émaillé de bleu. « Cette fois, disait-il, voilà un bracelet auquel on ne se piquera pas. — Oui, lui répondit-on, mais il ressemble au bracelet d'Hermione. — Et qu'entendez-vous, reprit Meurice, par le bracelet d'Hermione ? » Alors on se mit à lui réciter lentement ces vers de Stall : « Le Dieu des agréments et l'aimable fils de Vénus ne mirent point la main à cet ouvrage. Le deuil, la rage et le désespoir le forgèrent de leurs tristes mains ! » Il fut un instant sérieux, puis il se mit à rire. « Il est vrai, reprit-il, que ce n'est pas le dieu des agréments qui a fait ce bracelet : c'est moi qui l'ai fait ; mais il me vaudra la médaille d'or ! »

Cher Froment Meurice, il riait si volontiers, il entendait si bien la plaisanterie, avec tant de bonne grâce ! il aimait tant les beaux poëmes, les belles-lettres et les poëtes ! il était si complétement un des nôtres, avec tant de bonne humeur, de gaieté, d'intime contentement ! Il était si heureux ! le voilà mort ! Mais il ne meurt pas tout entier, il laisse ici-bas, pour le représenter dignement, ses dernières et ses plus belles œuvres de la prochaine Exposition, et son fils aîné, un jeune artiste de vingt ans, qui devient le chef d'une famille d'ouvriers tout disposés à lui obéir comme ils obéissaient à son père. Jeune homme entouré de sympathie et de tendresses, ton grand-père l'orfévre, ta mère si vaillante et ton oncle poëte veilleront sur tes nouvelles destinées, et, pour peu que tu sois digne de ton nom, tu marcheras d'un pas sûr dans la route de Froment Meurice et de Wagner !

LE

CHANSONNIER ET VAUDEVILLISTE

NICOLAS BRAZIER

Ami fervent et admirateur sévère, comme nous le sommes, de ces honnêtes gens d'esprit sans prétentions, qui se condamnent toute leur vie à amuser incognito la foule bourgeoise, foule ingrate qui sait leurs noms à peine et qui, au lieu de gloire, leur accorde son plus franc sourire, ne laissons pas mourir, sans le suivre de nos regrets, cet homme excellent et d'un charmant esprit, mort l'autre jour, à cinquante ans et dans toute la vivacité de cette inaltérable bonne humeur qui ne l'a pas quitté jusqu'à la fin. Cet homme, c'est M. Brazier, écrivain populaire à son insu, dont les moindres saillies ont eu de l'écho à toutes les tables des buveurs, dans l'échoppe du philosophe, dans la boutique du marchand, dans la mansarde de la grisette, dans tous les petits recoins de la grande ville, où la vie est facile, abandonnée, légère, souriante, sans souci de la veille, sans inquiétude du lendemain! Il y a comme cela, dans cette grande ville, plusieurs génies à part qui se font petits avec les petits, humbles avec les humbles, et qui s'en vont cheminant sans façon avec les passions vulgaires, les amours innocentes, les causeries joyeuses, le courage du bivac, la naïveté de la rue, l'esprit du carrefour. Ces braves gens, plus heureux que tant d'autres qu'on envie, abandonnent tout de suite le grand chemin de la littérature pour les sentiers de traverse, et, une fois dans ces petits chemins sans épines, ils font de l'esprit au jour le jour, à toute heure, quand vient l'esprit; et, quand l'esprit ne vient pas, ils se reposent, ces gens heureux, et ils attendent, à l'ombre d'un bouchon, que l'esprit passe ou bien l'amour, et ils attrapent, sans trop de peine, ce gentil esprit si rare, bien que les sots fassent courir le bruit que cet esprit-là court les rues. Et voilà comment se passe leur vie, à ces heureux poëtes qui ne pensent qu'au badinage. Eux aussi, ils ont, en grande quantité, tous les heureux hasards de la poésie. La Poésie, cette grande dame si dédaigneuse, sourit à ces heureux vagabonds de ses domaines. Elle résistait à l'emphase, elle se rend à la naïveté. Tel arrivait monté sur Pégase, qui était renvoyé sans avoir été écouté, pendant que notre heureux et charmant va-nu-pieds était accablé des faveurs de la dame. Ce qui vous explique comme une chanson à boire a souvent beaucoup plus servi la renommée d'un homme, que vingt volumes d'odes et d'élégies.

Ainsi était Brazier. Si jamais homme fut désintéressé de la gloire, dans le sens magnifique de ce grand mot, c'est celui-là. Il n'eût pas changé son bonnet de coton, si rempli de douces inspirations, contre une auréole, flamme au dehors, glace au dedans. Il était né et venu au monde avec plusieurs des qualités qui font le poëte comique, l'observation, la finesse, le trait, la bonhomie, la verve sans fard; mais il avait eu peur de la Thalie sérieuse, et il avait suivi une petite Thalie bâtarde, mais non pas sans agrément et sans coquetterie; il aimait cette petite fille née sur les tréteaux de la foire, un jour que Le Sage était pris de vin, et il la servait dans tous ses caprices, disons-le, dans tous ses désordres, cette piquante grisette, qui, de temps à autre, et malgré elle, se sentait de sa noble origine. Immense avantage de la comédie, elle est comme les personnes couronnées, elle embellit même ses faiblesses. Son fruit même illégitime est encore environné de plus d'hommages que le fils légitime d'un bon bourgeois. De cette Thalie frivole et peu réservée, Brazier a été un des plus heureux prôneurs.

Il l'a fêtée et adorée en homme sûr de son fait. Il eût tremblé devant la grande comédie, la comédie de genre, et comme Chérubin, *il n'osait pas oser;* mais, avec cette comédie bâtarde, il était hardi comme un page, il la traitait comme Chérubin traite Fanchette. De cet esprit ingénieux et bon enfant sont sorties plusieurs petites comédies écrites avec beaucoup de gaieté, de vivacité, de naturel : *les Cuisinières, Partie et Revanche, le Coin de Rue, les Écoliers en vacances, le Marchand de la rue Saint-Denis, les Bonnes d'enfants, le Soldat laboureur,* qui nous consolait de Waterloo, *le Ci-devant jeune homme,* dont Potier avait fait une comédie digne du Théâtre-Français ; et, dans ces esquisses légères, pas un mot qui ne fût un mot naturel, pas même un calembour qui ne fût marqué au bon coin ; pas une méchanceté, mais, au contraire, la plus aimable malice : les parties mises en cause venaient rire, non pas de leur voisin, comme on fait à la grande comédie, mais elles venaient rire d'elles-mêmes et tout au rebours de la grande comédie, qui, comme on sait, corrige toutes choses ; cuisinières, petits marchands, dames de la halle, bonnes d'enfants, tout le monde grouillant de la rue et de l'antichambre, sortait de la comédie de Brazier en riant aux éclats et se promettant bien de ne pas se corriger.

C'étaient là aussi les plus heureux moments de cet homme excellent, qui n'a eu que des moments heureux dans sa vie. Quand il avait bien fait rire son public, quand il l'avait renvoyé, content et satisfait, au spectacle de ses misères de chaque jour, Brazier se frottait les mains, tout rempli d'un innocent orgueil. Il n'avait aucune des prétentions du théâtre, instruire, corriger, faire l'histoire des mœurs; il avait la passion d'amuser et de plaire à son petit monde en veste et en bonnet rond, et il y réussissait à merveille. J'ai déjà dit qu'il était à coup sûr le meilleur élève de Le Sage et de Piron, quand Le Sage et Piron improvisaient pour les tréteaux de la foire. A ces deux maîtres de Brazier, il faut ajouter un troisième, Désaugiers, cette inépuisable gaieté qui fredonnait encore un dernier couplet sous le scalpel de l'opérateur. On était en train de faire à Désaugiers l'opération de la pierre, dont il est mort, et il chantait en refrain : *Quand serai-je à la fin de ma carrière?* Tel est le singulier courage de ces apôtres du vin, de l'amour et du plaisir. On n'est pas plus brave que ces chanteurs, on n'affronte pas d'un visage plus serein les révolutions, les tempêtes, la pauvreté, l'injure, la calomnie, la mort. Ils passent en chantant ; ils se pénètrent si fort de leur joyeuse mission sur cette terre, qu'ils la prennent au sérieux, pour eux-mêmes. Poëtes enivrés toujours, de poésie à défaut d'amour, de poésie à défaut de vin de Champagne, ils ne sauraient verser une larme sur leurs propres douleurs, ils rient de tout et de toutes choses. Ils sont les fous sensés de l'humanité qui souffre. Que de larmes ils ont essuyées ! que de terreurs ils ont bannies ! que de cœurs ennuyés ils ont rendus à l'espérance ! De pareils hommes sans soucis rendent plus de services véritables à un peuple comme est le nôtre, que dix grands philosophes comme Descartes et Malebranche. Ils sont bien mieux que le bon sens des nations, ils en sont l'esprit et la gaieté. Et que de fois ces frêles voix se sont-elles élevées jusqu'à l'indignation pour flétrir, entre la poire et le fromage, entre *Chloé* et *Madame Grégoire*, l'ardeur des tyrans, l'ambition des conquérants, tous les abus ridicules ou sanglants de la force et du pouvoir ! Or, il n'y a que nous autres Français qui produisions de pareilles poésies, des poésies que tout un peuple chante au cabaret, dans les rues, à table, au foyer domestique, dans le travail de l'atelier, en tous temps, en tous lieux, mais surtout dans ses plus vifs moments de joie ou de désespoir.

Sous ce rapport, Brazier était le digne élève de Désaugiers, son ami et son maître. Les chansons de Béranger lui faisaient peur comme la grande comédie ; mais il s'abandonnait volontiers à la rime piquante, jaseuse et court-vêtue du chantre de *Cadet Buteux*. Il comprenait à merveille, lui aussi, le dialogue en vaudevilles, et il saisissait à s'y méprendre tous les bruits auxquels Paris s'endort et se réveille. Tout autant que Désaugiers, Brazier aimait le vin quand le vin était vieux, et célébrait les femmes quand les femmes étaient jeunes. Ses chansons sont barbouillées de cette double lie de l'ivresse et de l'amour, inépuisable vernis qui peut suffire encore à colorer toutes les chansons jusqu'à la fin du monde. L'un et l'autre, Brazier et Désaugiers, ils ont appelé à leurs fêtes poétiques, la mort, ce convive obligé de toutes les fêtes; elle arrivait à ces voix aimées, parée de son mieux et couronnée de la fleur des buveurs. Que si cette gaieté sans fin vous paraît un difficile problème, si vous ne croyez pas que la vie se puisse ainsi passer à chanter du matin au soir, il n'y avait qu'à les entendre chanter leur propres vers, ces heureux poëtes; la rime arrivait toujours abondante, le regard étincelait, le sourire animait ces têtes si calmes; on eût pu voir jusqu'au fond de leurs âmes heureuses, que ce n'était pas là une gaieté factice, mais, au contraire, que cette gaieté enivrante et enivrée était l'âme du poëte, que cette chanson amoureuse, bachique et libre, commencée à quinze ans, devait durer jusqu'à la fin, comme le souffle du chanteur.

Dans les derniers temps de sa vie, Brazier avait donné à sa chanson une petite allure frondeuse qui ne l'avait rendue que plus piquante. Il s'était attaqué aux parvenus de Juillet, et il les agaçait avec cette verve pleine de bonhomie qui ne l'a jamais quitté. Sa colère ressemblait à la colère d'un joli enfant qu'on taquine pour qu'il recommence son aimable tapage. Il était impossible que cet homme-là pût haïr quelqu'un et quelque chose; mais il avait vécu et régné avant 1830, il avait aimé tous les hommes qui régnaient alors, et l'amitié en avait fait un chansonnier de l'opposition. Mais quelle opposition, calme, décente, joyeuse! Il avait en horreur les personnalités et la satire, comme deux mauvais produits de l'envie; c'était, avant tout, un homme simple, bon, honnête, ignorant sa valeur et ne se souciant guère de savoir ce qu'il valait. Pauvre homme, il était si heureux de vivre, il aimait tant l'art dramatique dont il savait tous les secrets! Il était si naturellement l'ami des comédiens, des comédiennes, des chansonniers, de tous les gens d'esprit qui lui tombaient sous la main !

Mais il n'est plus, l'aimable poëte. Il est mort tout d'un coup, sans avoir eu le temps de remplir encore une fois son verre. Il a emporté avec lui la chanson amoureuse, le couplet bachique, le vaudeville populaire. Il est allé prendre sa place parmi ces ombres heureuses que le bon Dieu n'ose pas damner. Nos regrets le suivront dans cette vaste salle des banquets éternels ; son nom restera inscrit sur toutes les lyres faciles ; il aura sa place à nos côtés au dessert ; et, quand cette génération sera passée, il restera encore à table, comme l'ombre de Banco, mais un Banco aimé, fêté, applaudi, souriant et couronné de fleurs.

M. MOET

Quel était cet homme, M. Moët ? Il était la joie du monde créé. Il a produit à lui seul plus de beaux vers, plus de grandes actions, plus de nobles ouvrages, que tous les artistes et tous les soldats de ce monde. Horace, le poëte, l'avait annoncé dix-huit cents ans à l'avance ! Désaugiers était son fils bien-aimé ; Étienne Béquet était le seul orateur qui fût digne d'entreprendre cette oraison funèbre ; Béranger lui-même l'appelait de temps à autre à son aide, comme un neveu qui a recours à la bourse de son bon oncle. Prenez tous les noms dont s'occupe l'univers, le nom de M. Garat sur les billets de banque, le nom de M. de Chateaubriand partout, qu'est-ce que cela ? Ni M. Garat ni M. de Chateaubriand, l'argent et la poésie de ce siècle, n'allaient pas, pour la renommée, à la cheville de ce digne homme. Oh! comme il était le bienvenu parmi nous! Rien qu'à l'entendre venir, que d'heureux propos, que de chansons joyeuses, que de bons mots, que de délires! Il vous arrivait brusquement et avec fracas, mais c'était une aimable brusquerie, un fracas de bonne compagnie. Il venait, et chacun lui faisait fête, chacun l'accueillait avec un sourire; à sa vue, les sourires devenaient plus tendres, les regards plus amoureux, les mains plus abandonnées, le regard plus fin, la lèvre plus rouge. *Deus! ecce Deus!* « Le dieu, voilà le dieu! » comme dit Virgile. Ainsi, pendant cinquante ans, cet homme a été la gloire, l'honneur, l'esprit facile, la verve ingénieuse de l'Europe civilisée. Pendant cinquante ans, il a été l'objet d'un culte idolâtre; sa vie a été une longue suite de fêtes, de chansons, de folies, d'amours et de plaisirs. Il a été notre consolation et notre espérance; on l'appelait dans le chagrin, on l'appelait dans la joie, on le retrouvait toujours. Homme aimé jusqu'au fanatisme! Pour lui que de gens sont morts! Combien d'hommes lui ont porté leur fortune! Que d'honnêtes filles lui ont sacrifié leur honneur! Que de jeunes gens lui ont voué leur jeunesse! Que de vieillards l'ont invoqué à leur dernier jour! Et voilà cependant l'homme que vous avez laissé mourir sans un regret, sans une larme, sans un petit mot de reconnaissance! Et voilà l'homme dont vous n'avez pas porté le deuil un seul jour! Ni les jeunes gens, ni les jeunes filles, ni les vieillards n'ont mis encore un crêpe rose à l'intention de ce patriarche vénérable! — Mais lui, le bon vieillard, il savait qu'il avait affaire aux ingrats; il leur a pardonné tous leurs oublis à l'avance. Nous, cependant, inscrivons dans ces pages légères, où toute l'histoire poétique de ce siècle se retrouvera quelque jour, inscrivons, entre le choc de deux verres amis, le nom populaire de M. Moët, le célèbre marchand de vin d'Aï.

ARY SCHEFFER

La France vient de faire une perte irréparable (juin 1858) : elle a perdu un grand artiste, et, disons mieux, elle perd un caractère, un exemple, un HOMME enfin, et, dans le temps où nous sommes, c'est beaucoup perdre. Ary Scheffer, au milieu de toutes ces décadences et de cet abaissement, était resté un conseil pour beaucoup, un exemple pour quelques-uns. Son bon sens, son esprit, sa fidélité à toute épreuve, sa générosité sans bornes, et la ferme espérance de retrouver un jour les libertés qui nous seront rendues, l'entouraient, ce n'est pas trop dire, d'une espèce d'auréole. Il avait beaucoup d'autorité dans son langage et les plus haut placés dans le monde de la politique et des beaux-arts l'écoutaient avec les plus sympathiques déférences. Et ce qui ajoutait à cette autorité suprême une grâce de plus, c'était la simplicité de l'homme, sa vie à part, son labeur de tous les jours, son profond mépris pour toutes ces vanités misérables qui arrêtent tant de grands artistes dans leur carrière. Il n'était pas de l'Académie, elle tenait aux honneurs qu'il n'avait jamais rêvés. Après les fatales journées du mois de juin 1848, où il avait déployé tant de courage et d'humanité, brave au feu comme un vieux capitaine, et, plus tard, ramassant les vaincus, pansant les blessés, charitable à tous, le général Cavaignac envoyait au commandant Ary Scheffer la croix de commandeur de la Légion d'honneur. Ary Scheffer demanda au général la permission de ne pas accepter un honneur qui lui eût rappelé trop souvent la misère de nos guerres civiles. Le général Cavaignac était digne d'écouter cette excuse, et il fit enregistrer le refus d'Ary Scheffer dans le *Moniteur universel*.

Ary Scheffer est le fils d'un peintre hollandais, plein d'amour pour son art; mais l'art était ingrat, et n'obéissait pas aux volontés de ce brave homme. Il mourut en 1810, laissant trois enfants et leur mère, avec la fortune d'un peintre sans nom. Heureusement que la mère était courageuse et forte, et toute semblable à la mère des Gracques. C'était une femme austère, une volonté inébranlable. Ary Scheffer, quand sa mère mourut au mois de janvier 1839, comme il voulait immortaliser cette mémoire honorée, fit de sa mère une statue en marbre et de grandeur naturelle. La vieille dame était couchée en ses habits de deuil, ses deux mains étaient jointes sur sa poitrine, son visage était rempli de pensées tendres et fortes.

Elle n'était pas morte, elle était endormie. Il n'y a rien de plus calme et de plus grave que ce marbre; on dirait que le souffle de Michel-Ange circule à travers ces veines transparentes. Quel grand sculpteur eût été Ary Scheffer! Et, quand son marbre fut achevé, il le déposa pieusement dans un coin de son atelier, sur un lit tendu de vert, qui est la couleur de l'espérance. Un épais rideau cachait la grave statue à tous les yeux profanes; Ary Scheffer ne la montrait qu'à ses amis les plus intimes; mais, tous les jours, quand il était seul, il s'agenouillait devant sa mère, et baisait ses belles mains.

Cette image de sa mère, il l'a reproduite aussi dans un tableau célèbre, le portrait de sainte Monique, au moment où la mère d'Augustin, tenant la main de son fils, contemple avec lui le ciel toute remplie des inspirations divines. Que cette mère est belle et touchante! et que d'inspiration dans son regard! Sa Majesté la reine des Français, la première fois qu'elle vit dans l'atelier d'Ary Scheffer cette sainte Monique : « Ah! lui dit-elle, je vous remercie, Ary; ce tableau, je l'emporte, il est à moi, il ne me quittera plus... » En effet, ce tableau de sainte Monique, il est encore, au chevet de la reine des Français, une des consolations de son exil.

Cependant, les trois frères, dans cette grande ville de Paris, serrés autour de leur mère, et doucement abrités à ces douces et sérieuses tendresses, travaillèrent avec ardeur, cherchant la voie, et sûrs de la trouver à force de zèle et de talent. Ary était l'aîné, il donnait l'exemple ; il envoya au salon de 1812 un tableau classique, *Abel et Thirza priant sur le seuil de leur cabane.* Ce n'était pas un peintre encore, c'était déjà un penseur ; il était moins préoccupé de la forme que de l'idée. Il regardait déjà la peinture comme un enseignement, et il souriait, en songeant à tant de bons peintres hollandais naïfs, passionnés de la forme et de la couleur, qui se sont contentés de peindre une femme, une auberge, une cabane, une kermesse, un chat qui guette une souris, une servante, un balai, un chaudron. Jamais peintre hollandais ne fut moins Hollandais que ce jeune homme. Il lisait Plutarque avant de peindre, et, dans cette lecture héroïque, il puisait l'enthousiasme et l'admiration pour les grands hommes et pour les grandes actions de l'humanité. Ainsi, toutes ses toiles étaient des chapitres d'histoire. Ici, *Socrate défendait Alcibiade;* là, *saint Louis succombait sous les atteintes de la peste.* Plus loin, *les Bourgeois de Calais se livrent à la colère d'Édouard III; Gaston de Foix est pleuré par Bayard et Lautrec, sur le champ de bataille de Ravennes.* Ainsi, par le choix même du sujet de ses tableaux, ce jeune homme forçait l'estime et l'attention du public. Le public le proclamait une intelligence, un sérieux artiste, bien avant qu'il eût atteint au premier rang des grands artistes. La popularité lui venait avant qu'il eût touché à la gloire. Déjà, cependant, on admirait beaucoup la belle salle du conseil d'État, où *Charlemagne présente les Capitulaires à l'assemblée des Franks. Les Femmes souliotes, les Derniers Défenseurs de Missolonghi* et *la Bataille de Tolbiac* représentent la première partie et la première manière du talent d'Ary Scheffer. N'eût-il laissé que cela, il laisserait encore le souvenir d'un grand esprit et d'un noble cœur.

Ajoutons qu'il avait déjà obtenu tous les respects qui sont dus aux âmes croyantes. A vingt ans, pas une douleur ne lui était étrangère, et nous lui avons vu prendre sa part de tous les supplices, de toutes les ruines, de tous les exils de son temps. La mort des quatre sergents de la Rochelle est restée une date funèbre dans l'âme et dans l'esprit d'Ary Scheffer. Il porta publiquement le deuil du général Borton ; il appartenait vaillamment à la jeunesse héroïque des jours de la Restauration ; il faisait cortége à Manuel arraché à la tribune nationale ; il était assis à côté de Béranger défendu par M. Dupin.

Il était surtout où il fallait être alors, quand on était un homme de cœur, et lorsque, enfin, la révolution de 1830 eut mis tous les jeunes gens à leur place, Ary Scheffer adopta un des premiers le roi sorti des barricades.

Ainsi la maison de M. le duc d'Orléans lui fut ouverte, comme elle était ouverte à M. Casimir Delavigne, et l'un et l'autre, ils virent grandir ces nobles enfants, qui donnaient tant d'espérances, fière jeunesse entourée des soins les plus tendres et des leçons les plus sérieuses. Les uns et les autres, ils aimaient Ary Scheffer comme un frère aîné, plein de conseils, d'indulgence et de bons exemples. Ils l'entouraient de leurs joies enfantines et de leurs questions empressées. Surtout un de ces enfants, merveilleusement douée de l'inspiration qui fait les grands artistes, une tête *par Dieu touchée*, entendant Ary Scheffer qui parlait si bien de Titien, de Raphaël, de Michel-Ange, et qui savait si bien démontrer les beautés enfouies dans nos Musées, ici la peinture, et plus bas la statuaire, elle se prit, cette enfant, d'une véritable passion pour les chefs-d'œuvre, et elle voulut que Scheffer lui apprît à tenir un crayon, et, plus tard, à se servir de la brosse du peintre et de l'ébauchoir du sculpteur. Cette enfant, qui n'avait pas son égale, n'était rien de moins que la princesse Marie d'Orléans, l'auteur de la Jeanne d'Arc, un des plus précieux ornements du Musée de Versailles, la seule Jeanne d'Arc, héroïne et femme à la fois, que la France ait acceptée et reconnue. Ah! quand elle mourut si jeune, entourée au degré suprême d'admiration et de respects, cette fille des rois, ce sculpteur de génie, et cette sœur de tous les artistes, Ary Scheffer éprouva une des plus vives douleurs de sa vie; il comprit que désormais il ne serait jamais consolé.

Ce fut à cette époque de 1830, et dans ces luttes mémorables où la peinture moderne éclate à la façon du soleil qui déchire le nuage, que Ary Scheffer montra enfin qu'il était un grand peintre en même temps qu'un grand penseur. En devenant un homme, il s'était nourri virilement ; il avait interrogé la Bible, il avait étudié Dante, et Gœthe, et Byron. Il savait l'Évangile par cœur, et, de tous ces miracles, il a tiré les chefs-d'œuvre que voici : la *Francesca de Rimini;* la *Médora,* de Byron ; le *Faust,* la *Marguerite,* la *Mignon,* le *Roi de Thulé,* de Gœthe. Il prit à Schiller *Eberhard le Larmoyeur.* A ces révélations, la foule attentive et charmée arrivait, contemplant cet art nouveau, cherchant l'idée à travers la forme, et contente de cet aimable contentement que donne une chose inspirée et bien faite. La *Marguerite au sortir de l'église* fut l'amour de Paris pendant toute une année :

> Tout Paris pour la voir eut les yeux de Chimène.

Les deux *Mignon* devinrent l'ornement le plus pieux de la galerie naissante de M. le duc d'Orléans, et, quand le jeune prince écrivit son testament précoce, comme s'il eût pressenti que la mort était proche et qu'il n'avait pas le temps d'attendre, il laissa à M. le comte Molé, qui avait fait son mariage, ces deux tableaux de *son ami Ary Scheffer.*

La révolution de 1848 trouva Ary Scheffer plein de tristesse, mais plein de confiance. Il regrettait, il pleurait cette famille royale emportée dans la tempête ; mais il aimait la liberté sous toutes ses faces, et il disait qu'elle ne peut pas mourir. Plus que jamais il rentra dans son atelier, appelant le travail à son aide, et il vécut renfermé dans cette maison de la rue Chaptal, où il ramassait pieusement toutes les épaves de la révolution de 1848. C'est là que nous avons revu la *Françoise de Rimini*, ce sourire mêlé de sanglots, ces deux amours qui voltigent sur l'abîme. Nous avons vu les fragments de l'atelier de la princesse Marie : ébauches, bas-reliefs, statuettes, et les deux anges qu'elle avait composés pour le tombeau de son frère, descendu dans la tombe avant elle. Ary Scheffer, dans cette dernière période de sa vie et de son talent, a composé *le Christ au milieu des enfants, le Christ sur la montagne des Oliviers, le Christ et les Saintes Femmes, le Christ libérateur* au milieu de ces chaînes brisées, de ces esclaves qui prient, et de ces mères au désespoir. En ce moment, la croyance avait remplacé toutes les illusions du grand artiste, et, de tous les poëmes qu'il avait aimés, il ne croyait plus qu'à l'Évangile, le poëme éternel.

Il avait une autre occupation qui lui était chère ; il se plaisait à faire le portrait des gens qu'il aimait et qu'il honorait le plus. Les enfants qui jouaient autour de lui, les vieillards honnêtes gens, les braves jeunes femmes qu'il aimait à voir, et dont le sourire lui plaisait, les poëtes généreux, les écrivains qui savaient écrire et se respecter eux-mêmes dans leurs écrits, étaient les seuls modèles acceptés et choisis par Ary Scheffer. Un homme d'argent, enrichi de la veille, lui offrait naguère une somme énorme pour qu'il fît son portrait. « Je n'ai pas le temps, » répondit le peintre ; et le modèle éconduit en est encore à s'expliquer d'où lui vint ce refus. En revanche, Scheffer a fait un admirable portrait de Béranger, de Dupont (de l'Eure), du prince de Joinville, d'Henri Martin l'historien, du jeune Ratisbonne, un poëte, un très-beau portrait du général Cavaignac, qui lui avait pardonné le refus de la croix de commandeur. Il aimait la musique, il aimait tous les arts, et l'on voyait encore dans son atelier la tête de Liszt, et l'image intelligente de madame Viardot, son amie. Il l'aimait d'une tendresse paternelle, et bien souvent elle calmait, en chantant, cet esprit laborieux, ce cœur agité, cette âme inquiète. Il laisse aussi un très-beau portrait de M. Villemain, récemment gravé par M. Gérard, et cette image est si fine et si vraie, avec tant de malice au regard, et d'intelligence au sourire, que M. Villemain en se contemplant lui même : « Ah ! disait-il, je suis bien laid ; mais si j'avais été seulement comme Ary m'a vu et m'a fait ! »

Au commencement de ce printemps, il fut appelé à Claremont chez la reine des Français, parce que la reine voulait le voir, et parce que M. le duc d'Aumale lui voulait commander le portrait de la reine. Il était déjà bien souffrant du mal qui devait l'emporter ; mais, en retrouvant cette famille qu'il avait tant aimée, on eût dit qu'il se sentait revivre. Il se mit à l'œuvre à l'instant même, et ce portrait d'une reine, entourée des respects unanimes et de l'admiration universelle, est peut-être le chef-d'œuvre d'Ary Scheffer. Sa Majesté est assise dans un grand fauteuil, elle porte encore le deuil des reines, son deuil éternel. Son front est couvert d'un bandeau noir ; de chaque côté de cette tête austère et résignée, s'échappent en bandeaux épais ses cheveux blonds et fins comme la soie. On voudrait peindre le recueillement, l'espérance, la foi, la charité, le pardon des injures, et toutes les clémences réunies, on ne leur donnerait pas une autre attitude. D'une manchette en toile unie et toute simple, sortent les deux belles mains de la reine ; elle tient un livre d'Heures sur ses genoux. Elle pense, elle espère, elle attend. L'image est vivante, on regarde, on s'incline. Il n'y a pas dans toute l'Europe un homme assez mal élevé, pour ne pas se découvrir à l'aspect de ce portrait. Quand son œuvre fut achevée, Ary Scheffer revint en France, en promettant à madame la duchesse de Nemours de lui faire lui-même une copie du portrait de la reine. Hélas ! dans l'intervalle, madame la duchesse de Nemours est morte, et le peintre est mort aussi.

Il revint de Londres très-content de son voyage, et cependant, plein de lassitude. Évidemment, cet homme qui ne s'est jamais reposé, avait besoin de repos, et madame Marjolin, sa digne fille, sa fille unique, qui était aussi son camarade et son compagnon, car, elle et lui, ils étaient inséparables, avait loué, pour cet été, une humble maison dans le village d'Argenteuil. Là, on espérait que le repos, l'ombrage, les douces causeries, la solitude et le silence, et les gaietés de son fils adoptif, un fils orphelin de son frère Arnold, un des bons écrivains du *National*, rendraient quelques forces à ce brave et digne artiste. Il fut obéissant; il se laissa conduire. Il savait que sa maladie était mortelle : mais il ne voulait pas en affliger sa fille, son gendre, son frère et ses amis. Ainsi il vivait, quand, tout d'un coup, retentit cette grande nouvelle : madame la duchesse d'Orléans est morte! A cette nouvelle affreuse, pour lui surtout, rien ne put le retenir; il partit, il apportait à cette famille au désespoir des consolations que, lui-même, il n'avait pas, et, quand il eut bien pleuré là-bas, il revint dans la petite maison d'Argenteuil. Là, il est mort tout d'un coup, sans se plaindre, en bénissant sa fille, qu'il appelait. Il expira à onze heures du soir, le 16 juin 1858, plein de vie encore et de force; on voyait que cette belle intelligence avait peine à quitter ce monde, où la retenaient encore tant d'amitiés et de tendresses. Peu de gens étaient autour de son lit de mort, mais que de larmes, que de plaintes, que de sanglots! quelle pitié profonde, et quels regrets pour tant de qualités de l'esprit, pour tant de vertus du cœur!

Le bruit de sa mort, le bruit de ce cœur brisé se répandit dans la ville, et, depuis la mort de Béranger, nous n'avons pas été témoin d'une pareille impression. Ary Scheffer est mort! à cette nouvelle, on s'arrêtait et on pleurait. En même temps, chacun voulait savoir l'heure et le jour des honneurs funèbres, chacun se promettait de s'y rendre et d'accompagner au tombeau ce modèle accompli de constance dans ses opinions, de loyauté dans sa conduite, de fidélité dans ses amitiés, de courage et de zèle en tous ses labeurs.

Lui, cependant, il avait prévu ce concours, cette foule, ces funérailles splendides; et, comme il voulait que sa mort fut aussi modeste qu'avait été sa vie, il avait défendu toute espèce d'appareil, d'avertissement, d'invitation. C'est ainsi que, de la petite maison d'Argenteuil, et de très-bonne heure, nous l'avons conduit au cimetière voisin, au cimetière Montmartre, au tombeau de sa mère, où il repose à côté de Manin, son plus célèbre ami, et de mademoiselle Émilie Manin, morte quelques jours avant son père. En effet, Ary Scheffer avait offert à ces deux exilés, le père et la fille, l'hospitalité de son propre tombeau en attendant que l'Italie eût rendu à ce père de la patrie italienne, les honneurs qui lui sont dus.

Non loin d'Ary Scheffer repose aussi son ami, Augustin Thierry; Augustin Thierry, Ary Scheffer, des hommes de la même école, et des amis de la même trempe. Il serait facile d'écrire, abondamment, le parallèle de celui-ci avec celui-là; mais à quoi bon ces jeux frivoles sur un tombeau?

La célèbre tragédienne Adélaïde Ristori avait été la dernière adoption d'Ary Scheffer. Il avait poussé la bonté jusqu'à dessiner pour elle tous ses costumes. Il l'aimait en souvenir de l'Italie, et il aimait l'Italie à ce point, qu'il avait blâmé publiquement madame George Sand, pour en avoir parlé sans pitié et sans respect, dans un assez mauvais roman. A l'Italie il avait emprunté sa *Béatrice*, un de ses derniers tableaux, et, quand il eut vu madame Ristori dans son rôle de *Myrrha*, il résolut de faire encore cette image vivante de la commune patrie. Ainsi il entreprit ce portrait, de sa main ferme encore. Le portrait reste inachevé, mais la tête existe, splendide et superbe, et, désormais, madame Ristori ne peut pas mourir.

La dernière œuvre d'Ary Scheffer et sa dernière pensée, on les retrouvera dans une toile infinie, et tout empreinte de ce sérieux génie, une toile où le grand peintre s'est proposé de représenter *les douleurs de la terre*. Il est là tout entier, il est là dans sa vie et dans sa mort; il est là dans ses larmes, dans ses joies et dans ses douleurs. Son œuvre entière est renfermée dans ce cadre énergique, où la poésie et la réalité se mêlent et se confondent, emportées d'une même ardeur dans l'infini. Certes, je voudrais être un grand écrivain, pour vous décrire ici ce magnifique tableau : en voici cependant le sujet :

Sur la terre où tout souffre, où tout meurt, les héros, les martyrs, les amours brisés, dans la morne attitude de l'épouvante et de la douleur, ils sont là tous, les hommes et les femmes qui ont souffert pour les grandes causes de la religion, de la liberté, de la patrie. Ils meurent, ils sont morts. Le bûcher, la prison, la roue, le gibet et l'exil ont accompli leur tâche horrible. A la fin, les voilà silencieux, et, peu à peu, les voilà qui montent, qui montent là-haut vers le ciel, où Dieu les appelle, et plus ils se rapprochent des clartés divines, plus ils s'éloignent des larmes d'ici-bas, plus leur âme consolée et leur visage rasséréné respirent une confiance, une espérance, une foi sans limites. Vainqueurs du meurtre et vainqueurs de l'esclavage, ils s'envolent dans cet espace éclairé de tous les rayons qui descendent de la tête de Jésus-Christ. Élégie et cantique, hymne et prière; ici, tout ce qui tremble, et, là-haut, tous les chants de la victoire éternelle, le voilà ce tableau, sa prière, et voilà votre dernière lutte ici-bas, et ta dernière victoire, Ary Scheffer !

MADAME DESBORDES-VALMORE

Madame Desbordes-Valmore était un vrai poëte, une âme honnête et clémente, un noble cœur ! Elle a vécu longtemps, dans Paris même, écoutant rêveuse tous les bruits poétiques, et puis, sentant sa fin prochaine, elle a voulu mourir dans sa ville natale, à Douai, où elle vint au monde en 1787. Elle-même, elle écrivait à son vrai protecteur, à celui qui l'a toujours annoncée et proclamée, à M. Sainte-Beuve, les commencements de sa vie, aux bords de la Scarpe, un de ses doux souvenirs :

« Mon père avait pour moi une grande tendresse, j'étais son seul enfant blond ; or, ma mère était blonde, et belle comme une Vierge ; on espérait que je lui ressemblerais tout à fait... Je lui ressemble un peu... Et, si l'on m'a aimée, ce n'était pas pour ma grande beauté.

» Mon père était peintre en armoiries ; il peignait des équipages et des ornements d'église. Il habitait une maison voisine du cimetière de l'humble paroisse de Notre-Dame à Douai. Elle était si grande à mes yeux de sept ans ! Plus tard, je l'ai revue, et c'est une des plus pauvres maisons de la ville ; elle est pourtant ce que j'admire encore le plus au monde en ce beau temps pleuré. Là, nous habitions dans la paix et dans le bonheur que je n'ai pas retrouvés depuis. — Un jour vint où mon père n'eut plus à peindre d'équipages et d'armoiries ; alors vint la misère, et je venais d'avoir quatre ans !

» Les grands-oncles de mon père, exilés en Hollande à la révocation de l'édit de Nantes, offrirent à ma famille leur immense succession si l'on nous voulait rendre à la religion protestante. Ces deux oncles étaient centenaires ; ils vivaient dans le célibat à Amsterdam, où ils avaient fondé une librairie, et je possède encore des livres publiés par eux.

» On fit donc une assemblée à la maison ; ma mère pleura beaucoup ; mon père était indécis et nous embrassait. A la fin, la succession fut refusée ; on eut peur de vendre notre âme, et nous restâmes dans une misère qui grandissait chaque jour... jusqu'au déchirement intérieur. Voilà d'où me sont venues mes premières tristesses, c'est ainsi que mon caractère a commencé ! «

Quel touchant récit ! qu'il est loin de la biographie emphatique assise sur un piédestal, et comme on y sent la vérité ! Puis, comme la ruine allait grandissant toujours, il avint que cette mère au désespoir se souvint d'une cousine d'Amérique! La cousine était riche ; elle écrivait de bonnes paroles, elle recevra sa parente à bras ouverts... « De ses quatre enfants à qui ce voyage faisait peur, ma mère n'emmena que moi! » Ainsi les voilà parties, et ne demandez pas si le voyage fut long et difficile. A la fin, *terre!* et *terre!* Elle sont au port... la fortune est là... Il n'y avait que ravage et dévastation : les nègres avaient tout brûlé; ils avaient tué le cousin, ils avaient ajouté le pillage à l'incendie, et, pour mettre le comble à ces misères, sévissait la fièvre jaune... « Elle emporta ma mère à quarante ans! Moi, j'expirais auprès d'elle; on m'emporta, hors de cette île funeste en proie à la peste ; et de vaisseau en vaisseau, je fus rapportée à mes parents, devenus tout à fait pauvres ! »

Sérieuse et triste enfance! Alors ces braves gens, qui n'avaient pas voulu être riches au prix d'une apostasie, appelèrent le théâtre à leur aide : « On m'apprit à chanter, — je tâchai de sourire, et vraiment je ne fus supportable que dans les rôles de mélancolie et de passion ! » En ces deux mots, l'aimable poëte a dit toute sa vie. Elle était elle-même une élégie ! Elle apporta dans ces doux poëmes mêlés de feux et de larmes que rien n'apaise et que rien ne rassasie (1), tous les instincts sympathiques d'une tristesse éloquente ; elle obéit à des passions claires, vigilantes, désolées; elle a dit, avec une grâce et une douleur ineffables, et en parlant d'elle-même :

> Ah ! je suis une faible femme,
> Je n'ai su qu'aimer et souffrir ;
> Ma pauvre lyre, c'est mon âme...

Elle s'est heurtée à tous les détours du sentier; elle s'est déchirée à toutes les épines ; à seize ans, *sociétaire* du théâtre Feydeau

(1)   *Nec lacrymis crudelis amor, nec gramina rivis,*
      Nec cytiso saturantur apes, nec fronde capellæ.

et bien disante, elle gagnait à peine quatre-vingts francs par mois, et jugez de l'extrême indigence! Elle a commencé comme a commencé sa glorieuse contemporaine madame Dorval; elle était aussi pauvre, elle obéissait aux mêmes songes, elle rêvait les mêmes destinées... Comme elle ne pouvait pas vivre à Paris, elle obéit à son père, qui lui fit chanter l'opéra-comique en province. Hou! la province! elle est bien étrangère à ces natures délicates! elle ne sait rien de ces souffrances inconnues! elle ne va pas songer que cette enfant qui chante en tremblant les gaietés de Grétry ou les drames de Dalayrac est peut-être un vrai poëte. Enfin la poésie, à quoi bon? Chantez, jouez, pleurez, ma mie, et soyez une comédienne, on ne vous demande que cela.

Puis vinrent les passions... Quoi! déjà? quoi! si jeune? Une passion, une seule, un seul amour, mais si profond, si douloureux, si fidèle, un *âcre* enivrement, un amour qu'il faut suivre à travers tant d'obstacles et par tant de sentiers difficiles; à vingt ans, et déjà tant de regrets pour les heures d'autrefois :

> Alors que, dans l'orgueil des amantes aimées,
> Je confiais mon âme aux cordes animées!

Sapho, elle-même, n'a pas été plus malheureuse; elle n'a pas obéi plus cruellement au feu intérieur... Elle est morte, et la jeune Desbordes a vécu, chantant sa peine, aimant sa peine :

> Malheur à moi, je ne sais plus lui plaire!
> Je ne vois plus le charme de ses yeux;
> Ma voix n'a plus l'accent qui vient des cieux
> Pour attendrir sa jalouse colère.
> Il ne vient plus, saisi d'un vague effroi,
> Me demander des serments et des larmes;
> Il veille en paix, il s'endort sans alarmes :
> Malheur à moi!

Voilà comme elle était pleurante! En ces moments de sa peine et de ses transports, elle trouvait des voix et des mouvements irrésistibles. Écoutez, dans cette âme où tout se lamente, ces sanglots et ces gémissements, et dites-nous, parmi les élégiaques les plus charmants, si quelque douleur ressemble à cette douleur. Non! Pour peu que l'on ait une âme et que l'on ait encore un cœur, on éprouve, en lisant ces plaintes si tendres, une ineffable sympathie; on rencontre en soi-même un écho de ces douces idylles écrites sans art, mais non pas sans charme et sans inspiration. Ces paysages sont doux, ces lointains sont remplis de douces clartés, ces rêveries vous plaisent parce qu'elles sont naturelles. Je vois l'arbre et j'entends le ruisseau; je suis sûr, à sa douleur, que ce pauvre cœur a saigné; je reconnais la nue et le ciel de ces complaintes, je vois le sourire à travers ces larmes, l'espérance à travers ces douleurs. Poésie! ah! poésie! il n'est rien qui te remplace; il n'est rien qui te ressemble; il n'est pas d'art, d'habileté, de caprice et de fantaisie, il n'est pas même de hasard qui nous donne un seul instant l'accent, le port, le génie et le mouvement du vrai poëte. Aux mêmes conditions que M. de Lamartine, aux mêmes conditions, sinon dans la même autorité, avec le même charme et le même éclat que M. de Lamartine, madame Desbordes-Valmore était un poëte. Elle était elle-même et chantait sans art, comme l'oiseau chante. Elle aimait les horizons modestes, les voix cachées, *les soirs, les beaux soirs;* elle obtint ce grand honneur (cet honneur a manqué à M. Alfred de Musset lui-même), que M. de Lamartine, attiré par cette sœur cadette de son âme, a lu ses vers, et qu'il répondit dans sa langue à cette muse de sa famille :

> Du poëte c'est le mystère ;
> Le luthier qui crée une voix
> Jette son instrument à terre,
> Foule aux pieds, brise comme verre
> L'œuvre chantante de ses doigts.
> Puis, d'une main que l'œil inspire,
> Rajustant ses fragments meurtris,

> Réveille le son et l'admire,
> Et trouve une voix à sa lyre
> Plus sonore dans ses débris. .
> Ainsi le cœur n'a de murmures
> Que brisé sous les pieds du sort.

Instrument brisé qui retrouve une âme! Ame écrasée et qui devient éloquente à force de douleur! Ils disent vraiment tout ce qu'ils veulent dire, à nous ravir, ces grands poëtes; ils rencontrent des images inattendues, des métaphores toutes nouvelles; ils expliquent, ils commentent, ils prient, ils consolent. Les stances de M. de Lamartine à madame Desbordes-Valmore, c'était la gloire ; elle y répondit à sa façon décente et modeste, en disant qu'elle n'était pas l'instrument sonore, éclatant, que disait le poëte. Elle était une glaneuse.

> ... Une indigente glaneuse
> Qui d'un peu d'épis oubliés
> A paré sa gerbe épineuse
> Quand ta charité lumineuse
> Verse du blé pur à mes pieds.

C'étaient là ses gloires, ses consolations et ses espérances! Une stance de Lamartine, une page encourageante de Sainte-Beuve, un sourire de son enfant :

> Quand j'ai grondé mon fils, je me cache et je pleure!

Elle a, comme cela, toutes sortes de vers que l'esprit rencontre et que le cœur conserve. Elle a publié six recueils de romances, d'élégies, de paysages, de rêveries, d'harmonies, de prières et de larmes ! Elle était naissante à côté de Soumet; M. Soumet déjà est bien loin d'elle. Elle eut pour amis tous les beaux esprits qui l'ont connue ; or, ne l'approchait pas qui voulait, tant elle était modeste, et cachée, et tremblante, ajoutons éprouvée.

> Au fond de ce tableau, cherchant des yeux sa proie,
> J'ai vu... je vois encor s'avancer le malheur.
> Il errait comme une ombre, il attristait ma joie
> Sous les traits d'un vieil oiseleur.

Au premier rang des esprits qui l'ont aimée, il faut compter Frédéric Soulié, qui savait par cœur les plus beaux vers de madame Desbordes-Valmore; il faut compter la muse éclatante, inspirée et superbe, une pivoine à côté de la violette, elle-même madame de Girardin, qui frôlait de ses cheveux blonds les cheveux jadis blonds de sa mère en poésie; elle l'aimait et la vantait avec une grâce toute filiale, et c'était charmant à voir, cette Muse, à bon droit populaire, au milieu du monde et sur les hauteurs poétiques, arriver souriante à la muse austère, imprévue, innocente et cachée, et murmurant ses plus douces prières, comme un enfant sa prière du soir!

Surtout madame Desbordes-Valmore eut un terrible ami qui avait toute l'allure et tout l'aspect du mystère, un esprit morose, une âme chagrine, un croquemitaine appelé Henri Delatouche. Il faisait peur à tout le monde, il fit pitié à madame Desbordes-Valmore, et, comme elle espérait le consoler, elle alla à lui la première, et ce qu'elle avait pressenti se vérifia: cet homme au toucher si rude avait une âme assez tendre; il jouait contre lui-même une abominable partie, et madame Desbordes-Valmore a très-bien dit de lui: « Ce n'était pas un méchant, c'était un malade! » Ainsi, d'un mot tout féminin, elle a sauvé cette mémoire. O chère femme éprouvée! Elle avait perdu même une fille, un second poëte, une enfant (madame Langlais), qui écrivait comme sa mère. Et maintenant l'œuvre est accomplie, et maintenant le dernier poëme a sonné. La voilà morte; à peine on a dit qu'elle était morte; oublié aujourd'hui, ce vrai poëte aura son jour. *C'est la loi!*

> . . . . . Infirmes que nous sommes
> Avant que rien de nous parvienne aux autres hommes,

Avant que ces passants, ces voisins, nos entours,
Aient eu le temps d'aimer nos chants et nos amours,
Nous-mêmes déclinons. Comme au fond de l'espace
Tel soleil voyageur qui scintille et qui passe,
Quand son premier rayon a jusqu'à nous percé,
Et qu'on dit : *Le voilà!* s'est peut-être éclipsé.

FIN

TABLE DES MATIÈRES

CRITIQUE

HISTOIRE DE LA LITTÉRATURE FRANÇAISE SOUS LA RESTAURATION, PAR M. ALF. NETTEMENT

I

Les règnes littéraires proprement dits. — La Restauration n'a point eu de littérature à elle. — Les écrivains de cette époque. — D'où procédaient les vieux. — Où tendaient les jeunes. — Ce que Charles X fit pour les lettres. — L'enseignement de la Sorbonne 5

II

Le seul poëte royaliste de la Restauration. — Où il aboutit. — Libéralité de M. Nettement envers ses princes. — Les gloires pour faire nombre. — Revendication des vraies gloires. 10

III

La nouvelle école littéraire. — Elle arriva quand la Restauration s'en allait. — C'est sous le règne de Louis-Philippe qu'elle grandit et fleurit. — Une fin et un commencement ne font pas un tout. — Rappel à la vérité historique. 14

DE LA LITTÉRATURE FACILE, RÉPONSE A M. NISARD

I

Le paladin Nisard. — Les Chérubins du style. — *Faire et pouvoir*. — Qu'est-ce que la littérature facile? — Les maîtres du genre. — Le colosse de Rhodes littéraire. — Parenthèse à propos de Gil Blas. — M. Nisard à la recherche de la littérature difficile. — *Vade retrò!* 17

II

Bilan de la littérature facile. — Le roman : *Notre-Dame de Paris*, *Stello, la Peau de chagrin, la Vigie de Koat-Ven, les Deux Cadavres*, etc. — Les contes et les conteurs : Léon Gozlan, Michel Raymond, Mérimée, Balzac, etc. — Anathème de M. Nisard contre les femmes de lettres. — George Sand oubliée. — Le drame moderne 25

III

Quel est le vrai coupable. — Le moyen d'être lu. — La Manon Lescaut littéraire. — Nécessité de la production rapide. — Une supposition heureusement impossible. — Évocation de la littérature défunte 31

IV

Justice distributive de M. Nisard. — Les combattants et les déserteurs. — Erreur du champion de la littérature difficile. — Raison de son manifeste. — Les gens qu'il tue. — La province vengée. — Les choux de Biron. — Le cimetière Panckoucke. 39

II

Les Maffettes et les Bandinelli. — Dame et demoiselle. — Les grands événements de la vie de Marie Mazel. — La ménagère bourgeoise. — Un déjeuner manqué. — Le mitron. — La vendange. — L'ange gardien envolé 134

III

M. l'aîné. — L'évêque de Rhodez et le candidat en théologie. — Infortunes amoureuses et politiques de M. l'aîné. — La bande de Charrié. — Un héros malgré lui. — M. de Caveyrac, ou le gentilhomme pour rire. — Comment on venait du Rouergue à Paris, en ce temps-là. — Fin roturière du chevalier. — Maître Fontenilles 144

IV

Les auberts de M. Bonald. — L'abbé Causse. — Le *correcteur* du collége. — Un dragon de seize ans. — L'historien de la bourgeoisie française. — L'histoire bataille. — Le petit Rivié. — Son Altesse madame la baronne de Lugnas. — Sœur Marthe. — Lune de miel. — Travail et misère. — Les deux voisines 152

V

Déménagement. — Fleurs et parchemins. — Le *memento* du roi Louis XIV. — L'*Histoire des Français des divers états*. — Le rêve et le réveil. 171

VI

Le prix d'un tombeau. — Un préfet peu lettré. — Historien et poëte. — Le dernier asile du philosophe. — Le professeur La Romiguière. — La médaille d'honneur de Cély 176

ARMAND CARREL 183

LA SORCIÈRE DU XIXe SIÈCLE 194

JOSEPH MICHAUD, DE L'ACADÉMIE FRANÇAISE. 205

HISTOIRE D'UN LIBRAIRE	225
J.-J. GRANVILLE	256
FRÉDÉRIC SOULIÉ	248
CASTIL BLAZE	260
CHARLES DE LACRETELLE	270
M. GANNAL	284
GÉRARD DE NERVAL	298
FROMENT MEURICE	308
LE CHANSONNIER ET VAUDEVILLISTE BRAZIER	314
M. MOET	319
ARY SCHEFFER	324
MADAME DESBORDES-VALMORE	330

FIN DE LA TABLE DES MATIÈRES.

www.ingramcontent.com/pod-product-compliance
Lightning Source LLC
Chambersburg PA
CBHW060337170426
43202CB00014B/2805